VOM PERFEKTEN CHAOS

ZUR KREATIVEN ORDNUNG

KATHARINA AUERSWALD

VOM PERFEKTEN CHAOS ZUR KREATIVEN ORDNUNG

REZEPTE FÜR EIN AUFGERÄUMTES ZUHAUSE

at VERLAG

INHALT

DER WEG ZUM BUCH

Im März 2020 bekam für mich der Begriff Zeitmanagement eine ganz neue Bedeutung. Ich war bereits über zehn Jahre als selbstständiger Aufräumcoach tätig, und zu der Aufräumarbeit bei Kundinnen und Kunden kamen ständig weitere Anfragen nach Seminaren und Vorträgen hinzu. Mein Terminkalender war voll.

Im Februar hörte ich erste Meldungen über eine neue Grippe. Ich machte mir keine Gedanken – schließlich gibt es immer wieder neue Grippewellen. Und dann ging plötzlich alles sehr schnell: Der erste Vortrag wurde abgesagt, danach entfiel ein Seminar. In den folgenden Tagen jagte eine Absage die andere, und bald war mein Kalender leer. Nun betrat ich Neuland.

Was jetzt? Ich nahm meine Liste, auf der ich seit Jahren alle meine Ideen und Einfälle notiere, zur Hand. Diese Liste ist für mich aus zwei Gründen wichtig: a) damit gute Ideen nicht verloren gehen, und b) damit ich für den unwahrscheinlichen Fall, dass ich zu viel Zeit zur Verfügung hätte, wüsste, was ich tun könnte.

Der unwahrscheinliche Fall war nun Realität. Zwischen all den abenteuerlichen Reisezielen und Unternehmungen stand auch der Punkt »Buch schreiben«. Das wollte ich immer schon machen, hatte aber nie Zeit dafür. Jetzt war die Zeit da. Und ich bekam Angst. »Zu viel Arbeit«, dachte ich, und »Keine Ahnung, wie ich anfangen soll.« Gerade, als ich die Liste zurückgelegt und mich entschieden hatte, zuerst meine Wohnung gründlich zu putzen, kam die Schicksals-E-Mail mit dem Betreff »Machen wir ein Buch zusammen?« Das Ergebnis halten Sie jetzt in den Händen.

WARUM SOLLEN SIE DIESES BUCH LESEN?

Haben Sie manchmal ein schlechtes Gewissen, wenn Sie an die vielen Dinge denken, die Sie in den Keller, auf den Dachboden, in die Garage oder in die Abstellkammer abgeschoben haben?

Haben Sie auch schon erlebt, dass Sie einen Bereich Ihrer Wohnung aufgeräumt haben, während sich an einer anderen Stelle das Chaos wie eine Flechte breitgemacht hat?

Fühlen Sie sich manchmal wie gelähmt von all den unerledigten Dingen? Als ob die Unordnung auch Ihren Kopf befallen hätte? Und möchten Sie an dieser Situation etwas ändern?

Dann lade ich Sie zum Lesen ein. Dieses Buch wird Ihnen helfen, außen und innen Ordnung herzustellen und dauerhaft zu halten. Sie werden von meiner zehnjährigen Erfahrung als Aufräumcoach profitieren. Ich werde mit Ihnen praxiserprobte Tipps und bewährte Strategien gegen das alltägliche Chaos teilen – unkomplizierte Methoden, die sich gut mit Ihrem Alltag vereinbaren lassen. Das trägt auch dazu bei, Spannungen unter Familienmitgliedern und Mitarbeitenden abzubauen.

Was ich nicht habe, ist *die eine Methode,* die bei allen funktioniert. Jeder Mensch ist anders, hat unterschiedliche Bedürfnisse, Vorlieben und Möglichkeiten. Daher braucht auch jede Person eine individuelle Strategie. Wenn ich ein Aufräumcoaching beginne, frage ich meine Kundinnen und Kunden zuerst nach dem gewünschten Endergebnis. Wir testen verschiedene Systeme und Möglichkeiten so lange aus, bis das Aufräumen und Ordnunghalten gut funktionieren.

Ich verspreche Ihnen nicht, dass Sie nur einmal aufräumen müssen, und dann ist es für alle Zeiten erledigt. Das ist gar nicht möglich, denn das Leben besteht aus einer Reihe von Veränderungen. Wenn zwei Menschen eine Familie gründen, müssen sie ihre Lebensweisen auf die jeweils andere abstimmen und auch die Dinge, die sie in einen gemeinsamen Haushalt bringen, neu sortieren. Kinder stellen wiederum alles auf den Kopf. Plötzlich dominiert Spielzeug das Haus, und bei der Einrichtung weicht die Ästhetik der Sicherheit und Funktionalität. Werden die Kinder größer und verlassen schließlich das Haus, verändert sich die Situation nochmals.

Deshalb möchte ich Sie inspirieren und motivieren, Ihre eigene Strategie, die für Sie persönlich funktioniert, zu entwickeln und laufend an Ihre aktuellen Lebensumstände anzupassen.

WIE KÖNNEN SIE DIESES BUCH LESEN?

Dieses Buch ist wie ein Kochbuch konzipiert und kann genauso gelesen werden. Sie können bei den Basics anfangen oder gleich zu dem Thema springen, das Sie aktuell interessiert. Sie können sich zwischen Aufräumen nach Räumen oder nach Kategorien entscheiden.

Neben klaren Anleitungen finden Sie in dieser Lektüre auch anschauliche Beispiele sowie humorvolle und manchmal auch nachdenkliche Geschichten. Sie werden Ihnen helfen, die Theorie in die Praxis umzusetzen. Denn vom Lesen allein entsteht keine Ordnung. Leider. Sie müssen ins Tun kommen. Dazu wünsche ich Ihnen viel Spaß und gutes Gelingen.

BEVOR

TEIL 1

SIE

LOSLEGEN

WAS CHAOS BEWIRKT

Kathrin, eine dreißigjährige Teilnehmerin einer meiner Aufräumkurse, empfing seit drei Jahren keinen Besuch mehr. Nachdem sie mit ihrem Freund zusammengezogen war, war in ihrer kleinen Wohnung alles mehrfach vorhanden. Nach der Arbeit trafen sich die beiden mit Freunden oder machten es sich auf dem Sofa gemütlich. Bald mutierten die Sessel und Stühle zur Ablage für ausgezogene Kleidung, auf dem Esstisch türmte sich Papierkram, und auf dem Fußboden stapelten sich Bücher, Sportutensilien und Dinge, für die es in Schränken und Regalen keinen Platz gab. Kathrins größte Angst war, dass eines Tages unangemeldet Besuch vor der Tür stehen könnte. Nachdem sie bei mir zwei Aufräumkurse besucht hatte, reichte ihre Motivation, um eine große Aufräumaktion zu starten. Zwei Monate später bekam ich folgende E-Mail: »Liebe Katharina, vielen Dank nochmals für deine Tipps und die Unterstützung. Ich räume und räume, und die ersten Ergebnisse sind da. Gestern hat sich der Heizungsableser angemeldet. Das erste Mal seit drei Jahren bin ich ganz ruhig geblieben.«

CHAOS WIRKT SICH NEGATIV AUF BEZIEHUNGEN UND AUF DAS MITEINANDER AUS. Ich kenne Kinder, die sich schämen, Freunde nach Hause einzuladen, Ehepaare, die sich wegen der Unordnung des Partners scheiden ließen, Arbeitskollegen, die sich aus dem gleichen Grund in einem Dauerkonflikt befinden.

Vor etwa drei Jahren kaufte eine Bekannte zwei teure Karten für ein Konzert ihrer Lieblingsband. Acht Wochen später, am Tag der

Veranstaltung, fand sie die Karten nicht mehr. Aus dem schönen Abend wurde eine verzweifelte Suchaktion, die mit einem heftigen Streit mit ihrem Ehemann endete. Übrigens, die Karten tauchten nie mehr auf …

CHAOS ERZEUGT INNERE VERWIRRUNG. Eine chaotische Umgebung führt zu Konzentrationsschwierigkeiten, Ablenkung, Unruhe und häufigen Fehlern. Das gilt nicht nur für den Arbeitsplatz. »Mein Kind kann nicht einschlafen, schläft unruhig und hat Probleme, sich auf eine Tätigkeit zu konzentrieren«, berichten mir Kunden oft. Wenn ich dann das Kinderzimmer betrete, wundere ich mich nicht. Die meisten Kinderzimmer sehen aus wie nach einer Explosion im Spielzeugladen: Spielzeug auf dem Bett, Spielzeug auf dem Boden, Spielzeug auf dem Fenstersims. Wände tapeziert mit Bildern, Postern, Plakaten. Möbel, zugepappt mit Stickern. Klamotten in diversen Verschmutzungsstadien liegen dazwischen. In einem solchen Durcheinander könnte ich auch nicht einschlafen oder mich konzentrieren.

Das Innere beeinflusst das Äußere, und umgekehrt. Darin steckt eine große Chance: Wenn Sie überflüssige Dinge loslassen und Ihre äußere Umgebung aufräumen, geben Sie auch Ihrer inneren Welt eine Möglichkeit, in Ordnung zu kommen. Sie werden klarer denken und mutiger entscheiden. Sie werden neue Chancen sehen, wo es früher vor Problemen nur so wimmelte.

CHAOS KOSTET ZEIT. »Niemand hat Zeit für die Ablage, aber jeder hat Zeit zum Suchen« ist mein Standardspruch angesichts der Papierstapel in vielen Arbeitszimmern und Büros. Das Fraunhofer-Institut für Produktionstechnik und Automatisierung hat im Jahr 2006 eine Studie über das Verbesserungspotenzial in den administrativen Bereichen von Unternehmen veröffentlicht[1]. Aus dieser geht hervor, dass die Mitarbeiter in Büros durchschnittlich 32 Prozent der Arbeitszeit verschwenden. Etwa ein Drittel der Verschwendung entsteht durch das Suchen nach dem richtigen Dokument in chaotischen Dateiverzeichnissen. Rechnen Sie mit: Bei einem 8-Stunden-Tag kommen wir auf eine Dreiviertelstunde, die eine Person täglich auf diese Weise verbraucht. Bei 220 Arbeitstagen im Jahr sind es 165 Stunden, das entspricht 20 Tagen, also 4 Wochen. 4 Wochen! Pro Person! Halten Sie sich diese Zahl vor Augen, wenn Sie das nächste Mal etwas »einfach so« liegen lassen oder »irgendwo« ablegen. Das Gleiche gilt auch für andere Bereiche. Wünschen Sie sich mehr Zeit für sich, für Hobbys, Familie, Freunde? Misten Sie aus, räumen Sie auf, ordnen Sie Ihre Sachen und minimieren Sie die Zeitverluste durch Suchaktionen.

CHAOS RAUBT ENERGIE. Wie geht es Ihnen, wenn Sie bereits beim Betreten Ihrer Wohnung über Schuhe, einen achtlos hingeworfenen Schulranzen oder die liegen gelassene Hundeleine stolpern? Wenn Sie am Esstisch das Frühstückgeschirr mit angetrockneten Müsliresten vorfinden und im Schlafzimmer von auf dem Boden verstreuten Kleidern und zwei Körben mit Bügelwäsche erwartet werden? Wenn Sie vor einem überfüllten Kleiderschrank stehen und gefühlt nichts Vorzeigbares zum Anziehen finden? Wahrscheinlich sind jegliche Motivation, Energie und Lust dahin.

Oder wenn Sie morgens den Blick auf Ihren Schreibtisch werfen: Stapeln sich dort offene Vorgänge, Projekt-Mappen, To-Do-Listen, diverse Zettel und ungelesene Zeitschriften, und alle schreien »Erledigen, lesen, bearbeiten!«? So ein Anblick raubt Ihnen die Energie, noch bevor Sie mit der Arbeit angefangen haben.

CHAOS KOSTET GELD. Birgit war eine meiner ersten Kundinnen. Mitte fünfzig, Unternehmerin mit einem sehr chaotischen Büro. Die Aufräumaktion dauerte einige Tage. Wir arbeiteten uns durch Papierstapel, alte ungeöffnete Post und Unmengen an Info- und Büromaterial. In einer Schublade lagerten uralte Software-CDs. »Die brauchst du alle nicht mehr, in den Müll damit«, wies ich sie an. »Warte!» rief sie. »Ich brauche ein paar Hüllen für meine Foto-CDs.« Wir gingen den Stapel durch und legten einige der Hüllen zu ihren CD-Rohlingen. Am nächsten Tag waren die Regale dran, und siehe da, ich förderte 280 nagelneue CD-Hüllen zutage. »Oh, ich wusste gar nicht mehr, dass ich noch welche habe«, schämte sich Birgit ein wenig. »Sag mal«, fragte ich sie, »wie viele CDs brennst du im Jahr?« »So zwei bis drei.« »Und wie alt bist du genau?« »Sechsundfünfzig.«

Birgit hatte also einen Vorrat an CD-Hüllen für über 90 Jahre. Und sie ist keine Ausnahme. Regelmäßig finde ich bei Kunden gekaufte und schon bald vergessene Reinigungsmittel, Gewürze, Stifte, Bastelmaterialien, Farben, Werkzeug, Kleidung, Bücher und anderes in Mengen vor, die sie in diesem Leben wahrscheinlich nicht mehr verbrauchen werden. Eine Kundin fand während des Ausmistens unter Bergen von Kleidung einen neuen, nicht ausgepackten Puppenladen – ein Geschenk für ihre Tochter. Da war die Tochter bereits 15 Jahre alt. Bei einer anderen Frau lag in der hinteren Schrankecke eine Schachtel mit ungeöffneten Hochzeitsgratulationen. Sie war zu diesem Zeitpunkt seit acht Jahren verheiratet. Wir öffneten die Umschläge: Zum Vorschein kamen etliche, leider bereits abgelaufene, Gutscheine im Wert von einigen Hundert Euro.

> Sie investieren all die Zeit, das Geld und die Mühe, um Dinge zu kaufen, die Sie ohnehin nie gebrauchen werden, und zahlen dann auch noch dafür, sie ohne jeden vernünftigen Grund auf unbegrenzte Zeit aufzubewahren.
>
> KAREN KINGSTON, FENG SHUI GEGEN DAS GERÜMPEL DES ALLTAGS

CHAOS VERHINDERT WEITERENTWICKLUNG.

Wenn ich loslasse, was ich bin,
werde ich, was ich sein könnte.
Wenn ich loslasse, was ich habe,
bekomme ich, was ich brauche.

LAOTSE

Das Leben ist eine permanente Veränderung, ob wir wollen oder nicht. Der Versuch, es festzuhalten, der Wunsch, dass alles bleiben soll, wie es ist, lässt uns in der Vergangenheit erstarren und verhindert, dass wir uns weiterentwickeln. Ausmisten schafft Freiraum für neue Ideen, bessere Entscheidungen und einen beweglichen Geist.

INS TUN KOMMEN

Notieren Sie mindestens drei Gründe, warum Sie sich mehr Ordnung wünschen. Es müssen unbedingt Ihre eigenen Gründe sein. »Damit mich meine Mutter nicht kritisiert« zählt also nicht. Wenn Sie etwas tun, wovon Sie selbst nicht überzeugt sind, nur um einer klaren Aussprache zu entkommen oder um die eigene Grenze nicht definieren zu müssen, werden Sie immer gegen einen großen Widerstand kämpfen und am Ende scheitern.

LEBENSLÜGEN UND HINDERNISSE

Wenn immer wir etwas tun wollen, es aber nicht tun, sind ein Hindernis oder eine Lebenslüge im Spiel. Hier ist ein Überblick der häufigsten Ausreden, die meine Kundinnen und Kunden (und zugegeben auch manchmal mich selbst) am Entrümpeln hindern.

»EIN GENIE BEHERRSCHT DAS CHAOS.« Wie oft schon haben Sie diesen Satz gehört oder selbst gesagt? Wenn er stimmt, bin ich bereits etlichen Einsteins begegnet. Die Wahrheit aber ist, dass zwischen Genialität und der Fähigkeit, das Chaos zu durchblicken, kein signifikanter Zusammenhang besteht und dass die meisten Chaoten ständig etwas suchen. Ich hielt deshalb diese Aussage für eine der klassischen Lebenslügen, bis ich einer Bürokraft mit einem sehr zugestapelten Schreibtisch begegnete. Auf meine Frage, wo ein bestimmtes Angebot sei, peilte die Dame den Tisch an: »Dritter Stapel von links, circa 7 cm von oben.« Und in der Tat, da war es. Chapeau! Es gibt tatsächlich Menschen, die ein phänomenales räumliches Gedächtnis haben und sich in ihrem Chaos perfekt auskennen. So lange sie allein arbeiten, ist es auch kein Problem. Aber ich hatte von ihrem Vorgesetzten den Auftrag bekommen, mit dieser Frau Ordnung zu schaffen. Denn immer, wenn sie krank oder im Urlaub war, verzweifelte die ganze Abteilung. Die Vertretung fand sich nicht zurecht, die Arbeit blieb liegen, die Kunden sprangen ab. Dass ein Genie sein Chaos beherrscht, ist kein Grund, unter diesen Bedingungen zu leben und zu arbeiten.

»DAS IST KREATIVES CHAOS.« Das ist die zweitbeliebteste Erklärung für einen mit Zetteln, bunten Stiften und leeren Kaffeetassen bedeckten Arbeitstisch. »Oh, wann haben Sie die nächste Ausstellung?«, frage ich in diesem Fall. Die Antwort ist entweder ein »Hä, was meinen Sie damit?« oder ein verlegenes Lachen.

Was ist überhaupt Kreativität? Viele Menschen meinen, sie seien kreativ, wenn sie schön nach Zahlen malen oder ein vorgefertigtes Bastelset erfolgreich zusammenkleben. Für mich ist Kreativität ein schöpferischer Akt, bei dem etwas Neues entsteht, eine neue Lösung, ein neuer Gedanke, ein neues Kunstwerk. Neu zumindest für denjenigen, der etwas hervorbringt. Wenn Sie für sich geklärt haben, was Sie als Kreativität bezeichnen, können Sie schauen, unter welchen Bedingungen Ihre Kreativität gedeiht. Es gibt zwei Extreme: die sterile Leere und die überbordende Fülle. In welchem Bereich zwischen diesen beiden Polen sind Sie am kreativsten und produktivsten? Testen Sie das aus.

Ein Grafiker erzählte mir von seinem Praktikum bei einer großen Werbeagentur: »Clean-Desk-Policy extrem. Wer mehr als ein Blatt und ein Schreibgerät auf dem Tisch hatte, bekam eine Abmahnung. Beim dritten Verstoß folgte die Kündigung. Ich dachte zuerst ›Wo bin ich hier nur hingeraten?‹, aber der Erfolg der Agentur gab ihnen Recht. Nachdem sich mein Widerstand gelegt hatte, merkte ich, dass eine reizarme Umgebung meine Fantasie anregte. Ich war nicht abgelenkt und konnte fokussiert meine Ideen ausarbeiten. Heute bin ich selbstständig, und niemand kontrolliert meinen Arbeitstisch. Aber immer, wenn ich einen neuen Auftrag bekomme, räume ich zuerst alles weg, was mich von der Arbeit ablenken könnte.«

Haben Sie schon Kinder ohne Spielzeug beobachtet? Sie langweilen sich zuerst, dann springt die Fantasie an. Ein umgedrehter Stuhl verwandelt sich in ein Raumschiff, eine Kutsche oder einen Hubschrauber. Ein Stock wird abwechselnd zum Schwert, zur Schranke oder zum Jetski. Aus Gras und Zweigen entstehen Zwergenhäuschen. Dagegen wird in einem überfüllten Kinderzimmer mit Spielzeug, das auf Knopfdruck hupt, bellt, weint und fährt meistens nur vieles herausgezogen, kurz bespielt und danach fallen gelassen, um sich einer neuen Sache zu widmen.

»ORDNUNG IST UNGEMÜTLICH.« Ich habe noch nie erlebt, dass sich jemand sein altes Chaos zurückgewünscht hat, nachdem wir gemeinsam aufgeräumt hatten. In einer Wohnung, in der penible Ordnung und sterile Sauberkeit herrschen, fühlen sich die meisten Menschen wahrscheinlich genauso unwohl wie an einem Ort, an dem alles durcheinander liegt und sich Gerümpel stapelt. Deshalb spreche ich von kreativer Ordnung, die sich an der Natur orientiert.

Haben Sie schon einmal in aller Ruhe eine einfache Blüte betrachtet? Eine Margerite, ein Leberblümchen oder ein kleines Immergrün? Obwohl sich die einzelnen Blütenblätter voneinander unterscheiden, ergeben sie ein wunderbar harmonisches Bild. Diese natürliche Ordnung und Symmetrie finden wir überall zwischen Mikro- und Makrokosmos. Die Strukturen von Kristallen, Tannenzapfen, Sonnenblumen oder Galaxien sind für mich Sinnbild für Ordnung und Schönheit. Es ist nicht die exakte mathematische Präzision, sondern es sind die kleinen Abweichungen, die dem harmonischen Bild Spannung verleihen. So ist es auch bei Wohnungen und Häusern, die ordentlich und aufgeräumt sind und gleichzeitig Lebendigkeit und Individualität vermitteln.

»ICH HABE KEINE ZEIT.« In der Tat: Zeit hat niemand. Sie ist kein Ding, das man haben oder nicht haben kann. Jeder Tag hat 24 Stunden, und es liegt an uns und an unseren Prioritäten, was wir mit der Zeit anfangen.

In der Antike galt der Müßiggang als Idealzustand, der den Geist anregte und schöpferische Kraft freiließ. Die Zeit mit Arbeit zu verbringen, war verpönt, diese lästige Notwendigkeit verrichteten die Sklaven. Im 19. Jahrhundert glaubte man, dass irgendwann Maschinen die schwere Arbeit übernehmen und der Mensch dadurch mehr Zeit für die Muße bekommen würde. Dazu kam es nie. Das ist das große Mysterium unserer Zeit: Fast alle modernen Erfindungen dienen der Arbeitserleichterung und der Zeitersparnis. Aber wo ist die Zeit, die wir gespart haben? Bereits vor 2000 Jahren bemerkte der Philosoph Lucius Annaeus Seneca: »Es ist nicht wenig Zeit, die wir haben, sondern es ist viel Zeit, die wir nicht nützen.« Machen Sie sich klar, was Sie mit Ihrer wertvollen Zeit anstellen, welche Aktivitäten Ihnen wichtig sind und wie viel Zeit Sie bereit sind, aufzuwenden, um so zu leben, wie Sie es sich wünschen.

»ES WAR DAMALS TEUER.« Wenn Sie so denken, sind Sie der sogenannten *sunk cost fallacy* auf den Leim gegangen. Beim »Trugschluss der versunkenen Kosten« handelt es sich um einen Denkfehler: Mit einer getätigten Investition wird begründet, dass man weitermacht, auch wenn etwas keinen Sinn mehr ergibt. Wenn Sie sich etwa umwerfend schöne High Heels kaufen und später feststellen, dass Sie damit nicht laufen können. Das aufgewendete Geld ist weg, und es gibt keinen Grund, die Schuhe zu behalten. Das einzig Relevante ist der Blick in die Zukunft: Möchten Sie auf High Heels laufen lernen? Möchten Sie dazu Ihre Zeit hergeben? Können Sie die Schuhe zu einem guten Preis verkaufen? Falls Sie auf alle drei Fragen mit Nein geantwortet haben, haben diese Schuhe gar keinen Wert. Und wenn sie im Schrank liegen bleiben, verursachen sie weitere Kosten – sie beanspruchen Platz, Energie und belasten Sie emotional.

Übrigens findet man für diesen Denkfehler auch in der Wirtschaft und in politischen Entscheidungen viele Beispiele. Der wahrscheinlich bekannteste ist das Milliardengrab Berliner Flughafen. Auch das Überschallflugzeug Concorde ist ein Paradebeispiel eines internationalen Defizitprojekts. Sehr schnell stellte sich heraus, dass dieses englisch-französische Unternehmen niemals Gewinn abwerfen würde. Trotzdem dauerte es 34 Jahre, bis das überteuerte Prestigeprojekt eingestellt wurde.

»ICH KÖNNTE ES NOCH BRAUCHEN.« Ganz bestimmt, nur wie wahrscheinlich ist das? Der Haken liegt am Konjunktiv. Sie *könnten* aus den gesammelten Korken und Wollresten etwas basteln. Sie *könnten* aus den restlichen Brettern etwas zusammenbauen. Sie *könnten* aus den alten Stoffen etwas nähen. Sie tun es aber nicht. Falls Sie ein konkretes Projekt planen, wissen Sie genau, wozu Sie etwas aufbewahren, und im besten Fall auch, wo sich die Sachen befinden und wann Sie Ihr Projekt angehen. Altes Zeug nur »für den Fall« aufzuheben, ist in neunundneunzig von hundert Fällen unsinnig. Gesetzt der Fall, Sie bräuchten tatsächlich ein paar Bretter oder Wollreste: Wie schwierig und wie teuer wäre es, diese Dinge zu beschaffen?

»ICH WERDE ES UPCYCELN.« Upcycling ist der neue Trend, die Wiederentdeckung dessen, was in ärmeren Ländern der ganz normale Alltag ist. Dort werden aus Autoreifen Flip-Flops gemacht, aus alten Plastikflaschen hängende Gärten gebaut und alte Blechdosen zu Kannen, Lampen oder Spielzeug umfunktioniert.

Auch ich wollte vor einigen Jahren Ressourcen sparen und aus gebrauchten Kleidern etwas Neues kreieren. Einen alten Pullover unter den Ärmeln abgeschnitten, oben umgenäht, Gummi reingezogen: Ratz-fatz war aus einem unschönen Pulli ein unschöner Rock geworden. Es hätte mir eine Warnung sein können, war es aber nicht. Stattdessen entschied ich mich, besser zu werden und den nächsten Rock aus einem alten Hemd zu nähen. Mein Freund spendete mir einige aussortierte Exemplare, und ich legte los. Daraus ist etwas geworden, was an eine Oma-Schürze mit Knöpfen erinnerte. Die später eingenähte Spitze machte das Ganze noch schlimmer. Ich gab nicht auf. Recherchen auf Pinterest motivierten mich, noch mehr Altklamotten zu zerschnippeln und einen breiten Gummizug zu kaufen, um endlich einen ultimativ coolen Upcycling-Rock zu kreieren. Das Projekt lag dann fünf Monate im Schrank, bis ich mein Scheitern einsah und die Sachen wegwarf. Es war bitter zu erkennen, dass ich weder ein Upcycling-Talent noch die Figur und das Alter der hippen Youtuberinnen habe. Und es war gut zu erkennen, dass manche Vorhaben nicht Ressourcen schonen, sondern nur Zeit und Nerven kosten und die eigenen vier Wände zumüllen. Denken Sie daran, bevor Sie ein neues Upcycling-Projekt beginnen.

»WENN ICH ABGENOMMEN HABE, PASST ES WIEDER.«

Wie viele Kleidungsstücke heben Sie auf in der Hoffnung, sie irgendwann wieder tragen zu können? Und wie fühlt sich es an, wenn Sie sie betrachten: Ist es motivierend oder eher ein Frusterlebnis? Schließen Sie Frieden mit Ihrem Körper und werden Sie Kleider los, die Ihnen nicht passen. Falls Sie so viel abnehmen, dass Sie eine neue Garderobe brauchen, wird es Spaß machen, sich neu einzukleiden. Für alle, die jetzt »Ressourcenverschwendung!« aufschreien: Nein, ist es nicht. Ich kaufe mittlerweile alles, bis auf Unterwäsche und Schuhe, in Second-Hand-Läden oder gebraucht im Internet und bringe meine zu klein gewordene Kleidung in den Kreislauf zurück. Indem man altes Zeug zu Hause hortet, spart man keine Ressourcen.

INS TUN KOMMEN

Identifizieren Sie alle Gedanken, die Sie am Aufräumen hindern. Fragen Sie sich:

- Ist dieser Gedanke wirklich wahr?
- Bin ich mir hundertprozentig sicher?
- Wenn ja, wie könnte ich dieses Hindernis überwinden?

Finden Sie für jeden hinderlichen Gedanken mindestens ein Gegenargument oder eine mögliche Lösung.

LOSLASSEN

Alles, alles hat seine Zeit.
Steine wegwerfen hat seine Zeit,
Steine sammeln hat seine Zeit;
behalten hat seine Zeit,
wegwerfen hat seine Zeit.

AUS DEM BUCH KOHELET

Ich bekomme jede Woche E-Mails und Anfragen von Menschen, die ihre Ehepartner verloren haben, deren Angehörige dauerhaft in Heimen untergebracht wurden oder deren Kinder schon vor Jahren das Haus verlassen haben. Sie alle stehen vor der Frage, wie sie mit den Dingen, die von ihren Angehörigen zurückgeblieben sind, umgehen sollen. Dieselbe Frage stellen sich auch sogenannte Sammlertypen, die sich grundsätzlich schwer von Dingen trennen können.

Solche Anfragen haben eines gemeinsam – es geht ums Loslassen. Loslassen bedeutet, sich von alten Mustern und Strukturen zu befreien und an neue Situationen anzupassen. Es beinhaltet, zu reflektieren und zu erkennen, dass sich die Gegebenheiten verändert haben. Wenn wir das Alte festhalten, können wir das Neue oft gar nicht sehen. Wir haben keine Energie, neue Angebote des Lebens wahrzunehmen. Festhalten bedeutet, dass wir in Situationen verharren, die für uns unvorteilhaft, unangenehm oder sogar schädlich sind. Wenn wir die angeborene Sammelleidenschaft nicht eindämmen und nicht rechtzeitig anfangen, die angesammelten Dinge wieder zu reduzieren, laufen wir Gefahr, von ihnen versklavt zu werden.

Nicht loslassen zu können, verursacht, dass unsere Kleiderschränke überfüllt sind und der Keller nicht mehr begehbar ist. Dass die Küche so vollgestopft mit allen möglichen Gerätschaften ist, dass wir darin nicht wirklich kochen können. Dass wir im Wohnzimmer Schneisen schlagen müssen, wenn sich der Heizungsableser anmeldet, und dass wir seit Jahren keinen Besuch mehr empfangen. Dass wir einmal im Monat das Kinderzimmer abstauben, während unsere sechsundzwanzigjährige Tochter in Südaustralien in einer Strandbar bedient. Dass, wenn wir auf dem Dachboden etwas suchen müssen, wir uns darin verlieren wie in einem fremden Land. Dass wir in unbefriedigenden Verhältnissen leben. Dass wir in Jobs verharren, die uns unterfordern, auslaugen oder krank machen. Dass wir Beziehungen zu Menschen pflegen, die uns weder inspirieren noch sonderlich interessieren.

WARUM IST LOSLASSEN SO SCHWER?

Die Motive für die Unfähigkeit loszulassen sind so unterschiedlich wie die Menschen selbst. Doch allen liegt eine gemeinsame Ursache zugrunde: die Angst. Wir haben Angst vor Neuem, denn das Alte, selbst das Unangenehme und das Schmerzhafte, ist uns vertraut. Und wer weiß, ob wir etwas Besseres oder etwas anderes finden? Wir sorgen uns um unser Wohl oder befürchten, später irgendetwas zu vermissen. Wir haben Angst vor der Leere und vor dem Verlust. Aber was können Sie in Wirklichkeit festhalten und für immer besitzen? Und würden Sie es tatsächlich besitzen, wozu sollten Sie es dann festhalten? Wer Angst hat loszulassen, hat im Grunde genommen Angst zu wachsen, sich zu verändern und die Verantwortung für seine Entscheidungen zu übernehmen.

UMGANG MIT DER ANGST

Ich hatte mein ganzes Leben viele Probleme
und Sorgen. Die meisten von ihnen sind
aber niemals eingetreten.

MARK TWAIN

Angst ist ein Gefühl, das wichtig und richtig ist. Es hat uns im Laufe der Evolution das Überleben gesichert. Wer sich vor einem wilden Bären nicht gefürchtet hat, wurde gefressen. Problematisch ist es, wenn Sie sich im gleichen Ausmaß vor einer Maus fürchten. Es ist nicht angemessen, angesichts des kleinen Tierchens auf dieselbe Art zu reagieren. Um mit dieser Angst umzugehen, müssen Sie Ihren Verstand einschalten. Überlegen Sie, ob der Gedanke, der hinter dem Angstgefühl steht, realistisch ist. Suchen Sie gezielt nach Lösungen, sollte der von Ihnen befürchtete Fall doch einmal eintreten.

LOSLASSEN BEDEUTET, ENTSCHEIDUNGEN ZU TREFFEN

Sie werden im Prozess des Ausmistens und Minimalisierens immer und immer wieder die gleiche Entscheidung treffen müssen: »Behalten oder weggeben?« Wenn Sie bei jedem Gegenstand hin und herüberlegen, kommen Sie nicht vorwärts. Sie verlieren nur Ihre Energie, denn zu entscheiden, ist in der Tat meistens anstrengend.

Ich werde oft gefragt »Woher soll ich wissen, dass ich diesen Gegenstand nicht wieder brauchen werde?« oder »Was ist, wenn ich es später bereuen werde, ihn weggegeben zu haben?«

Sie können es nicht wissen! Woher sollen Sie wissen, in welche Situation Sie in Ihrem Leben kommen werden? Gewöhnen Sie sich daran, dass Sie die Zukunft nicht vorhersagen können. Was wäre die Alternative? Sie können natürlich alles weiterhin behalten. Okay, dann bleibt halt alles so, wie es war. Es fühlt sich nicht gut an, oder?

Um loslassen zu lernen, dürfen Sie lernen zu vertrauen. Vertrauen Sie darauf, dass Sie keinen Mangel erleiden werden, wenn Sie sich von einem Teil Ihres Besitzes trennen. Vertrauen Sie darauf, dass Sie für jede Situation eine Lösung finden werden. Vertrauen Sie darauf, dass das Leben es gut mit Ihnen meint.

Loslassen kann man erlernen und üben. Fangen Sie mit Kleinigkeiten an, und steigern Sie nach und nach Ihre Entscheidungs- und Loslassfähigkeit.

INS TUN KOMMEN

BEANTWORTEN SIE FOLGENDE FRAGEN.

- Was möchten Sie loslassen?
- Wozu? Was wollen Sie damit erreichen?
- Welche Vorteile, welchen Nutzen hat der jetzige Zustand für Sie?
- Was hindert Sie daran, loszulassen?
- Welche Nachteile befürchten Sie?
- Welche Überzeugungen und Glaubenssätze stecken dahinter?
- Was ist das Schlimmste, das passieren kann?
- Wie wahrscheinlich ist es, dass das Befürchtete passiert?
- Falls der unerwünschte Fall eintreten sollte – würde es Ihr Leben zerstören?
- Wie könnten Sie mit der Situation fertigwerden?
- Welche Alternativen gibt es, was könnten Sie tun, wer würde Ihnen helfen?

ÜBERPRÜFEN SIE NUN IHRE GEFÜHLE.

Falls Sie immer noch negative Emotionen in Bezug auf den Wunsch, loszulassen, verspüren, untersuchen Sie erneut Ihre Bedenken und Argumente und suchen Sie nach weiteren Lösungsvorschlägen.

Wiederholen Sie die Schleife so lange, bis die positiven Gefühle überwiegen.

Lesen Sie dazu auch »Wie man sich selbst motivieren kann« (Seite 273).

WIE VIEL ORDNUNG BRAUCHEN SIE?

Mein jüngster Kunde, Tim, war fünfzehn Jahre alt. Er liebte Autos, spielte wunderbar Klavier und las viele Bücher. Nach der Einschulung hatte ein Arzt bei ihm ADHS diagnostiziert und ihm Ritalin verschrieben.

Tims Mutter war eine lebhafte, intelligente Frau mit zahlreichen Interessen. Sie war ziemlich chaotisch, und in ihrem Büro herrschte ein Riesen-Durcheinander. Da man in ihrer Jugendzeit noch nicht wusste, dass es eine Krankheit namens ADHS gibt, hatte man sie einfach für eine kreative Person mit sprunghafter Natur gehalten. Als bei ihr das Chaos zu groß wurde, nahm sie keine Medikamente, sondern engagierte einen Aufräumcoach – mich.

Wir räumten einige Tage, und ich schaffte für Sie eine übersichtliche Struktur, die ihr half, den Überblick zu behalten. Während wir mit Sortieren und Ausmisten beschäftigt waren, schwirrte ihr Sohn um uns herum und beobachtete genau, was ich tat. Einige Wochen später, es war Anfang Dezember, fragte ihn die Mutter, was er sich zu Weihnachten wünsche. »Mama«, antwortete er, »ich habe doch alles. Ich wünsche mir zu Weihnachten, dass Katharina kommt und mit mir mein Zimmer aufräumt.«

Zu Beginn einer Aufräumaktion stelle ich meinen Kundinnen und Kunden einige Fragen: »Was ist Ihr Problem, was ist Ihr Wunsch, und wie möchten Sie, dass es hier ausschaut, wenn wir fertig sind?« Tim hatte auf alles eine klare Antwort. »Ich suche ständig mein Handy und meinen Geldbeutel«, war eines seiner Themen.

»Egal, was ich mache, ich kann mir nie merken, wo ich die Dinge hingelegt habe.« Da ich von seiner Vorliebe für Autos wusste, fragte ich ihn, wo sein Vater das Auto parke, wenn er von der Arbeit nach Hause komme. »Hier, vor unserem Haus, auf seinem Parkplatz.« – »Und parkt er manchmal auch woanders, an der Straße beispielsweise oder dort, bei dem Haus gegenüber?« – »Nein, nie, immer hier, immer auf seinem Parkplatz.« – »Okay, was wäre, wenn wir für dein Handy und deinen Geldbeutel auch einen Parkplatz hätten, beispielsweise hier, rechts auf dem Schreibtisch.« – »Das wäre cool«, lächelte er. Wir räumten den Schreibtisch leer und wiesen eine Fläche von 10 mal 15 Zentimeter als Parkplatz für Handy und Geldbeutel aus. »Und jetzt musst du dir Folgendes merken: Immer, wenn du nach Hause kommst, stellst du deine Sachen auf den richtigen Parkplatz. Und der wird dafür freigehalten, wie Vaters Parkplatz vor dem Haus. Ist das klar?« – »Logo, ich bin doch nicht dumm!« Und so räumten wir das Zimmer um, wiesen Parkplätze aus und vereinbarten klare Regeln.

Ich war sehr gespannt, ob der Junge in der Lage sein würde, die Ordnung zu halten. Zwei Monate später rief ich ihn an. Es war ein sehr kurzes Gespräch. »Hallo Tim, hier ist Katharina, wie geht es dir?« – »Gut.« – »Was machen die Parkplätze?« – »Alle noch da.« – »Und machst du es auch, ich meine, die Sachen immer dort zu parken, wo sie hingehören?« – »Ja klar, hast du doch gesagt!«

Nach diesem Gespräch habe ich ein wenig geweint. Weil wir für das ganze Zimmer nur zwei Stunden gebraucht haben. Weil es so einfach war. Und weil es so viele Kinder gibt, die statt Unterstützung nur Schimpfe oder Medikamente bekommen. Die gute Nachricht ist: Wenn Tim es geschafft hat, schaffen Sie es auch.

EIN EIGENES BILD VON ORDNUNG ENTWICKELN

Wenn es um Unordnung und Chaos in unseren vier Wänden geht, hilft uns keine Definition aus der Physik oder aus der griechischen Mythologie. Denn jeder Mensch hat andere Bedürfnisse und seine eigene Vorstellung von Ordnung.

Meine Definition von Ordnung ist sehr simpel: Ordnung ist dann, wenn sich alles an seinem Platz befindet. Wenn ich alles, was ich benötige, sofort finde. Wenn ich nur so viel besitze, wie ich auch brauche, und wenn meine Sachen mir dienen und nicht umgekehrt. Oder, wie Pablo Picasso es ausgedrückt hat: »Ich suche nicht – ich finde.«

INS TUN KOMMEN

Nehmen Sie sich ein Blatt Papier, Stift und etwa 15 bis 30 Minuten Zeit. Schreiben Sie auf, wie Ihre Räume idealerweise ausschauen würden, wenn dort die gewünschte Ordnung wäre. Beschreiben Sie es ganz konkret. Beispielsweise so: Die Hundeleine hängt auf dem Haken neben der Tür. Der Boden ist frei von Kleidungsstücken. Auf dem Esstisch stehen nur eine Kerze und eine Blumenvase. Auf meinem Nachtkästchen befinden sich ein Buch und meine Handcreme. Die Lebensmittel im Vorratsschrank sind in sinnvolle Kategorien aufgeteilt. Das Spielzeug befindet sich in den dafür vorgesehenen Behältern (…). Je klarer Ihre Vorstellung vom gewünschten Ergebnis ist, desto leichter lässt sie sich realisieren.

Fragen Sie sich während des Schreibens nicht, wie Sie es schaffen sollen. Gedanken wie »Schön wäre es, geht aber nicht, weil ...« schieben Sie vorerst zur Seite. Zu den Hindernissen kommen wir später. In diesem Schritt stellen Sie sich einfach vor, dass Ihnen eine gute Fee alle diese Wünsche erfüllen will. Malen Sie sich die schönsten Bilder von einer Ordnung, wie Sie sie haben möchten, aus.

Lassen Sie auch alle Familienmitglieder jeweils eigene Listen erstellen und vergleichen Sie sie untereinander. Wenn Ihre Vorstellungen zu sehr auseinanderliegen, müssen Sie gemeinsam eine Lösung finden.

Mehr dazu finden Sie im Kapitel »Bedürfnisse richtig kommunizieren« (Seite 261).

WEGWERFEN ODER BEHALTEN?

»Ich habe zu viel Zeug, aber ich weiß nicht, was ich wegwerfen soll. Irgendwie kann ich alles brauchen. Was soll ich behalten, und was soll weg?«, das ist eine der mir am häufigsten gestellten Fragen.

Ganz einfach: Behalten Sie Ihre Schätze und werfen Sie den Ballast weg. Dazu müssen Sie lernen, Ballast und Schatz voneinander zu unterscheiden.

BALLAST IST LAST

Viele Gegenstände verlangen nach bewusster oder unbewusster Aufmerksamkeit: Fünf Kisten mit Fotos, die sortiert und eingeklebt werden müssen, das kaputte Regal, das seit drei Jahren repariert werden soll, die Handarbeit, die fertiggestellt werden möchte, die Bücher, die wir endlich lesen wollen. Und dann gibt es noch die Sportgeräte, die uns an unser Vorhaben erinnern, endlich etwas für die Fitness zu tun, die Musikinstrumente, die wir spielen lernen wollten, und die Kleidung, die nicht mehr passt. Das alles ist Ballast, und Ballast ist Last.

Sind Sie schon einmal mit dem Rucksack auf dem Rücken mehrere Wochen gewandert? Oder mit dem Fahrrad in den Urlaub gefahren? Ich mache beides regelmäßig, und ich kann Ihnen versichern, dass Sie dabei sehr schnell lernen, Ballast zu identifizieren. Oberhalb von 5000 Metern ist die Luft sehr dünn, und ein Zwölf-Kilo-Rucksack wiegt gefühlt einen Zentner. Und wer eine über 2000 Kilometer lange Radstrecke vor sich hat, überlegt ganz genau, was er in die Satteltaschen packt.

Die eigentliche Lektion beginnt aber erst nach der Rückkehr. Der Kleiderschrank erscheint einem plötzlich überdimensional groß, und die Auswahl an Kleidung überfordert. In der Küche fragt man sich »Wie viele Messer brauche ich, um etwas Vernünftiges zu kochen, und wozu sind die anderen Küchenhelfer da?«

Im Bad erwartet einen das gleiche Bild: So viele Flaschen, Tiegel, Tuben … Und die Pröbchen. Apropos Pröbchen: Das sind diese Mini-Verpackungen mit Shampoo, Duschgel, Cremes und anderen Produkten, die man ewig lang aufbewahrt unter dem Motto »Für den Urlaub oder die Sauna ist es die perfekte Größe.« Und dann füllt man sich doch etwas von eigenen Pflegemitteln ab, während die kleinen im Bad vor sich hingammeln.

Mich hat vor ein paar Jahren eine Apothekerin von weiterem Pröbchen-Sammeln geheilt. Als ich damals ein Medikament abgeholt habe, schob sie ein kleines Fläschchen über die Theke. »Ein Pröbchen für Sie, Öl gegen Schwangerschaftstreifen.« Ich schaute auf meinen Bauch. »Das ist Fett«, teilte ich der Dame mit. »Ich bin über fünfzig, bei mir ist die Familienplanung abgeschlossen.« Leicht verlegen nahm sie das Öl zurück und gab mir stattdessen eine kleine Tube. Erst zuhause las ich, was es war: eine Schrundensalbe.

Ballast ist alles, was Sie nicht brauchen, nicht mögen oder auch wovon Sie zu viel besitzen. Kleider und Schuhe, die Ihnen nicht passen, nicht ihrem Stil entsprechen, unbequem oder abgenutzt sind.

Was nicht richtig funktioniert oder was Sie nicht bedienen können, ist genauso überflüssig wie die alte Kaffeemaschine und der dritte Toaster im Keller.

Bewahren Sie alte Zeitschriften oder Zeitungen auf? Entweder, weil Sie sie noch lesen möchten, oder weil sich dort vermeintlich eine wichtige Information verbirgt? Und haben Sie im Bedarfsfall diese Information schon mal gefunden? Vermutlich nicht. Alles, was man aufhebt, aber nicht nutzt, ist Ballast und sollte entsorgt werden.

Was ist mit Unterlagen aus der Schul- und Studienzeit sowie diversen Fortbildungen? Liegen sie bei Ihnen auch irgendwo herum? Hand aufs Herz: Wann haben Sie das letzte Mal dort etwas nachgeschaut? Sind diese Informationen überhaupt noch aktuell? Oder werden Sie sentimental, wenn Sie ihr altes Matheheft betrachten? Wenn nicht, ab damit ins Altpapier.

»Viele Grüße aus dem Urlaub. Die Sonne ist heiß, das Bier ist kalt, das Essen ist gut und günstig.« Das sind die üblichen Texte auf vielen Postkarten. Dass im Urlaub an Sie gedacht wurde, ist schön, es bedeutet aber nicht, dass Sie die Karten aufheben müssen. »Lesen, sich freuen und zeitnah entsorgen«, lautet meine Empfehlung.

Souvenir, Souvenir. Muscheln und Steine am Meer sammeln – wer von Ihnen macht das nicht gerne? Zuhause werden sie dann in eine Schale oder in eine Schachtel gelegt, zu den Steinen und Muscheln vom Vorjahr. Mit Souvenirs wollen wir meistens das Urlaubsgefühl konservieren, uns an die schöne Zeit erinnern. Geblendet von der Sonne und vom Charme des Straßenverkäufers kaufen wir Schnitzereien, Keramikfiguren, Schneekugeln und Tassen mit Motiven, die meisten »Made in China«. Wir stellen die Trophäen in die Regale oder hängen sie an die Wand, wo sie zu gruseligen Staubfängern werden. Die schlabberige Fischerhose ist genauso peinlich wie die T-Shirts mit »I love NY«- oder »I was drunk in Liverpool«-Aufdruck oder die bunten Kopfbedeckungen der einheimischen Bevölkerung am Urlaubsort. Entfernen Sie solche Souvenirs des Grauens, Sie werden sie nicht vermissen.

Baharat, Asafoetida, Ras el-Hanout und Ajowan – das sind Gewürze, die man kauft, um etwas ganz Ausgefallenes zu kochen. Ist es dann so weit, hört man oft von den Familienmitgliedern: »Was ist das? Das schmeckt aber komisch. Ich möchte Spaghetti mit Bolo!« Nach ein, zwei kulinarischen Experimenten besinnt man sich wieder auf das Altbewährte, und die Exoten bleiben im hintersten Eck liegen. Sie werden zu Ballast, genauso wie abgelaufene Backmischungen und die uralten Dosen in der Speisekammer.

Auch Gegenstände, die Ihnen nicht gehören, sind Ballast. Oft ziehen Kinder zwar aus, lassen aber vieles in der elterlichen Wohnung zurück. Die Kinder gehen mit leichtem Gepäck durch das Leben, die Eltern haben das Problem. Einerseits gehören Ihnen die Dinge nicht, andererseits verstopfen sie die eigenen vier Wände. Hier hilft nur eine klare Ansage: »Alles, was du nicht bis zum (genaues Datum nennen) wegbringst, werfe ich weg.« Die softe Variante und Andeutungen wie »Wann denkst du, dass du die Sachen mitnimmst?« funktionieren nicht. Ich kenne Eltern, die seit sieben Jahren versuchen, ihre zwei Söhne zum Leeren der verlassenen Kinderzimmer zu bewegen – bis jetzt ohne Erfolg. »Ja, ja, ich mache es schon, nur habe ich im Moment keine Zeit dafür«, ist die Standardantwort. Machen Sie sich klar, dass jeder die Verantwortung für sein Leben und somit auch für seine Sachen trägt.

MEIN SCHATZ

> »Wir wollen ihn! Wir brauchen ihn!
> Wir müssen ihn haben, den Schatz!«
>
> GOLLUM, IN »HERR DER RINGE«

Als Schatz betrachte ich alles, was ich gerne und oft benutze, was mir die Arbeit wirklich erleichtert, Dinge, die ich liebe und schätze, Kleider und Schuhe, die ich gerne trage.

Wenn Sie sich nicht sicher sind, in welche Kategorie etwas gehört, fragen Sie sich:

- Würde ich es sofort wieder kaufen, wenn es kaputtginge?
- Würde ich es bei einem Brand retten?

Bewahren Sie Ihre Schätze gut auf, und pflegen Sie sie regelmäßig.

Briefe, Postkarten und andere Erinnerungsstücke, die Sie für immer aufheben möchten, kommen in eine Schatzkiste. Denken Sie daran, dass es bei Erinnerungsstücken nicht auf die Menge ankommt. Eine Tasse, aus der die Oma gerne Tee getrunken hat, ein Paar Ohrringe, die seit Generationen von Frau zu Frau weitergegeben wurden, oder die alte Pfeife des Urgroßvaters reichen aus, um eine Verbindung zwischen Vergangenheit und Gegenwart zu schaffen. Größere Gegenstände, für die Sie keinen Platz haben, können Sie fotografieren und nur die Bilder aufheben.

INS TUN KOMMEN

Nehmen Sie heute noch eine Schublade, ein Regalbrett oder eine Aufbewahrungsbox unter die Lupe. Betrachten Sie die Gegenstände einen nach dem anderen, halten Sie sie kurz in der Hand und stellen Sie die Frage: Ballast oder Schatz? Legen Sie die Schätze zurück, und werfen Sie den Ballast weg. Dinge, die Sie verschenken oder verkaufen möchten, kommen in eine Extra-Kiste. Spüren Sie nach, wie sich diese kleine Aktion ausgewirkt hat. Fühlen Sie sich leichter, freier, energiegeladener? Haben Sie Lust auf mehr bekommen? Oder gab es Schwierigkeiten? Wenn ja, schreiben Sie auf, was Sie beim Sortieren gestört hat. Lesen Sie nochmals das Kapitel »Lebenslügen und Hindernisse« (Seite 18) und suchen Sie gezielt nach Lösungen.

TRÖDEL
FLOHMARKT

ES

GEHT

TEIL 2

LOS!

AUFRÄUMAKTION VORBEREITEN

SPONTAN ODER NACH PLAN?

> Ich hatte einen Traum. Doch dann hatte ich auch einen Plan, und mein Traum wurde plötzlich wahr.
>
> UNBEKANNT

Gehören Sie zu den Menschen, die sich schnell begeistern können und eine neue Idee am liebsten sofort umsetzen möchten? Und haben Sie auch schon erlebt, dass Sie dabei manchmal schnell gebremst werden, weil Ihnen etwas fehlt, um die Aktion erfolgreich zum Abschluss zu bringen? Willkommen im Club! Bei mir war das früher oft der Fall. Anstatt einen Erfolg zu feiern, habe ich auf diese Weise ein weiteres offenes Ende, einen weiteren Punkt auf der To-do-Liste und noch mehr schlechtes Gewissen kreiert. Falls Sie Ihre Aufgaben gerne spontan erledigen und einem inneren Auftrieb folgen, ohne die gewünschten Ergebnisse zu erzielen, empfehle ich Ihnen, nach Plan vorzugehen.

ZEITPLAN ERSTELLEN. Nicht nur Ausmisten und Neu-Ordnen kosten viel Zeit, sondern auch die weitere Bearbeitung der aussortierten Gegenstände. Machen Sie sich klar, was Sie erreichen möchten – das Kästchen mit den Haarspangen ausmisten oder die Garage leer räumen? Je größer Ihr Vorhaben, desto mehr Zeitreserve brauchen

Sie, denn Sie wissen: Es kommt oft anders, als man denkt. Ich empfehle Ihnen, mit kleinen Portionen zu beginnen – mit einem Schränkchen, einem Regalbrett, einer Kommode oder mit den Haarspangen. Diese sind vielleicht in zehn Minuten aussortiert, und Sie dürfen schon Ihren ersten Erfolg feiern.

Seien Sie realistisch: Setzen Sie sich Ziele, die Sie herausfordern, aber nicht überfordern. Ein ganzes Haus, in dem sich seit Jahrzehnten Gerümpel angesammelt hat, werden Sie sicherlich nicht an einem Tag ausmisten. Reservieren Sie in Ihrem Terminkalender die Aufräumzeiten und behandeln Sie sie wie alle anderen verbindlichen Termine. Denn oft denkt man »Heute ist super Wetter, ich gehe lieber wandern oder baden, mit dem Keller fange ich nächste Woche an.« Doch mit der Aufschiebe-Strategie wird die Sache nicht leichter, und je früher Sie anfangen, desto früher werden Sie Ihr Ziel erreichen.

HELFER ORGANISIEREN. Gehören Sie zu den Menschen, die am liebsten allein arbeiten? Oder macht es Ihnen zusammen mit anderen mehr Spaß? Falls Sie zu der zweiten Gruppe gehören, fragen Sie in Ihrem Familien- oder Freundeskreis nach Unterstützung. Mit Freundinnen den Kleiderschrank durchzugehen, kann eine heitere Angelegenheit sein. Man bekommt eine zweite Meinung zu den »Keine-Ahnung-ob-es-mir-steht«-Kleidern und kann die Sachen oft gleich weitergeben.

Eine meiner Kundinnen hat vor dem geplanten Umzug eine »Ausmist-Party« organisiert. »Es war ein sehr lustiger Tag«, erzählte sie mir. »Wir tranken Kaffee, mittags bestellten wir Pizza und gingen gemeinsam alle Sachen durch. Was ich nicht in das neue Haus mitnehmen wollte (und es war ziemlich viel), teilten sich die Mädels untereinander auf. Der Rest wurde gespendet.«

KINDER, TIERE UND ANDERE FAMILIENMITGLIEDER. Kinder können beim Aufräumen eine große Hilfe sein, oder aber die Aufräumaktion zum Scheitern bringen. Überlegen Sie daher, ob es nicht besser wäre, wenn der Rest der Familie etwas Spannendes außer Haus unternimmt. Vor allem bei ganz kleinen Kindern ist es sinnvoll, eine Betreuung zu organisieren.

Ein Hund, der Gassi gehen möchte oder Ihre Aufmerksamkeit einfordert, stört genauso, wie ein Familienmitglied, das Ihr Tun negativ kommentiert oder gar versucht, Sie vom Ausmisten abzubringen. Finden Sie vorab eine Lösung, damit Sie sich nicht erst mitten im Aufräumen damit auseinandersetzen müssen.

MATERIAL BEREITHALTEN. Besorgen Sie im Vorfeld einige Kisten zum Sortieren der Gegenstände. Kartons aus dem Supermarkt kosten nichts, und Sie können sie später wieder zurückbringen oder auf dem Wertstoffhof entsorgen.

Für den Restmüll sollten Sie genügend Müllbeutel parat haben. Bei der Gemeinde- oder Stadtverwaltung können Sie zusätzliche Einweg-Müllsäcke kaufen. Ein 100-Liter-Sack kostet nicht viel und wird zusammen mit der Mülltonnenleerung entsorgt. Informieren Sie sich darüber, wie das in Ihrer Gemeinde gehandhabt wird.

Zum Beschriften der Kartons und Säcke brauchen Sie einen dicken wasserfesten Filzstift sowie selbstklebende Etiketten.

FÜR LEIBLICHES WOHL SORGEN. Räumen und Entscheidungen treffen, ist eine harte Arbeit, vor allem für unser Gehirn. Daher ist es enorm wichtig, immer wieder kleine Pausen zu machen, viel zu trinken und eine Kleinigkeit zu essen. Dauert die Aufräumaktion den ganzen Tag, kochen Sie vor, oder lassen Sie sich etwas bringen, damit Sie beim Aufräumen nicht noch an die Essenszubereitung denken müssen.

FOTOGRAFIEREN SIE DEN ANFANGSZUSTAND. Machen Sie aus verschiedenen Perspektiven einige Bilder von den Bereichen, die Sie aufräumen wollen. Das Wohnzimmer, den Schreibtisch oder den offenen Kleiderschrank auf einem Foto zu sehen, öffnet Ihnen die

Augen, denn im Normalfall nehmen wir die Details einer gewohnten Umgebung gar nicht mehr wahr. Die Bilder machen Ihnen bewusst, wie die Umgebung von anderen wahrgenommen wird. Das ist übrigens eine gute Schocktherapie in chaotischen Büros. Ich habe immer wieder im Vorfeld von Aufräumaktionen in Unternehmen die Räume fotografiert. Diese präsentierte ich den Mitarbeitenden mit der Überschrift »So sehen uns unsere Kunden, Lieferanten, Kollegen und Vorgesetzten.« Die Wirkung ist phänomenal, und die Motivation zur Veränderung steigt um ein Vielfaches.

Den Ist-Zustand auf einem Bild festzuhalten, ist noch aus einem anderen Grund gut: Wenn Sie ins Tun kommen und die Tipps aus diesem Buch umsetzen, wird sich Ihre Umgebung schnell verändern. Der Vorher-Nachher-Vergleich wird Ihren Erfolg belegen und Sie weiter motivieren.

WO SOLL ICH ANFANGEN?

Ich werde oft gefragt, wo man mit dem Aufräumen anfangen soll. Beginnen Sie am besten dort, wo Sie den größten Leidensdruck verspüren.

Falls Sie das ganze Haus oder die ganze Wohnung ausmisten wollen, fangen Sie dort an, wo Sie in der kürzesten Zeit sichtbare Ergebnisse erzielen. Das ist meistens der Boden. Nehmen Sie eine Kiste oder einen Wäschekorb, und sammeln Sie alle herumliegenden Dinge auf. Sie werden merken, wie sich die Ausstrahlung eines Zimmers verändert, wenn der Boden frei ist und Sie ohne Hindernisse überall hinkommen. Als nächstes befreien Sie alle Stühle, Sessel, das Sofa und die Eckbank von Kleidungsstücken, Zeitungen, Spielsachen und sonstigen Gegenständen. Entfernen Sie alles vom Esstisch, was dort nichts verloren hat.

Entscheiden Sie nun, ob sie weiter nach Räumlichkeiten oder nach Kategorien vorgehen wollen.

Im dritten Teil des Buchs (Seite 53) finden Sie Aufräumtipps für einzelne Räume, vom Eingangsbereich bis zum Garten. Sie können mit mir auf die Room-Tour gehen und einen Raum nach dem anderen in Ordnung bringen. Genauso gut können Sie nach Kategorien vorgehen, wenn das Ihre Priorität ist und Sie beispielsweise Kleidung, Werkzeug oder Bücher an mehreren Stellen lagern. In diesem Fall tragen Sie zuerst alles an einen Platz und gehen weiter vor, wie es im Kapitel »Klar Schiff im Schrank« (Seite 77) oder »Arbeitszimmer« (Seite 96) beschrieben wird.

Der vierte Teil des Buchs (Seite 131) widmet sich vier Kategorien, die ich gesondert behandeln möchte: Bücher, Fotos, Geschenke und Sentimentales. Diese Dinge werden oft auf mehrere Räume verteilt und sind am schwierigsten auszusortieren. Mein Tipp: Beginnen Sie nicht mit den Erinnerungsstücken. Sammeln Sie zuerst Erfahrung in anderen Bereichen, bevor Sie sich an diese Königsdisziplin wagen.

ACHTUNG: SPLITTER UND BALKEN!

> Warum siehst du den Splitter im Auge deines Bruders, aber den Balken in deinem Auge bemerkst du nicht?
>
> MATTHÄUS 7,3

Es ist ganz normal, dass wir zuerst das Chaos bei unseren Familienmitgliedern wahrnehmen, dass es uns stört und dass wir am liebsten dieses als erstes beseitigen würden. Im eigenen Bereich fällt uns dagegen wenig oder gar nichts auf.

Eine Kundin, Frau F., beschwerte sich über die vielen Holzabschnitte, Schrauben und Nägel, die ihr Mann im Keller lagerte. Ihm waren ihre Duftkerzen in unterschiedlichen Farben ein Dorn im Auge. »Die riechen eh alle nach Klostein«, bemerkte er angewidert, als seine Frau außer Hörweite war.

Widerstehen Sie der Versuchung, und fangen Sie bei sich und Ihren Sachen an. Werfen Sie nie Dinge weg, die Ihnen nicht gehören! Es sei denn, Sie haben dazu eine Erlaubnis bekommen.

INS TUN KOMMEN

- Erstellen Sie einen Zeitplan für Ihre Aufräumaktion.
- Organisieren Sie Helfer sowie gegebenenfalls eine Kinderbetreuung.
- Kochen Sie vor, oder bestellen Sie etwas vom Lieferservice.
- Besorgen Sie sich eine ausreichende Menge Kisten, Boxen und Säcke zum Sortieren.
- Fotografieren Sie den Ausgangszustand.

WOHIN MIT DEN AUSSORTIERTEN DINGEN?

Es dauerte drei Stunden, bis Michaela in Schwung kam. Ihr Haus war vollgestopft mit Gegenständen, die zwei Generationen gesammelt hatten. So vollgestopft, dass es darin keinen Platz mehr zum Leben gab. Um das Haus wieder bewohnbar zu machen, sollten etliche Dinge weichen. Ich wendete viel Energie auf, um sie zu motivieren, sie wendete viel Energie auf, um den Trennungsschmerz zu überwinden. Aber irgendwann ist jeder Mensch, der sich mehr Ordnung und Platz im Leben wünscht, bereit loszulassen. Michaela kam in Schwung, und die Kisten mit der Aufschrift »Weg damit« füllten sich. Die Vorstellung, etwas Brauchbares wegzuwerfen, war ihr unerträglich, also lud sie am späten Nachmittag die Kisten in Ihr Auto und fuhr los zum nächsten Rot-Kreuz-Laden. Die Realität traf sie mit voller Wucht: Ein einziges Kaffeeservice nahm man ihr ab. Für die anderen Sachen hatte man keinen Platz und keine Verwendung. Nun saß Michaela auf einem Haufen Krempel und war frustriert. Sie wurde ausgebremst, Ihre Motivation war dahin, und das Gefühl der Hoffnungslosigkeit machte sich breit.

Für viele Menschen ist die größte Hürde, die aussortierten Dinge aus dem Haus zu bringen. Oft stehen die Kisten und Säcke monatelang im Keller. Schafft man sie irgendwann ins Auto, werden sie noch tagelang wie blinde Passagiere herumkutschiert. Damit es Ihnen nicht wie Michela ergeht (und sie ist nicht die Einzige, die an dieser Stelle gescheitert ist), lege ich Ihnen ans Herz, diesen Punkt zu klären, bevor

Sie mit dem Ausmisten anfangen. Wenn Sie wissen, wohin Sie die aussortierten Gegenstände bringen können, wird es Ihnen leichter fallen, sie loszulassen.

VERSCHENKEN. Fragen Sie als erstes im Familien- und Bekanntenkreis nach, ob jemand etwas von den aussortierten Dingen brauchen kann. Wenn ja, machen Sie gleich einen Abholtermin aus. Versuchen Sie auf keinen Fall, jemandem aus der Verwandtschaft etwas »aufs Auge zu drücken«.

Viele Organisationen wie Caritas, Rotes Kreuz oder Oxfam sammeln gut erhaltene Kleidung und Haushaltsgegenstände, die sie an bedürftige Personen weitergeben oder zu fairen Preisen verkaufen. Mit dem Erlös finanzeren sie soziale Projekte. Der Gedanke, dass Sie durch Verschenken der nicht benötigten Haushaltsgüter eine gute Sache unterstützen, erleichtert das Aussortieren erheblich. Fragen Sie jedoch im Vorfeld, was tatsächlich gebraucht wird, wann Sie die Sachen bringen können und ob Möbel oder andere schwere Gegenstände eventuell abgeholt werden.

Hinter dem Haus meiner Schwiegermutter gibt es ein Mülltonnenhäuschen, das sie Bermudadreieck nennt – alles, was man dort hinstellt, verschwindet innerhalb weniger Stunden. Bei mir in der Nähe gibt es ein öffentliches Regal, das sich zu einer »Gib-und-nimm-Stelle« entwickelt hat. Erkundigen Sie sich, ob es auch bei Ihnen eine ähnliche Möglichkeit gibt, oder ergreifen Sie selbst die Initiative und helfen Sie mit, so einen Ort zu schaffen.

Auch eine Kiste mit der Aufschrift »zu verschenken« im Hausgang oder vor dem Haus funktioniert hervorragend. Lassen Sie die Sachen aber nicht tagelang draußen stehen, falls sie niemand mitnimmt. Für die endgültige Entsorgung sind nach wie vor Sie verantwortlich.

In vielen kleineren Einkaufsläden gibt es ein »Schwarzes Brett«, auf dem Kunden kostenlos inserieren können.

Gut erhaltene Bettwäsche und Handtücher werden oft in Wohnheimen und Kurzzeitpflegeeinrichtungen gebraucht.

Tierheime nehmen gerne Decken, Handtücher, Bettwäsche und eventuell auch aussortierte Plüschtiere an. Für diesen Zweck können die Textilien auch in schlechterem Zustand sein.

Babysachen kann man in Beratungsstellen für Schwangere und Eltern abgeben. Auch in Heimen für minderjährige Mütter freut man sich über Kleidung sowie über gut erhaltene Haushaltsgegenstände.

Bücher, die Sie kein zweites Mal lesen möchten, können Sie auf eine Reise schicken. Diese Mischung aus Abenteuer und Literatur heißt BookCrossing. Sie registrieren das Buch auf www.bookcrossing.com, versehen es mit der zugeteilten Nummer und lassen es an einem Bahnhof, einem Flughafen oder in einer Unterkunft frei. Wer will, nimmt das Buch mit und lässt es ausgelesen an einer anderen Stelle liegen. Anhand der ID-Nummer kann derjenige, der ein freigelassenes Buch findet, auf der Homepage nachschauen, wo überall das Buch bereits gewesen ist.

Natürlich können Sie Bücher auch ohne Abenteuerreise verschenken. In den meisten Städten und Dörfern gibt es Stellen, wo man Bücher kostenlos hinstellen und mitnehmen darf.

VERKAUFEN. Gut erhaltene und wertvolle Gegenstände können Sie über diverse Onlineplattformen oder soziale Netzwerke zu Geld machen. Facebook, eBay, eBay-Kleinanzeigen, Booklooker, Momox oder Vinted sind nur einige Beispiele. Aussortierte Sachen zu verkaufen, ist unter Umständen eine zeitintensive Angelegenheit. Recherchieren Sie, wie wertvoll die Gegenstände wirklich sind, und setzen Sie Aufwand und Nutzen ins Verhältnis. Suchen Sie auf Onlineplattformen nach gleichen oder ähnlichen Sachen. Wenn Sie feststellen, dass das vermeintlich wertvolle Teil hundertfach für € 1,99 zu haben ist, kann es gleich in die Spende-Kiste oder in den Müll wandern.

Auch ein Inserat in der Zeitung oder auf dem schwarzen Brett im lokalen Supermarkt bringen Käufer und Verkäufer zusammen.

Secondhandläden, Flohmärkte, Kinder- und Sportbasare sind weitere Möglichkeiten, um gebrauchte Dinge zu verkaufen. Notieren Sie im Kalender den nächsten Flohmarkt- oder Basartermin, falls das für Sie eine Option ist.

WEGWERFEN. Plunder, schäbige, abgenutzte, alte oder beschädigte Dinge gehören in den Müll. Nutzen Sie nicht das fehlende »Nein-sagen-können-Gen« Ihrer Mitmenschen aus, um ihnen den überflüssigen Kram anzudrehen.

Trennen Sie den Müll sorgfältig. So können Sie zumindest etwas für die Umwelt tun und die wertvollen Rohstoffe in den Recycling-Kreislauf zurückführen.

Beantragen Sie rechtzeitig eine Sperrmüllabholung oder mieten Sie einen Anhänger, wenn Sie größeren Sperrmüll zum Wertstoffhof transportieren möchten.

INS TUN KOMMEN

- Erstellen Sie eine Exit-Strategie für alles, was wegkommen soll.
- Recherchieren Sie die Verkaufspreise oder den Bedarf bei Hilfsorganisationen vor Ort.

AUFRÄUMEN

TEIL 3

NACH

RÄUMEN

EINGANGSBEREICH

»Für den ersten Eindruck gibt es
keine zweite Chance.«

Dieses Sprichwort gilt nicht nur für Menschen, sondern auch für Wohnräume. Machen Sie als erstes folgende Übung: Gehen Sie vors Haus, und setzen Sie die »Besucherbrille« auf. Das bedeutet, dass Sie sich vorstellen, Sie wären fremd und kämen das erste Mal zu Besuch. Kommen Sie nun zurück und beobachten Sie ganz genau: Wie wirkt der Bereich vor der Tür? Ist er einladend? Ist die Fußmatte ansehnlich und sauber? Kann man die Namensschilder auf dem Briefkasten und neben der Klingel gut lesen?

Betreten Sie jetzt die Wohnung und nehmen Sie die Atmosphäre wahr. Ist es im Flur freundlich hell und angenehm warm oder eher dunkel und kalt? Was sehen Sie zuerst, wenn Sie nach Hause kommen? Ist der Eingangsbereich ein freundlicher Ort des Willkommens? Notieren Sie alles, was Sie wahrgenommen haben und was verändert werden soll.

EINGANGSBEREICH AUSMISTEN UND SAUBER MACHEN. Befreien Sie als erstes Ihren Eingangsbereich von Überflüssigem. Entfernen Sie den verstaubten Türkranz und die vergilbte Dekoration.

Nehmen Sie alle Jacken und Mäntel unter die Lupe: Welche davon tragen Sie gerne, und was hängt nur aus Gewohnheit dort? Trennen Sie sich von allen Teilen, die Sie nicht wirklich mögen und brauchen. Das Gleiche gilt für Mützen, Handschuhe und Schals. Verabschieden Sie sich von einzelnen Handschuhen – die Wahrscheinlichkeit, dass der passende Partner doch noch irgendwann auftaucht, ist sehr gering.

Schuhe sind ein heikles Thema: Wenn Sie nicht gerade zu der Barfuß-Läufer-Fraktion gehören, besitzen Sie wahrscheinlich viel zu viele. Holen Sie alle Ihre Schuhe hervor und sortieren Sie sie in Kategorien: Stiefel, Sandalen, Pumps, High Heels, Sneakers, Sport- und Wanderschuhe. Gehen Sie nun die einzelnen Kategorien durch. Wie viele Paare besitzen Sie? Nutzen Sie wirklich alle? Oder nennen Sie fünf Paar Sportschuhe Ihr Eigen, gehen aber nur gelegentlich joggen? Passen die Schuhe noch, und sind sie wirklich bequem? Gefallen sie Ihnen? Sind sie in Ordnung, oder müssten sie zum Schuster?

Sortieren Sie nun jede Schuh-Kategorie in:

1. Behalten
2. Wegwerfen (kaputte oder abgetragene Schuhe will wirklich niemand mehr haben)
3. Verschenken / Verkaufen
4. Reparieren

Bringen Sie die abgetragenen und kaputten Treter gleich in die Tonne. Kümmern Sie sich in den nächsten Tagen um alles, was verschenkt, verkauft oder repariert werden soll.

Wischen Sie zum Schluss alle Oberflächen ab und putzen Sie das Innere der Schränke, Kommoden und Regale. Polieren Sie den Spiegel, und saugen und wischen Sie den Boden.

INFRASTRUKTUR SCHAFFEN UND ORDNUNG HALTEN. Der Eingangsbereich wirkt aufgeräumter und ruhiger, wenn Sie Möbel mit Türen statt offene Garderoben und Regale benutzen. Sie müssen nicht gleich neue Möbel kaufen: Auch ein Vorhang oder Rollo vor einer Wandnische ist besser als der Anblick unzähliger Schuhe und Jacken. Eine offene Garderobe wirkt ordentlicher, wenn Sie einheitliche, stabile Kleiderbügel verwenden. Halten Sie ein bis zwei Bügel für Gäste frei.

Nehmen Sie die Regale noch einmal unter die Lupe: Verschenken Sie nicht unnötig Platz durch zu große Abstände? Sie können sich in jedem Baumarkt für wenig Geld zusätzliche Regalbretter zuschneiden lassen und damit mehr Stauraum schaffen.

Teilen Sie jedem Familienmitglied einen extra Platz für Mützen, Handschuhe und Schals zu. Das kann eine Schublade, eine Box oder ein schöner Flechtkorb sein. So können sich alle selbst um ihre Sachen kümmern.

Wenn Sie nur einen schmalen Flur mit wenig Platz haben, quartieren Sie alles aus, was nicht im täglichen Gebrauch ist. Räumen Sie Wintermäntel und Stiefel im Sommer weg, und verstauen Sie Ihre Sommerkleidung im Winter. Rucksäcke und Taschen, die Sie nur gelegentlich brauchen, können Sie im oder auf dem Kleiderschrank lagern, beispielsweise in einem Koffer, den Sie nur für den Urlaub brauchen.

Falls Sie Schuhe auslagern, beschriften Sie die Schuhkartons oder bekleben Sie sie mit einem Foto. So sehen Sie sofort, welches Paar sich darin befindet.

Laut meiner Beobachtung suchen Menschen am häufigsten Schlüssel, Brille und Geldbeutel. Geht es Ihnen auch so? Gewöhnen Sie sich an, diese Gegenstände immer an den gleichen Ort zu legen, beispielsweise in eine Schale oder in ein Körbchen auf der Kommode. Montieren Sie für Schlüssel ein ausreichend großes Schlüsselbrett in der Nähe der Eingangstür. Auch Brillen können Sie an die Wand hängen, falls es im Flur dafür keine Schublade gibt. Ob Sie Ihre Wohnung rustikal oder schlicht und modern eingerichtet haben – für jeden Geschmack gibt es passende Schlüssel- und Brillenorganizer. Mit einem minimalen Handwerksgeschick können Sie beides auch selbst herstellen.

Je kleiner der Raum, desto disziplinierter müssen Sie vorgehen, wenn Sie dort dauerhaft Ordnung halten möchten. Merken Sie sich diese zwei Regeln:

Beim Betreten der Wohnung kommt sofort alles an seinen Platz. Schuhe ins Schuhregal oder in den Schrank, Mantel und Tasche in die Garderobe. Eine Ausnahme bildet nasse Kleidung. Der Regenschirm kann in der Badewanne abtropfen, feuchte Schuhe können Sie vorübergehend auf eine Abtropfschale oder -matte stellen.

Der Boden bleibt frei. Immer. Lassen Sie keine Gegenstände, die woanders hinmüssen (in den Keller, in die Mülltonne, auf den Wertstoffhof, in die Bibliothek) in der Diele stehen. Der Eingangsbereich ist kein Zwischenlager! Meistens bleiben die Dinge länger liegen als beabsichtigt, und sie ziehen wie ein Magnet weitere Sachen an. Und schon hat das Chaos die Regie übernommen …

Denken Sie daran: Der Eingangsbereich ist Ihre Visitenkarte. Er ist das Erste und das Letzte, was Sie und Ihre Besucher beim Betreten und Verlassen der Wohnung sehen.

ENTSORGEN

- Alte (Tür-)Dekoration
- Abgenutzte Fußmatte
- Abgetragene oder zu klein gewordene Jacken und Mäntel
- Schuhe, die Sie nicht wirklich mögen, die unbequem sind oder für die Sie einen besseren Ersatz haben
- Alte oder überflüssige Taschen
- Einzelne Handschuhe
- Mützen und Schals, die Sie nicht regelmäßig tragen
- Defekte Regenschirme
- Schlüssel, die in kein Schlüsselloch passen
- Vertrocknete Schuhcreme
- Abgenutzte Schuhbürsten
- Alte Sonnenbrillen
- Werbeprospekte und unnütze Gutscheine
- Altpapier
- Leergut und Getränkekisten

WOHNZIMMER

VON DER »GUTEN STUBE« ZUM »LIVING ROOM«. Früher war das Wohnzimmer eine mit teurem Mobiliar ausgestattete »gute Stube«, die man nur zu besonderen Anlässen betrat. Diese Zeiten sind zum Glück vorbei, und die meisten Wohnzimmer sind heutzutage Orte der Begegnung und der Erholung. Ob Sie gemütlich mit Freunden beisammensitzen, fernsehen, lesen, Spiele spielen oder sich auf dem Sofa entspannen – damit sich alle dabei wohlfühlen, ist es wichtig, das Wohnzimmer ordentlich und sauber zu halten.

BODEN FREIRÄUMEN. Als Erstes räumen Sie den Boden auf. Stellen Sie Kisten für folgende Kategorien in die Mitte des Raumes:

1. Wegwerfen
2. Verschenken / Verkaufen
3. An die richtige Stelle bringen

Gehen Sie durch den Raum, heben Sie alles – wirklich alles – auf, und sortieren Sie die Gegenstände in eine der drei Kisten.

Ist der Boden freigeräumt, bringen Sie nun den Müll weg.

Tragen Sie die Sachen aus der dritten Kiste an die richtige Stelle. Kleidung in die Wäsche oder in den Kleiderschrank, Spielzeug ins Kinderzimmer und so weiter. Falls Sie für etwas keinen richtigen Platz haben, lassen Sie die Sachen in der Kiste Nr. 3 liegen. Wir kümmern uns später darum. Auch Dinge zum Verschenken oder Verkaufen bleiben erstmal in der zweiten Kiste.

HORIZONTALE FLÄCHEN AUSMISTEN. Als nächstes sind die Oberflächen dran. Inspizieren Sie alle Kommoden, Regale, Beistelltische, Fensterbretter und sonstige horizontale Flächen. Stehen dort verstaubte Dekorationsobjekte, ausgelesene Bücher, Türme aus CDs und DVDs, halbtote Pflanzen, ungeöffnete Post oder Unterlagen zum Bearbeiten? Räumen Sie Fläche für Fläche leer, machen Sie sie sauber und stellen Sie nur das zurück, was Sie als unbedingt notwendig betrachten. Alles andere wird wieder auf die drei Kisten verteilt. Falls Sie zu viel Nippes herumstehen haben, machen Sie folgendes Experiment: Stellen Sie nur einige wenige Objekte aus und lagern Sie den Rest in einer Box im Keller oder Dachboden ein. Wechseln Sie die Dekoration ab und zu aus. Wahrscheinlich werden Sie dabei feststellen, dass Sie das eine oder andere Teil vergessen haben. In diesem Fall können Sie nach einer bestimmten Zeit, beispielsweise nach einem Jahr, alle überflüssigen Dinge entsorgen.

WÄNDE UNTER DIE LUPE NEHMEN. Betrachten Sie auch die Wanddekoration: Mögen Sie immer noch alle Lichterketten, Wand-Tattoos, Bilder, Plakate und Fotos? Passen sie alle zu Ihrem aktuellen Einrichtungsstil? Wenn nicht, weg damit. Gibt es Bilder in unschönen Rahmen oder gar ohne, nur mit Klebeband oder mit Reißnägeln befestigt? Neue Bilderrahmen in schlichtem, einheitlichem Look sind eine günstige Möglichkeit, das Wohnzimmer ruhiger und ordentlicher aussehen zu lassen.

INHALT DER MÖBEL DURCHSEHEN. Gehen Sie nun ein Möbelstück nach dem anderen durch. Leeren Sie die einzelnen Schubladen, Vitrinen, Wohnzimmerschränke, und säubern Sie sie gründlich. Stellen Sie nur die Sachen zurück, die Sie wirklich brauchen oder mögen. Alles andere wird entsorgt.

Tragen Sie die Kisten »Verschenken/Verkaufen« und »An die richtige Stelle bringen« aus dem Raum. Reinigen Sie den Boden.

ALLES HAT EINEN PLATZ. Oft liegen Gegenstände irgendwo herum, weil Sie nicht wissen, wohin damit. Nehmen Sie nun die Kiste »An die richtige Stelle bringen« zur Hand. Was befindet sich darin, und wo können Sie die Dinge am besten unterbringen? Brauchen Sie dafür neue Aufbewahrungsmöglichkeiten, oder reicht es, die bestehenden sinnvoll zu organisieren? Falls Sie immer noch zu viel Zeug und zu wenig Platz haben, müssen Sie weiter reduzieren.

WOHNZIMMER ALS GESAMTKONZEPT BETRACHTEN. Betrachten Sie nun Ihr frisch aufgeräumtes Wohnzimmer: Sind Sie mit der Einrichtung zufrieden? Stehen die Möbel günstig? Sind die Sitzmöbel bequem? Ist die wuchtige Kommode aus der Erbmasse praktisch? Passen einzelne Möbelstücke zu Ihrem Stil?

Nein, auch wenn Sie nicht ganz zufrieden sind, müssen Sie jetzt nicht in das nächste Einrichtungshaus rennen oder den Innenarchitekten beauftragen. Oft reicht es, die bestehenden Möbel umzustellen, eine dunkle Ecke zu beleuchten, Regale mit schönen Boxen auszustatten oder das eine oder andere Möbelstück zu entfernen.

ORDNUNG HALTEN. Damit die Ordnung erhalten bleibt, müssen Sie sich angewöhnen, alles immer wieder an seinen Platz zurückzustellen. Doch nach einem gemütlichen Abend auf dem Sofa möchte man oft nur eines: schlafen. »Mache ich morgen«, sagen sich viele in so einer Situation. Was denken Sie, werden Sie morgen mehr Zeit und Lust dazu haben? Vermutlich nicht. Falls Sie lernen wollen, das Zimmer ohne Aufschub in einen ordentlichen Zustand zu bringen, probieren Sie eine Methode, die ich »Route 66« nenne:

Als Erstes messen Sie mit der Stoppuhr die Dauer der Aufräumarbeit. Wie lange dauert es beispielsweise, nach einem Fernsehabend, alles wieder in Ordnung zu bringen – das Geschirr in die Spülmaschine zu stellen, die Chips-Tüte wegzuwerfen und die Decke wieder ordentlich zusammenzulegen? Ich wette, dass es sich nur um einige Minuten handelt. Dieses Wissen wird Ihnen helfen, sich selbst zu motivieren. Trainieren Sie nun die neue Angewohnheit, vor dem Schlafengehen das Wohnzimmer aufzuräumen, 66 Tage lang. Geben Sie nicht zu früh auf, denn es dauert durchschnittlich etwas mehr als zwei Monate, bevor sich ein neues Verhalten automatisiert. Reden Sie sich während der Trainingszeit gut zu. Beispielsweise so: »Komm, es dauert nur acht Minuten, und das Zimmer ist wieder schön ordentlich. Morgen früh wirst du dich freuen.«

TIPPS FÜR DAUERHAFTE ORDNUNG

- Legen Sie Handarbeiten wie Strickzeug in ein schönes Körbchen oder eine Box, anstatt sie auf dem Wohnzimmertisch liegen zu lassen.
- Räumen Sie nach dem Spielen Karten und Brettspiele wieder an ihren Platz.
- Nehmen Sie auf Sesseln oder Stühlen abgelegte Kleidung mit, wenn Sie aus dem Zimmer gehen.
- Werfen Sie keine Kleidungsstücke auf den Boden.
- Falls Ihre Kinder im Wohnzimmer spielen, bringen Sie ihnen bei, das Spielzeug aufzuräumen, bevor sie das Wohnzimmer verlassen. Sie können dort auch eine Truhe oder einen Korb für Spielzeug aufstellen.
- Nutzen Sie das Wohnzimmer als Arbeitsplatz? Trennen Sie wenn möglich diesen Bereich vom restlichen Raum. Je nach Raumgröße und Grundriss können Sie einen Teil des Wohnzimmers mit einem Raumteiler, einem hohen Regal oder einem Paravent abgrenzen. Achten Sie auf jeden Fall auf gute Beleuchtung und ergonomische Büromöbel, vor allem, wenn Sie länger am PC sitzen. Für kleine

Wohnungen gibt es platzsparende Möbel, die eine ungenutzte Ecke oder eine leere Wand in ein Mini-Büro verwandeln. Je nach Wohnungsstil können Sie zum schlichten modernen Schrank mit ausklappbarer Schreibtischplatte greifen oder einen Sekretär mit Platz für Notebook und Ordner aufstellen.

ENTSORGEN

- Alte Zeitungen und Zeitschriften, alten Papierkram, ausgelesene Bücher, die Sie kein zweites Mal lesen werden
- Überzählige Dekoration
- (Halb-)Tote Zimmerpflanzen, verstaubte Trockenblumen
- Spiele, die mehrfach vorhanden sind, oder die niemand (mehr) spielt
- Alte CDs und DVDs, die niemand mehr benutzt
- Elektronik, die nicht genutzt wird
- Halbfertige Handarbeiten, die nur herumliegen
- Gläser und Geschirr, die Sie nie nutzen
- Vergilbte Fotos und Bilder, die Sie nicht wirklich mögen, alte Plakate
- Überflüssige Kleinmöbel, unbequeme Sitzmöbel
- Textilien, die nicht zu der Einrichtung passen
- Alles, was alt, hässlich oder unpraktisch ist

KÜCHE

WO ENDEN ALLE GUTEN PARTYS? Ob Sie einen Partykeller besitzen, das Wohnzimmer zur Tanzfläche leerräumen oder den Garten mit bunten Lampions in eine Strandbar verwandeln – jede gute Party endet irgendwann in der Küche. Auch im Alltag der meisten Familien hat die Küche eine zentrale Bedeutung. Hier wird nicht nur gekocht und gegessen, sondern auch geredet, gespielt, gearbeitet, geplant … Kurzum: Die Küche ist der Mittelpunkt des familiären Geschehens. Umso wichtiger ist es, diesen Raum praktisch einzuräumen und ordentlich zu halten.

ARBEITSFLÄCHE IST KEINE LAGERFLÄCHE. Leere Flächen sind wie ein Magnet für alles, was man irgendwie ablegen will. Je voller die Arbeitsfläche ist, desto schwieriger ist es, sie sauber zu halten. Und es kostet Zeit, wenn man jedes Mal Dinge von A nach B schiebt, um genug Platz zum Gemüseputzen, Zutatenschneiden, Teiganrühren und so weiter zu haben. Fangen Sie also damit an, die Arbeitsfläche von allem Überflüssigen zu befreien.

Entfernen Sie alle Gegenstände, säubern Sie gründlich die Oberfläche, und stellen Sie danach nur das zurück, was Sie täglich schnell zur Hand haben müssen. Überprüfen Sie, was auf der Arbeitsplatte nur aus Gewohnheit herumsteht. Bei mir waren es zwei Dinge: der Toaster und der Brotkasten. Beides stand schon seit Jahren da. Tatsache ist aber, dass ich inzwischen sehr selten Brot esse und noch seltener Toast. Der Toaster wanderte in die hintere Ecke des Küchenschranks und den Brotkasten entfernte ich komplett.

AUFHÄNGEN STATT AUFSTELLEN. Die Fläche rund um die Spüle ist oft mit Spülmittel, Flüssigseife, Schwämmen, Spülbürste und Ähnlichem belegt. Die aufgestellten Dinge erschweren die Reinigung und nehmen Platz weg. Schrauben Sie stattdessen schmale Regale, Körbe oder Haken an die Wand. Dort können Sie alles trocken und griffbereit halten. Auch eine an der Wand montierte Stange nimmt kaum Platz weg und bietet die Möglichkeit, alle wichtigen Utensilien verfügbar zu halten.

KÜCHENHELFER ODER ÜBERFLÜSSIGES ZEUG? Entsafter, Eierkocher, Crêpes-Maker, Smoothie-Mixer, Eismaschine, Fondue- und Bowle-Set, heiße Platte, Kirschkernentferner, Eierschalensollbruchstellenverursacher … Mit der Zeit häufen sich in der Küche die vermeidlichen Küchenhelfer und Gerätschaften, die man sehr selten bis nie braucht.

Spülen Sie auch gewissenhaft jedes leere Gläschen, und heben Sie es auf für den Fall, dass Sie doch irgendwann Marmelade selbst kochen werden? Ganz ehrlich, wie wahrscheinlich ist es, dass Sie es in diesem Jahr machen? Und brauchen Sie dafür zwanzig, dreißig oder noch mehr Gläser? Irgendwann sind Schubladen und Schränke so überfüllt, dass man ohnehin nicht an alles herankommt oder die Sachen gar vergessen werden. In diesem Fall hilft nur eines – ausmisten!

KÜCHENSCHRÄNKE UND SCHUBLADEN AUSMISTEN. Um sich einen Überblick zu verschaffen, müssen Sie zuerst alles nach Gruppen zusammenfassen. Beispielsweise Töpfe, Pfannen, Rund ums Backen, Trinkflaschen, Aufbewahrungsbehälter und so weiter. Legen Sie die Sachen vorübergehend in Kisten, Körbe oder auf den Boden.

Sortieren Sie jede Gruppe in folgende Kategorien:

1 Behalten
2 Wegwerfen

3 Verschenken / Verkaufen
4 An eine andere Stelle bringen

Werfen Sie alles weg, was defekt, angeschlagen oder verdorben ist.

Die Kiste mit Dingen zum Verschenken oder Verkaufen stellen Sie dorthin, wo Sie sie vorübergehend lagern können. Kümmern Sie sich in den nächsten Tagen konsequent darum. Machen Sie nicht den Fehler, alles in den Keller zu packen und es dort liegen zu lassen.

Bringen Sie Dinge, die in der Küche nichts verloren haben, an die richtige Stelle.

KÜCHENSCHRÄNKE UND SCHUBLADEN EINRÄUMEN. Halten Sie sich beim Einräumen der verbliebenen Sachen an diese zwei Regeln:

- Meistbenutztes muss schnell erreichbar sein
- Dinge, die in die gleiche Kategorie gehören, werden zusammen gelagert

Stellen Sie Utensilien und Geräte, die Sie nur selten nutzen, in den hinteren Bereich der Schränke und Schubladen. Was täglich gebraucht wird, kommt nach vorn. Falls Sie nicht genug Platz in der Küche haben, lagern Sie die selten benutzten Sachen aus, beispielsweise in den Keller. Noch besser ist es, diese Dinge wegzugeben.

Ich habe schon viele Küchenschubladen gesehen, die ein Sammelsurium an Gegenständen ohne Sinn und System beinhalteten. Bei einer Kundin lagen in der obersten Schublade Müllbeutel, Gummiringe, Buntstifte, Kugelschreiber, Postkarten, Kerzen, vergilbte Notizzettel, Weinkorken, etwa 20 Essstäbchen (diese Wegwerfdinger aus dem chinesischen Schnellimbiss), alte Kaugummis, Kopfschmerztabletten, Batterien (ob sie voll oder leer waren, war nicht klar), zwei Schraubendreher und ein Meterstab. Auf meine Frage, wozu sie in der Küche einen Meterstab brauche, meinte Sie: »Keine Ahnung, hat wohl mein Mann reingelegt.« In dieser Küche waren Gewürze auf drei Stellen verteilt, Kaffee lagerte in einem Schrank, Kaffeefilter im anderen. In diesem Durcheinander war es unmöglich, den Überblick zu behalten. So war einiges mehrfach vorhanden, ohne dass es die Familie wusste.

Dabei ist die Kategorisierung recht simpel. Beispielsweise: Alle Teesorten kommen in eine Box oder Schublade, alles rund um die Kaffeezubereitung in die andere. Gewürze werden zusammengefasst in »das Übliche« wie Salz, Pfeffer, Paprika und was Sie sonst oft verwenden, die »Exoten« sind spezielle Gewürze, die Sie nur gelegentlich brauchen, und »Weihnachtsbäckerei«. Überlegen Sie sich auch für alle anderen Vorräte geeignete Kategorien. Kleine Boxen und Dosen eignen sich gut, um alles zusammenzuhalten. Angebrochene Lebensmittel sind eine Einladung an Mehlwürmer, Lebensmittelmotten und andere Ungeziefer. Benutzen Sie daher für Mehl, Nudeln, Reis, Müsli, Cornflakes und so weiter luftdicht schließende Dosen.

Damit sich auch alle Familienmitglieder zurechtfinden, beschriften Sie alle Behälter. Sie können dafür schöne selbstklebende Etiketten oder ein Beschriftungsgerät benutzen.

ENTSORGEN

- Behälter ohne Deckel und Deckel ohne die passenden Gefäße
- Schlecht schließende Aufbewahrungsdosen
- Überzählige Trinkflaschen
- Leere Gläser, die Sie nicht regelmäßig benutzen
- Überflüssige oder beschädigte Töpfe und Pfannen
- Mehrfach vorhandene Küchengeräte
- Angeschlagenes Geschirr und Geschirr, das nicht gebraucht wird
- Gerätschaften, die Sie nicht richtig bedienen können
- Küchenhelfer, die schwer zu reinigen sind
- Messer, die sich nicht schärfen lassen
- Zerschlissene Geschirrtücher
- Ausgefranste Spülbürsten und alte Schwämme
- Putzmittel, die Sie nie benutzen
- Verdorbene Lebensmittel
- Abgelaufenes, was Sie nicht mehr verwenden
- Lebensmittel, die Sie gekauft haben, die aber niemandem schmecken
- Kochbücher. Das Schönste an Kochbüchern sind oft die Bilder, die meisten Rezepte werden jedoch nur selten nachgekocht. Verschenken Sie Kochbücher, die nur herumstehen, ohne Ihnen wirklich zu nutzen. Enthält das Buch doch einige Rezepte, die Sie regelmäßig kochen, können Sie diese einfach kopieren und in einem Ordner abheften oder einscannen und digital ablegen.

BAD

Im Badezimmer beginnt und endet jeder Tag. Daher ist es wichtig, dass Sie sich dort wohlfühlen und dass Sie alles leicht sauber halten können. Denn in der feuchten und warmen Umgebung vermehren sich Schimmelpilze und Bakterien recht schnell.

BAD AUSMISTEN. Im Badezimmer sollten Sie nur die Produkte haben, die Sie auch benutzen und die zu Ihnen passen. Räumen Sie nach und nach alle Schränkchen und Regale leer, und wischen Sie sie gründlich aus. Sortieren Sie alles in folgende Kategorien:

1. Behalten
2. Wegwerfen
3. Verschenken / Verkaufen
4. Aufbrauchen

Dinge, die noch in Ordnung sind, die Sie aber nicht verwenden, müssen nicht zwangsläufig weggeworfen werden. Vielleicht steht Ihre Freundin, Mutter oder Schwester auf den lieblichen Duft eines Duschgels, der Ihnen zu süß ist, oder verwendet gerne ein Haarshampoo, das Sie versehentlich gekauft haben. Hochwertige, originalverpackte Pflegeprodukte und Parfüms können Sie beispielsweise über Vinted (www.vinted.de) oder eine andere Onlineplattform verkaufen.

Räumen Sie nun Produkte, die Sie mögen und die zu Ihrem Haut- und Haartyp passen, wieder ein.

ACHTUNG VORRATSHALTUNG! Sehr oft greifen wir in der Drogerie zu neuen Produkten, weil uns die Verpackung anspricht oder der Duft verführt. Vor lauter Vorfreude machen wir die Flaschen und Tiegel auf und ruckzuck stehen im Bad etliche angebrochene Duschgels, Shampoos, Seifen und Cremes. Abhilfe schaffen zwei Dinge: ein klar definierter Platz für die Vorräte und Selbstdisziplin.

Legen Sie alle angebrochenen Pflegemittel an eine Stelle (in eine Schublade, eine Kiste im Regal oder Ähnliches). Benutzen Sie konsequent das Produkt, in dem sich am wenigsten Inhalt befindet. Werfen Sie die leergewordene Verpackung weg und nehmen Sie die nächste. Machen Sie so lange damit weiter, bis Sie alle Reste verbraucht haben. Bestimmen Sie, wie viel von jedem Produkt Sie auf Vorrat brauchen (beispielsweise eine Zahnpasta, eine Packung Wattestäbchen und so weiter). Kaufen Sie keine Unmengen. Wenn Sie nicht in der Wildnis wohnen und nur einmal im Monat zum Einkaufen fahren, können Sie rechtzeitig alles beschaffen.

BAD ORDENTLICH UND SAUBER HALTEN. Stehen bei Ihnen Dinge auf dem Badewannenrand, in der Dusche oder auf dem Fenstersims? Diese Art der Aufbewahrung ist gänzlich ungünstig. Je mehr herumsteht, desto chaotischer sieht das Bad aus, außerdem kostet es viel zu viel Zeit beim Saubermachen, alles in die Hand zu nehmen. Am günstigsten sind geschlossene Badezimmerschränke und Schubladen. In offene Regale können Sie kleine Körbchen, Boxen oder Kisten stellen. Wie in der Küche können Sie auch im Bad bestimmte Gegenstände aufhängen.

Heutzutage benutzen nicht nur Frauen, sondern auch Männer verschiedene Styling-Produkte. Weisen Sie jedem Familienmitglied einen Platz (eine Schublade, ein Regalbrett oder eine Kiste) für seine persönlichen Mittel zu. Sind die Aufbewahrungsplätze voll, muss jeder sein Zeug selbst ausmisten.

ENTSORGEN

- Alte, abgelaufene Produkte wie Cremes, Öle, Lotionen, Sonnenschutzmittel, Make-up usw.
- Offene oder alte Medikamente und Augentropfen
- Alles, was ranzig oder seltsam riecht (auch Parfüm kann umkippen)
- Vertrocknete Nagellacke
- Labberige Haargummis, verbogene Haarnadeln und nicht funktionierende Haarspangen
- Kosmetikpinsel, die Haare verlieren
- Kämme und Haarbürsten, die nicht in Ordnung sind oder die Sie nicht (mehr) benutzen
- Haarstyling-Tools, die für Sie nicht funktionieren, wie beispielsweise Lockenwickler oder Rundbürsten, aus denen Sie sich schon einmal rausschneiden mussten und die Sie seitdem nicht mehr benutzen
- Alles, was Sie doppelt besitzen, wie Fön, Glätteisen, Epilierer, Rasiergerät, Langhaarschneider usw.
- Alte Zahnbürsten, die Sie zum Putzen verwenden wollen (es reicht eine!)
- Kleine Seifenreste
- Leere Parfümflakons, auch wenn sie noch so schön aussehen
- Alte Pröbchen und Hotel-Toilettenartikel
- Abgenutzte Handtücher und Waschlappen
- Alte Bademäntel, falls Sie neue, bessere besitzen

SCHLAFZIMMER

Das Schlafzimmer ist ein Raum für Ruhe und Intimität. Da sich aber dorthin nie ein Besuch verirrt, wird er leider zu oft zum temporären oder dauerhaften Lagerplatz für alles Mögliche missbraucht. Damit Sie wirklich abschalten und erholsam schlafen können, ist es wichtig, alles Störende aus dem Schlafzimmer zu verbannen. Auch für die Romantik ist der Anblick eines Wäscheständers, Bügelbretts, auf dem Boden verstreuter Bücher oder schmutziger Kleidungsstücke in einer Ecke nicht gerade zuträglich. Von einem Fernseher ganz zu schweigen.

Auch alles Unerledigte stört den Schlaf. Wenn Sie mit dem Blick auf unbearbeitete Post, ungelesene Bücher oder unaufgeräumte Wäsche einschlafen, werden die To-dos Sie bis in die Träume verfolgen.

DIE ATMOSPHÄRE MIT ALLEN SINNEN WAHRNEHMEN. Bevor Sie mit einer Aufräumaktion beginnen, machen Sie eine kleine ungestörte Pause von etwa 15 Minuten. Setzen oder legen Sie sich aufs Bett und nehmen Sie den Raum mit allen Sinnen wahr.

Was sehen Sie? Ist das Zimmer aufgeräumt und sauber? Wirken die Möbel, Textilien und Wände ruhig und harmonisch? Oder erinnert das Zimmer eher an eine Rumpelkammer? Falls an den Wänden Bilder hängen, betrachten Sie sie ganz genau. Was ist dort abgebildet? Wie wirken auf Sie die Farben und die Motive?

Schließen Sie die Augen und konzentrieren Sie sich auf Ihre Nase. Riecht das Zimmer nach frischer Wäsche, nach einem Duftsäckchen in der Kommode oder eher nach Staub und ungelüfteten Bettdecken? Was riechen Sie sonst noch, und ist es ein angenehmer Geruch?

Spüren Sie nun in Ihren Körper. Wie fühlen sich die Matratzen, Kissen und Bettdecken an? Weich, hart, bequem, unbequem? Wie ist das Klima? Angenehm, zu warm oder zu kalt?

Nun sind die Ohren dran. Hören Sie Straßenlärm, Vogelgezwitscher, Kuhglocken? Gibt es Geräusche, die Sie stören, beispielsweise das Klappern und Quietschen eines defekten Fensterladens?

Schreiben Sie alles Störende auf. Sie können zwar die Augen schließen, aber die Umgebung wirkt trotzdem auf Sie. Nur wenn Sie sich im Schlafzimmer zu hundert Prozent wohlfühlen, ist Ihr Schlaf auch hundertprozentig erholsam. Markieren Sie, was verändert werden kann und soll.

DEN BODEN FREIRÄUMEN. Wie schon aus dem Wohnzimmer bekannt, starten Sie die Aufräumaktion mit dem Boden. Beginnen Sie an der Tür, gehen Sie durch den Raum und sammeln Sie alles auf. Vergessen Sie auch den Raum unter dem Bett nicht. Nach Feng-Shui (den Begriff kennen inzwischen höchstwahrscheinlich auch in Europa die meisten Menschen) muss die Energie unter dem Bett frei fließen können. Leere Kartons und ähnlicher Plunder unter dem Bett verursacht unruhige Energie, die den Schlaf stört. Auch wenn Sie mit der alten chinesischen Lehre nichts anfangen können: Sorgen Sie dafür, dass Luft unterm Bett zirkulieren kann und Sie dort leicht staubsaugen oder wischen können. Vor allem Menschen mit Allergien, Asthma oder anderen Atemwegsleiden sollten immer auf einen sauberen Boden unter dem Bett achten. Aus dem gleichen Grund ist es wichtig, im Schlafzimmer auf Staubfänger wie Trockenblumen oder übermäßige Dekoration zu verzichten.

Wenn es nicht anders geht und Sie den Platz unter dem Bett nutzen müssen, verwenden Sie gut schließende Unterbettkommoden. Lagern Sie dort Ersatzdecken oder andere saubere Textilien, vermeiden Sie Metallgegenstände, Kabel sowie jegliche Elektronik.

Falls Ihr Schlafzimmer nur ein Fenster hat, lassen Sie das Fensterbrett komplett frei, um regelmäßig lüften zu können, ohne dass Sie dabei jedes Mal mit Blumentöpfen und sonstigen Gegenständen hantieren müssen.

NACHTTISCH UND CO. Auf und im Nachttisch sammeln sich im Laufe der Zeit die abenteuerlichsten Dinge an. Räumen Sie den Nachttisch komplett frei, wischen Sie Staub weg und sortieren Sie alles aus, was nicht dort hingehört.

BETTWÄSCHE UND HEIMTEXTILIEN REDUZIEREN. In früheren Zeiten zeigten Bettwäsche und andere Heimtextilien den Wohlstand eines Haushaltes an. Jede junge Braut sollte ausreichend Laken, Bezüge, Tischdecken, Taschentücher und sonstige Ausstattung besitzen. Je mehr, desto besser, denn an der Menge und Qualität konnte man ihren gesellschaftlichen Stand erkennen.

Heutzutage wirkt die Vorstellung befremdlich, dass man vor der Hochzeit bereits eine komplette Aussteuer besitzen muss. Trotzdem lässt der Blick in die Schränke und Kommoden vieler meiner Kunden vermuten, dass sie dem frühen 20. Jahrhundert entsprungen sind. Wozu man die Berge von Textilien braucht, konnte mir noch niemand erklären. Ich persönlich besitze zwei gleiche Bettwäsche-Garnituren. Die eine ist im Gebrauch, die andere in der Wäsche oder im Schrank. In den Sommermonaten benutze ich nur eine Garnitur. Die Betten werden abgezogen, die Wäsche wird gewaschen und durch den Sommerwind getrocknet. Ohne sie zuvor zusammenzulegen, kann ich die Betten nach zwei bis drei Stunden wieder beziehen.

Gehen Sie Ihre Bettbezüge durch und suchen Sie sich die zwei bis drei besten Garnituren aus. Behalten Sie zudem noch einen Satz für Gäste, falls bei Ihnen hin und wieder jemand übernachtet. Alles andere kann weg.

Für viele Haushalte endet die Ära der Tischdecken mit dem ersten Kind. Spätestens, wenn die Kleinen versuchen, sich an einer Tischdecke hochzuziehen, auf der die Kanne mit dem Nachmittagskaffee steht, weicht die Tischkultur der Sicherheit. Überprüfen Sie, wie viele

Tischtücher, Stoffservietten und Platzsets Sie besitzen und wie viele Sie davon wirklich benutzen. Verkaufen oder verschenken Sie die Tischwäsche, die einfach nur den Platz im Schrank wegnimmt.

GETRAGENE UND SCHMUTZIGE KLEIDER. Mit dem Kleiderschrank werden wir uns im nächsten Kapitel ausführlich befassen. Daher hier nur zwei Tipps zur Kleidung:

Bestimmen Sie einen Platz für kurz getragene Kleidung, die noch nicht schmutzig genug für die Wäsche ist, aber nicht zurück in den Schrank wandern soll. Sie können dafür beispielsweise einige schöne Haken seitlich an den Schrank schrauben. Suchen Sie im Internet oder in Büchern nach weiteren Inspirationen, es gibt genug Ideen für jeden Einrichtungsstil.

Schmutzige Kleidung sollte man nicht im Schlafzimmer aufbewahren. Falls Sie aber keinen anderen Platz dafür haben oder vermeiden wollen, dass die getragene Wäsche abends auf dem Boden landet, stellen Sie in einer Ecke einen passenden Wäschekorb mit Deckel auf.

ENTSORGEN

- Bettzeug, das zerschlissen oder nicht in Gebrauch ist
- Alte Decken, wenn Sie bereits neue besitzen
- Alle überflüssigen Heimtextilien
- Sportgeräte
- Verpackungen und Staubfänger
- Düstere oder beunruhigende Bilder
- Ausgelesene Bücher, alte Zeitschriften
- Elektronische Geräte, Kabel unter dem Bett
- Alte, stark verschmutzte oder durchgelegene Matratzen
- Fernseher

KLAR SCHIFF IM SCHRANK

Der Kleiderschrank ist voll, und Sie haben nichts anzuziehen? So geht es vielen Frauen und mittlerweile auch immer mehr Männern. Es gibt dafür folgende Gründe:

FALSCHE GRÖSSE. Wie viele Kleidungsstücke bewahren Sie auf in der Hoffnung, bald abzunehmen und diese dann wieder tragen zu können? Und wie wahrscheinlich ist es, dass das wirklich passiert? Ja, ich weiß, die Hoffnung stirbt zuletzt … Aber Hand aufs Herz: Wie geht es Ihnen beim Anblick der zu klein gewordenen Hosen, Röcke und Oberteile? Ist es angenehm und motivierend oder Frust pur? Macht es Spaß, frustriert vor dem Kleiderschrank zu stehen? Wenn nicht, trennen Sie sich von den zu knappen Teilen.

Es kann aber auch umgekehrt sein: Haben Sie stark abgenommen, aber die alten XXL-Kleidungsstücke hängen immer noch im Schrank herum? Oder sind es die Überreste aus der Zeit, in der man übergroße Pullis getragen hat? Werfen Sie einen kritischen Blick in den Spiegel – was Ihnen nicht passt, sollte aussortiert werden.

UNPASSENDER STIL. Vielleicht passen Sie auch mit fünfzig noch in Ihr Abiball-Kleid, aber passt es auch zu Ihrem Alter? Wahrscheinlich genauso wenig, wie ein pinkfarbenes Oberteil mit dem in Glitzerfarben aufgedruckten Schriftzug »Sweet Girl«.

Es kann sein, dass Sie eine sportliche Figur mit kräftigen Knochen haben, Ihre beste Freundin dagegen eine zierliche Frau mit sanften

Kurven und einer sehr weiblichen Ausstrahlung ist. Sie bewundern die Freundin, weil sie immer so schön aussieht in ihren romantischen Kleidern aus zarten Stoffen, Spitze und mit vielen Verzierungen. Wenn Sie beim nächsten Bummel durch die Stadt ein ähnliches Kleid in Ihrer Größe entdecken, greifen Sie zu. Ein klarer Fehlkauf. Denn der Stil passt nicht zu Ihrer Figur und zu Ihrer Ausstrahlung. Sie werden dieses Kleid immer wieder anziehen und feststellen, dass es an Ihnen irgendwie komisch ausschaut. Was nicht zu Ihnen und Ihrer Figur passt, verstopft nur die Aufbewahrungsplätze, ohne Ihnen richtig zu nutzen.

FALSCHE FARBEN. Es gibt Farben, die mit Ihrem Hauttyp, Ihrer Haar- und Augenfarbe harmonieren, und solche, die Ihnen nicht stehen. Das interessiert die Fashion-Industrie herzlich wenig. Jedes Jahr wird von der amerikanischen Firma Pantone eine Farbe des Jahres gewählt, und kurze Zeit später dominieren Kleider und Accessoires in »Emerald«, »Ultra violett« oder »Living Coral« die Schaufenster. Widersetzen Sie sich selbstbewusst diesem Modediktat, und kaufen Sie Kleidung in Farben, die Ihnen stehen, und nicht in denen, die gerade »in« oder »out« sind. Im Kapitel »Nachhaltigkeit« werde ich das Thema Mode noch ausführlicher behandeln.

UNBEQUEME SCHNITTE UND MATERIALIEN. »Wer schön sein will, muss leiden.« Was für ein Quatsch! Ich würde gerne wissen, von welchem Sadisten dieser Spruch stammt. Egal, wie umwerfend ein Kleidungsstück oder ein paar Schuhe aussehen – wenn Sie sich darin nicht wohl fühlen, werden Sie sie nur ungern tragen. Solche Teile verwandeln sich früher oder später in Schrank-Leichen. Ein Pulli aus kratziger Wolle oder eine Bluse aus Kunstfasern, welche die Haut nicht atmen lassen, gehören genauso dazu wie Schuhe, die drücken und reiben oder eine Jacke, die Sie einengt und in Ihrer Bewegung hindert. Bei mancher Widrigkeit hilft eine gute Schneiderin, die das Kleidungsstück anpasst, oder ein Schuster, der ein enges Paar

Schuhe weiten kann. Ist keine Abhilfe möglich, sortieren Sie diese Teile aus.

EINZELTEILE OHNE KOMBINATIONSMÖGLICHKEIT. Ist Ihnen das auch schon mal passiert? Beim Bummeln durch die Stadt entdecken Sie eine ganz besondere Hose (oder ein sonstiges Kleidungsstück). Das ausgefallene Muster, den Schnitt oder die Farbe sieht man nicht jeden Tag. Die Größe passt, und – was für ein Glück! – der Preis ist sogar um 50 Prozent reduziert. Stolz wie ein Großwildjäger schleppen Sie das gute Stück nach Hause, um festzustellen, dass es sich um einen Solitär ohne Partner handelt. Es gibt nichts in Ihrem Schrank, womit Sie das Teil kombinieren können. Um das Schnäppchen zu tragen, bräuchten Sie ein passendes Oberteil, Schuhe und womöglich auch noch eine neue Handtasche. Ein kleines finanzielles Desaster. Zurückbringen geht nicht: »Nein, leider, reduzierte Artikel sind vom Umtausch ausgeschlossen«, teilt Ihnen bedauernd die Verkäuferin mit. Und so liegt die besondere Hose im Schrank, wird ab und zu hervorgeholt, anprobiert und zurückgelegt.

ZERSCHLISSENE ODER STARK ABGENUTZTE KLEIDUNG. Wie viele alte Sachen heben Sie auf unter dem Motto »Für Gartenarbeit, zum Malen oder Renovieren ist es noch gut«? Dagegen ist nichts einzuwenden, nur wie viele Teile müssen es sein? Sie schonen keine Ressourcen, wenn Sie einen Stapel zerfledderter T-Shirts und Hosen hinten in den Schrank stopfen und sie dort liegen lassen.

MANGELNDE GELEGENHEITEN. Besitzen Sie elegante Kleidung aus der Zeit als Bankangestellte? Und wohnen Sie inzwischen auf dem Lande, haben drei Kinder und eine Hundeschule? Dann gibt es wahrscheinlich nicht genug Gelegenheiten, die Kostümchen auszuführen. Schließen Sie diesen Lebensabschnitt ab, indem Sie auch die entsprechenden Kleider aussortieren. Das Gleiche gilt für den Übergang zwischen Schule, Studium und Beruf. Falls Sie früher in

T-Shirts, Kapuzenpullis und Sneakers unterwegs waren, Ihr Arbeitgeber aber auf einem bestimmten Kleidungsstil besteht, müssen Sie Ihre Garderobe der neuen Situation anpassen. Behalten Sie einige Teile für die Freizeit, und schaffen Sie Platz im Kleiderschrank, indem Sie sich von den alten Sachen trennen.

ZU VIEL. Der simpelste Grund kommt zum Schluss: Sie haben einfach von allem zu viel. Auch wenn alles passt, wird die Auswahl mit zunehmender Menge an Möglichkeiten immer schwieriger. »Wer die Wahl hat, hat die Qual.«

Es gibt sicherlich noch weitere Gründe für überfüllte Schränke, und eines ist dabei sicher: Wenn Sie sich einen ordentlichen Schrank wünschen, müssen Sie ihn zuerst ausmisten.

VORGEHEN

Es gibt zwei Vorgehensweisen, wie Sie Ihren Schrank aussortieren können – alles auf einmal oder in Etappen. Die berühmte japanische Ordnungsberaterin Marie Kondo ist die Verfechterin der ersten Variante. Ihre Klientinnen müssen alle Kleidungsstücke auf einen Haufen werfen. Alle! Also nicht nur die Sachen aus dem Schrank, sondern auch die Kleidung, die in Unterbettkommoden, Kisten, Koffern und Säcken untergebracht ist. Dadurch entsteht ein imposanter Kleidungsberg, dessen Anblick die Kunden in einen Schockzustand versetzen soll. Schockierte Kunden sind Kondos Meinung nach eher bereit, sich von Überflüssigem zu befreien.

Haben Sie schon einmal einen schockierten Menschen erlebt? In diesem Zustand kann man oft nicht einmal den eigenen Namen nennen. Menschen unter Schock sind im Ausnahmezustand und meistens nicht in der Lage, vernünftige Entscheidungen zu treffen.

Daher lautet meine Devise: *Machen Sie so viel, wie Sie schaffen, ohne sich zu überfordern.* Wenn Sie genug Zeit und Energie haben, misten Sie gerne den kompletten Schrank auf einmal aus. Wenn das nicht der Fall ist, nehmen Sie sich eine kleinere Menge vor, die Sie bewältigen können.

Manchen Frauen macht es mehr Spaß, den Kleiderschrank zusammen mit guten Freundinnen auszumisten – vielleicht mit einem Glas Sekt und guter Musik dazu. Eine meiner Kursteilnehmerinnen hat lieber Ihren Bruder als Berater engagiert. Im Gegensatz zu den Freundinnen, die es immer gut mit ihr meinten und sie nicht verletzen wollten, war er gnadenlos ehrlich: »Steht dir nicht – ist altbacken – macht einen breiten Hintern«, urteilte er über vieles. All diese Kleider mussten weichen. »Jetzt ist mein Schrank halb leer, und alles, was drin ist, steht mir wirklich. Es ist großartig!«, schwärmte sie.

Natürlich können Sie auch eine professionelle Stilberaterin oder einen Aufräumcoach engagieren.

VORBEREITUNG

Verständlicherweise wollen die meisten Menschen die noch gut erhaltenen Kleider nicht in den Müll werfen. Damit die Teile nicht wieder im Schrank landen, überlegen Sie im Vorfeld, was Sie mit den noch guten, aber überflüssigen Kleidungsstücken machen möchten. Verschenken? Wem? Verkaufen? Wo?

Ist diese Frage geklärt, brauchen Sie noch einige Kartons, Kisten und Müllsäcke sowie einen gut schreibenden Filzstift, leere Zettel, Klebeband – und es kann losgehen.

SCHRANK LEEREN UND SAUBER MACHEN. Leeren Sie den kompletten Schrank oder einen Teil davon. Die Kleidung kommt aufs Bett oder auf den sauberen Boden. Wischen Sie alles mit einem feuchten Tuch aus, vergessen Sie dabei die Kleiderstange nicht.

Um sich einen Überblick über die Menge an Kleidern zu verschaffen, müssen Sie unter Umständen überall dort nachsehen, wo gleichartige Sachen lagern. Tragen Sie eine Kleiderkategorie (beispielsweise Hosen, T-Shirts oder Röcke) zusammen.

KLEIDUNG SORTIEREN. Nehmen Sie nun jedes Kleidungsstück in die Hand, und sortieren Sie es in eine der folgenden Kategorien:

1. Behalten
2. Wegwerfen
3. Verschenken/Verkaufen
4. Handlungsbedarf (reparieren, waschen oder reinigen)
5. Unsicher

Am einfachsten ist es, auf dem Bett oder auf dem Boden einen Haufen zu bilden und das, was wegkommt, gleich in einen Karton oder einen Müllsack zu legen. Beugen Sie Verwechslungen vor, indem Sie Kartons beschriften und auf die Säcke Zettel kleben.

Abgesehen von den Teilen, die Sie mögen, ständig tragen und die richtig gut passen, müssen Sie alles anprobieren, was Sie behalten möchten. Schauen Sie kritisch in den Spiegel und fragen Sie sich:

- Mag ich dieses Teil?
- Passt es mir?
- Steht mir die Farbe?
- Sehe ich darin wirklich gut aus?
- Ist es aus einem angenehmen Material?
- Ist es mit anderen Kleidungsstücken kombinierbar?
- Habe ich dazu passende Schuhe?
- Habe ich genug Gelegenheiten, es zu tragen?
- Wann habe ich es das letzte Mal angehabt?
- Gibt es dafür bessere Alternativen?
- Wie viele gleiche oder ähnliche Teile besitze ich, und brauche ich sie wirklich alle?

Sie werden mit »Ja« (= behalten), »Nein« (= weg damit) oder »Hmm, keine Ahnung« antworten. Halten Sie sich mit Unsicherheiten nicht auf, legen Sie die betreffenden Teile in eine Kiste oder auf einen Haufen und machen Sie weiter. Sind Sie mit allen Kleidungsstücken durch, kommen Sie zu der »Unsicher«-Kategorie zurück. Vielleicht fällt es Ihnen jetzt leichter, sich doch noch von einigem zu trennen. Wenn nicht, schicken Sie die Sachen in »Quarantäne«. Verpacken Sie alles in eine Kiste, beispielsweise in einen Umzugskarton, und schreiben Sie ein »Verfallsdatum« darauf. Der Zeitraum bis dahin sollte zwischen sechs Monaten und einem Jahr liegen. Deponieren Sie den Karton auf dem Dachboden, in der Abstellkammer oder im trockenen Keller. Treffen Sie mit sich selbst eine verbindliche Vereinbarung: »Wenn ich bis zum Tag XY (Verfallsdatum) nichts vermisst habe, entsorge ich die Sachen komplett.« Jetzt kommt der wichtige Teil: Öffnen Sie den Karton nicht! Geben Sie ihn geschlossen weiter, etwa an einen Diakonieladen, oder bitten jemanden, das für Sie zu tun.

Wenn Sie genug Platz im Schrank haben, können Sie Folgendes ausprobieren: Hängen Sie alle Sachen auf Kleiderbügeln auf. Die Kleiderbügel kommen nun »verkehrt herum« (mit dem offenen Ende nach vorn) in den Schrank. Das, was Sie getragen haben, wird nach dem Waschen »richtig herum« gehängt. Nach einer bestimmten Zeit (spätestens nach einem Jahr) können Sie alle Kleidungsstücke entsorgen, deren Bügel noch immer verkehrt herum im Schrank hängen.

KLEIDERSCHRANK SINNVOLL EINRÄUMEN. Überlegen Sie, nach welchen Kriterien Sie den Kleiderschrank einräumen möchten:

- Nach Art (Hosen zu Hosen, Hemden zu Hemden, T-Shirts zu T-Shirts)
- Nach Verwendungszweck (Arbeit, Freizeit, Festliches)
- Nach Farben
- Nach Jahreszeiten

KLEIDERSCHRANK GEZIELT ERGÄNZEN. Nach dem Ausmisten tendieren viele dazu, den entstandenen Platz schnell wieder zu füllen. Widerstehen Sie der Versuchung!

Falls Ihnen etwas Wichtiges fehlt und Sie Ihre Garderobe nun ergänzen möchten, schreiben Sie auf, welches Kleidungsstück es sein soll. Kaufen Sie bewusst und gezielt ein. Lassen Sie sich Zeit, suchen Sie so lange, bis Sie das perfekte Teil gefunden haben. Qualität statt Quantität – diese Regel spart Geld, Platz und schont die Ressourcen!

ENTSORGEN

- Zerschlissene Kleidung
- Zu kleine/zu große Teile
- Kleider mit falschem Schnitt, unpassender Farbe oder aus ungünstigem Material
- Unbequeme Kleidungsstücke
- Was Sie nicht mögen und nicht tragen
- Was Ihnen nicht steht
- Was Sie wegen mangelnder Gelegenheiten nicht tragen
- Teile, von denen Sie zu viele gleiche oder ähnliche besitzen

KINDERZIMMER

Sind Sie schon einmal nachts auf dem Weg zur Toilette barfuß auf einen Legostein getreten? Haben Sie in dieser schmerzvollen Sekunde Ihr Kind samt Spielzeug weit weggewünscht? Folgte dann eine rigorose Kinderzimmeraufräumaktion? Und hat sie auf Dauer etwas gebracht? Wahrscheinlich nicht, oder?

Im Gegensatz zu unserem Schlafzimmer und Wohnzimmer ist das Kinderzimmer ein multifunktioneller Raum, in dem die Kinder spielen, schlafen, arbeiten, basteln und sich mit Freunden treffen. Deshalb ist es wichtig und gleichzeitig schwierig, ihn aufgeräumt zu halten.

Interessanterweise klappt das Aufräumen und Ordnunghalten im Kindergarten meistens sehr gut. Wissen Sie, warum das so ist? Weil es dort eine gute Infrastruktur gibt und klare Regeln herrschen.

Doch bevor Sie sich mit diesen beiden Themen beschäftigen, beginnen Sie damit, die Anzahl der Gegenstände im Kinderzimmer zu reduzieren.

WENIGER IST MEHR. Auch sehr kleine Kinder besitzen heutzutage bereits Unmengen an Spielzeug, und das kann wirklich zum Problem werden. Das Überangebot an Spielsachen verwirrt und erschwert es den Kindern, sich in ein Spiel zu vertiefen. Oft wird ein Spielzeug nach dem anderen rausgeholt, kurz damit gespielt – und bald langweilen sich die Kleinen inmitten des Durcheinanders.

Das Überangebot an Dingen hemmt auch die Kreativität. Je mehr zur Verfügung steht, und je eindeutiger und durchdesignter ein Spielzeug ist, desto schwieriger ist es, in der Fantasie von diesem Zweck abzuweichen und neue Ideen auszuprobieren. Eine bis ins kleinste Detail gefertigte Puppe mit eindeutigem Gesichtsausdruck ist nur das eine: Gut gelaunt oder schlecht gelaunt, ein kleines Baby oder eine Frau mit großen Brüsten und einer Wespentaille. Ein Autohaus-Bausatz, LED-beleuchtet und mit Logo-Aufdrucken versehen, in dem kleine originallackierte Modellautos parken, lassen auch nicht viel Freiraum zu. Kann man diesen Bausatz für ein anderes Gebäude benutzen? Wahrscheinlich nicht. Wenn alles vorgegeben ist, entsteht keine Lücke, die man mit Vorstellungskraft schließen könnte.

DER GUTE ZEITPUNKT. Im Prinzip ist jeder Zeitpunkt gut, und meistens kümmert man sich dann um Ordnung, wenn jemandem (oder allen) in der Familie das Chaos zu sehr auf die Nerven geht. Doch an dieser Stelle sind die Kinder meistens schmerzfrei, und es bedarf einer guten Argumentation, um sie zu einer großen Aufräumaktion zu überreden.

Vor einigen Jahren, kurz vor Weihnachten, half ich einer Familie mit drei Jungen, fünf, drei und zwei Jahre alt, das Haus neu zu organisieren. Mittendrin beschwerte sich die Mutter: »Es ist schrecklich: Meine Jungs wünschen sich ein großes Feuerwehrauto, aber das Kinderzimmer ist schon so voll. Ich weiß gar nicht, wo wir den ganzen Kram unterbringen sollen. Dabei wollen sich die drei von gar nichts trennen. Haben Sie mir einen Rat?«

Ich wohne in Süddeutschland, bei uns bringt an Weihnachten das Christkind die Geschenke. Und das nahm ich nun zur Hilfe. Ich holte die drei Jungen ins Zimmer und fragte: »Ihr wünscht euch vom Christkind ein großes Feuerwehrauto, stimmt's?« Dreifaches Nicken. »Jetzt schaut euch hier um, es gibt keinen Platz dafür, stimmt's?« Dreifaches Nicken. »Wusstet ihr, dass das Christkind kein neues Spielzeug bringen kann, wenn es keinen Platz dafür gibt?« Kopfschütteln. »So ist es aber. Also, wollt ihr Platz schaffen und das, womit ihr nicht mehr spielt, an andere Kinder verschenken?« Zweifaches »Ja!« plus einmal Nicken. (Der Kleinste nuckelte aufgeregt an seinem Schnuller.) Ich stellte ein Wäschekorb in das Kinderzimmer und ging weg. Eine Stunde später (wir sortieren gerade im Arbeitszimmer die Versicherungsunterlagen) vernahmen wir schlürfende Geräusche auf dem Flur. Der älteste Junge zog an einem Strick den überfüllten Wäschekorb, die zwei Kleinen schoben von hinten. »Da hast du«, meinte der Große. »Gib es dem Christkind für die anderen Kinder. Und sage ihm, wir wollen das Feuerwehrauto. Und komm bitte auch in unser Zimmer und hilf uns, alles schön zu machen.« Das nenne ich den günstigen Zeitpunkt.

Auch vor Geburtstagen oder Ostern kann man den Kindern klarmachen, dass sie zuerst Platz schaffen müssen, bevor es etwas Neues gibt.

Eine weitere gute Gelegenheit zum Aussortieren ist der Übergang in einen neuen Lebensabschnitt. Beispielsweise wenn das Kind in den Kindergarten kommt. Viele hört man dann sagen: »Ich bin kein Baby, ich bin jetzt ein Kindergartenkind!« Das neue Bewusstsein kann man nutzen, um das Baby-Spielzeug auszusortieren. Oder vor dem ersten Schultag. Spätestens dann muss man Platz für einen Arbeitstisch, einen Schulranzen und die ganzen neuen Bücher und Hefte schaffen und sich dafür von anderen Dingen trennen.

AUSMISTEN MIT KINDERN ODER OHNE?

Die erste Frage, die Sie klären müssen, ist, ob Sie das Kinderzimmer allein ausmisten oder die Kinder miteinbeziehen wollen. Allein ist es leichter, zu entscheiden, was wegkommt und was bleibt. Bei ganz kleinen Kindern ist das sicherlich die effektivste Methode.

Gleichzeitig geht es hier um persönliches Eigentum, das man respektieren sollte. Ich finde es schwierig, ein Spielzeug, zu dem das Kind vielleicht eine besondere Beziehung hat, einfach wegzuschmeißen, nur weil es mir nicht gefällt. Der alte ramponierte Teddybär kann für ein

Kind der wichtigste Spielkamerad sein, und sein Verschwinden kann tiefste Trauer verursachen. Außerdem können Kinder beim gemeinsamen Vorgehen das Aussortieren und Aufräumen erlernen.

OHNE KINDER AUSMISTEN. Wichtig ist, dass die Kinder während dieser Zeit gut untergebracht sind und Sie sich auf die bevorstehende Aufgabe konzentrieren können.

Bereiten Sie Kisten und Müllsäcke für die folgenden Schritte vor:

1. Behalten
2. Wegwerfen
3. Verschenken / Verkaufen
4. In der Austauschkiste aufbewahren
5. Einlagern (falls Sie die Sachen für späteren Nachwuchs aufheben möchten)
6. An eine andere Stelle bringen

Gehen Sie alle Dinge durch, die sich im Kinderzimmer befinden. Werfen Sie alles weg, was kaputt ist, sowie Kleinkram aus Überraschungs-Eiern, Junior-Tüten und ähnliches wertloses Zeug.

Spiele, Bücher und Spielzeug, dem die Kinder entwachsen sind oder womit sie nicht mehr spielen, kommen in die Kiste »Verschenken«, »Verkaufen« oder »Einlagern«.

Eine Austauschkiste macht es möglich, Spielsachen und Bücher abwechselnd zu nutzen. Ein Teil der Sachen bleibt im Kinderzimmer, der andere wird woanders (auf dem Schrank, auf dem Dachboden oder an einem ähnlichen Ort) deponiert. Nach einer bestimmten Zeit können sich die Kinder etwas aus der Austauschkiste holen und dafür ein anderes Stück hineinlegen. So bleibt das Kinderzimmer übersichtlich, und Sie müssen nicht immer wieder Neues kaufen.

Oft tauchen beim Aufräumen Dinge auf, die woanders hingehören. Diese Gegenstände kommen in die fünfte Kiste und werden anschließend an die richtige Stelle gebracht.

Bevor die Kinder wieder nach Hause kommen, ist es wichtig, alles, was wegkommen soll, aus dem Zugriffsbereich der Kleinen zu bringen. Lassen Sie auf keinen Fall die Sachen oben im Mülleimer liegen!

MIT KINDERN AUSMISTEN. Bereits ab dem zweiten oder dritten Lebensjahr kann (und soll) man die Kinder in Aufräumaktionen mit einbeziehen. Denn sehr schnell verselbstständigt sich die Idee, dass für die Ordnung die anderen (die Eltern oder später eine Reinigungskraft) zuständig sind.

Informieren Sie Ihre Kinder vorab, und bereiten Sie sie aufs Ausmisten vor. Sorgen Sie für eine gute Stimmung – Aufräumen darf niemals als Strafe benutzt werden! Bringen Sie für das Kind verständliche Gründe vor, lassen Sie sich aber nicht auf ewige Diskussionen ein. Viele Kinder sind bereit, sich von einem Teil ihrer Spielsachen zu trennen, wenn sie damit anderen helfen und ihnen Freude machen können. Erklären Sie Ihrem Nachwuchs, dass es Familien gibt, denen es finanziell nicht so gut geht und die sehr wenig Materielles wie eben Spielsachen haben. Es kann sein, dass dieser Impuls einige Fragen aufkommen lässt. Wie zum Beispiel: »Warum haben manche Familien weniger Geld? Warum sind Menschen arm?« Nehmen Sie sich Zeit, diese Fragen dem Alter Ihres Kindes entsprechend zu beantworten.

Sind die Kinder bereit, schnappen Sie sich einige leere Kisten und einen Wäschekorb und legen Sie los. Als Erstes wird alles vom Boden aufgehoben. Die Kleidungsstücke kommen in den Schrank oder in die Wäsche, der Rest in den Wäschekorb.

Nehmen Sie nun einen Gegenstand nach dem anderen aus dem Wäschekorb und lassen Sie die Kinder entscheiden, in welche Kiste er hineingelegt werden soll. Es gibt sechs Möglichkeiten:

1. Behalten
2. Wegwerfen
3. Verschenken/Verkaufen

4 In der Austauschkiste aufbewahren
5 In der Schatzkiste aufbewahren
6 An eine andere Stelle bringen

Wenn sich ein Kind schwer von Sachen trennen kann, lenken Sie den Fokus aufs Behalten. Fragen Sie: »Welchen von diesen zwei Malkästen möchtest du behalten? Welches Spiel hast du lieber?« anstatt »Was davon möchtest du weggeben?«. Die Antwort ist oft überraschend. Manchmal wird (in den Augen der Erwachsenen) wertloser Kram heftig verteidigt, andere Dinge dagegen werden großzügig weggegeben. Schon aus diesem Grund sollte man die Kinder in die Entscheidung mit einbeziehen.

Jedes Kind besitzt kleine Schätze wie eine besonders schöne Murmel, einen Halbedelstein oder einen gefundenen Schmetterlingsflügel. Diese Sachen kommen in die Schatzkiste. Am besten basteln Sie sie mit den Kindern zusammen: Sie können beispielsweise einen Schuhkarton mit schönem Papier oder Stoff bekleben und mit Bändern, bunten Steinchen oder Stickern dekorieren.

Tragen Sie alles, was weggeworfen, verschenkt oder verkauft werden soll, sofort aus dem Zimmer. »Aus den Augen, aus dem Sinn« gilt für alle Beteiligten. Bleiben die Sachen erreichbar, ist die Versuchung groß, das eine oder andere wieder ins Zimmer zu holen. Zum Schluss wird alles aus der »Behalten«-Kiste an die richtige Stelle geräumt.

Räumen Sie nach dem gleichen Prinzip nach und nach auch alle Schränke, Schubladen und Regale auf.

ACHTUNG, FALLE! Wenn Sie zusammen mit Kindern ausmisten, können einige Probleme auftauchen:

- Die Kinder entdecken längst vergessenes Spielzeug und fangen an, damit zu spielen. Legen Sie die Sache in die »Behalten«-Kiste und erklären Sie, dass sie das Spiel sofort fortsetzen können, sobald das Zimmer aufgeräumt ist. Die Aussicht auf Belohnung sorgt oft für zusätzlichen Arbeitsantrieb.

- Die Kinder wollen sich von nichts trennen. Hier helfen die Austauschkiste und auch der Hinweis, dass nichts Neues mehr dazukommen kann, wenn alles voll ist. Sie müssen sich in diesem Fall auch an das Gesagte halten, sonst werden Sie für die Zukunft unglaubwürdig.
- Das Kind hat die Lust verloren. Entscheidungen treffen ist anstrengend, und vor allem kleine Kinder werden schnell überfordert. Nehmen Sie sich deshalb immer nur eine kleine Portion vor, beispielsweise eine Schublade oder ein Regalbrett. Arbeiten Sie sich in kleinen Schritten durch das Zimmer und loben Sie das Kind für das, was es bereits geschafft hat.

ORDNUNG IM KINDERZIMMER HALTEN

SEIEN SIE EIN VORBILD. Ein Kind kann nur dann Ordnung halten, wenn seine Eltern es ihm vorleben. Falls bei Ihnen in der Wohnung alles durcheinander liegt, sorgen Sie zuerst für Ordnung in Ihren Besitztümern, bevor Sie dasselbe von den Kindern verlangen.

SORGEN SIE DAFÜR, DASS NICHT ZU VIEL REINKOMMT. Kein kleines Kind kauft sich selbst Spielsachen oder Kleider. Es sind wir Erwachsene, die es tun. Wenn nicht zu viel reinkommt, muss man auch nicht zu viel aufräumen und entsorgen.

ACHTEN SIE BEIM SPIELZEUGKAUF AUF QUALITÄT. Meiden Sie wertlosen Krimskrams. Vor allem die Give-Aways, die es an der Supermarktkasse oft gratis zum Einkauf gibt, sind eine fragwürdige und unsinnige Umweltverschmutzung. Hergestellt aus billigem

Plastik mit unterirdischem Spielwert eignen sie sich nur zu einem: Sammeln und Wegwerfen. Nicht nur, dass sie schnell die Wohnungen vermüllen. Manche sind sogar richtig gefährlich, vor allem für kleine Babys und Haustiere. 2019 mussten etliche Hunde und Katzen operiert werden, nachdem sie kleine Plastik-Emojis, die es an den Kassen einer Discounterkette gab, verschluckt hatten. Einige sind daran gestorben.

Machen Sie auch den Großeltern und anderen Verwandten klar, dass es unnötig ist, den Kindern bei jedem Besuch etwas mitzubringen. Zuhören, vorlesen und gemeinsam ein Spiel spielen – das ist für die Kleinen viel wichtiger als ein weiteres Plüschtier.

SCHENKEN SIE ERLEBNISSE. In manchen Familien gibt es an Geburtstagen und Weihnachten eine richtige Materialschlacht. Überlegen Sie mit Ihren Kindern eine nichtmaterielle Alternative, an der sich alle finanziell beteiligen können. Beispielsweise Reitstunden, einen Skikurs oder einen besonderen Ausflug.

SETZEN SIE PRIORITÄTEN UND VERTEIDIGEN SIE IHRE WERTE. »Es ist eine schöne Theorie, die in der Praxis nicht funktioniert«, behaupten manche Kursteilnehmende, wenn wir das Thema »Zu viele geschenkte Spielsachen« behandeln. Zusammengefasst sieht das Problem so aus: Die Eltern machen eine klare Ansage, die Verwandten halten sich nicht daran. »Und was passiert, wenn Sie die Sachen nicht annehmen oder zurückgeben?«, frage ich die Betroffenen. »Das kann man nicht bringen, dann wäre die Tante (Mutter, Opa, Nachbarin …) beleidigt (wütend, traurig …). Tja, an dieser Stelle müssen Sie sich fragen, was Ihnen wichtiger ist: Ihr Kind, Ihre Werte oder die Befindlichkeiten der Verwandtschaft?

SCHAFFEN SIE EINE GUTE INFRASTRUKTUR. Kinder brauchen Raum zum Spielen und Raum, um Spielsachen zu verstauen. Den zu schaffen, ist Ihre Aufgabe. Schauen Sie sich das Kinderzimmer mit Kinderaugen an. Sind die Regale, Schränke und Schubladen praktisch und kindgerecht? Haben die Kleinen genügend Stauraum, und ist der in der Höhe sowie in der Tiefe gut erreichbar?

Kleine Kinder lieben es, Dinge nach Farben und Formen zu sortieren. Nutzen Sie diesen Spieltrieb, indem Sie Ihren Kindern bunte Boxen, Holzkisten und Schubladen bereitstellen. Definieren Sie für alles einen Aufbewahrungsort. Kleben Sie ein entsprechendes Bild auf jede Box (Legosteine, Autos, Malsachen und so weiter). So wird auf den ersten Blick klar, was wohin gehört. Sobald die Kinder schreiben können, dürfen sie die Aufbewahrungsorte selbst beschriften. Lassen Sie Kinder über das Aufbewahrungssystem mitentscheiden. Die Bereitschaft mitzumachen, ist auf diese Weise viel größer.

Natürlich dürfen die Kinder auch im Wohnzimmer oder in der Küche spielen. Deponieren Sie dort einen Korb oder eine Box. Darin wird nach dem Spielen alles verstaut, ins Kinderzimmer gebracht und an die richtige Stelle geräumt. Nur so behalten Sie die Wohnung in einem ordentlichen und spielzeugfreien Zustand.

RÄUMEN SIE JEDEN ABEND ALLES AUF. In einem überfüllten und chaotischen Raum fällt es Kindern (wie auch Erwachsenen) schwer, die notwendige Ruhe zu finden. So wie das tägliche Zähneputzen soll deshalb auch das Aufräumen des Kinderzimmers vor dem Schlafengehen zur Routine werden.

Ein bereits müdes Kind kann nicht mehr sortieren und aufräumen. Denken Sie bitte rechtzeitig daran, die Kinder auf die Schlafenszeit vorzubereiten. Machen Sie aus dem Aufräumen ein Spiel, denken Sie sich kleine Geschichten aus oder erklären Sie, dass auch das Spielzeug schlafen gehen möchte (»Der Bär geht jetzt in die blaue Kiste schlafen, die Autos fahren in die rote Garage.«). Das ist für kleine Kinder logisch, denn sie betrachten auch ihre Spielsachen als lebendige Wesen.

Liegenbleiben darf ein offenes Projekt – ein unfertiges Lego-Haus, an dem am nächsten Tag weitergearbeitet wird, eine Playmobil-Landschaft oder ein Puzzle. Vorsicht: Lassen Sie sich nicht manipulieren, indem Ihr Kind sein Chaos zum Projekt erklärt.

HELFEN SIE MIT. »Räum dein Zimmer auf!« Mit diesem Befehl sind die meisten Kinder komplett überfordert. Vor allem, wenn die Unordnung bereits zu groß geworden ist. Helfen Sie Ihrem Kind mit klaren, sachlichen Anweisungen wie »Jetzt legen wir alle Playmobil-Figuren in die gelbe Box.« Mithelfen bedeutet aber nicht, dass Sie allein die Arbeit machen. Je größer das Kind ist, desto mehr Verantwortung sollte es übernehmen.

Kommen andere Kinder zu Besuch, wird oft besonders intensiv gespielt und auch vieles hervorgeholt. Ist dann der Besuch weg, finden es die Kinder ungerecht, alles allein aufräumen zu müssen. Gemeinsam gespielt, gemeinsam aufgeräumt – so lässt sich das Problem ganz einfach lösen. Kündigen Sie das am besten gleich zu Beginn an, und erinnern Sie die Kinder rechtzeitig vor Schluss noch einmal daran. Bleiben Sie auch bei einem eventuellen Widerstand standhaft. Bald gewöhnen sich alle an diese Regelung, und die Diskussionen bleiben Ihnen in Zukunft erspart.

LERNEN SIE VOM KINDERGARTEN. Übernehmen Sie gut funktionierende Methoden aus dem Kindergarten: Bevor man ein neues Spielzeug rausholt, wird das vorherige aufgeräumt. Gemalt wird in der Mal-Ecke. Kleider werden auf die Garderobenhaken gehängt, und so weiter. Fragen Sie ruhig im Kindergarten nach. Die Erzieherinnen werden sich über Ihr Interesse und Engagement freuen.

SCHAFFEN SIE KLARE REGELN. Wenn Ihnen Ordnung und Sauberkeit wichtig sind, ist es notwendig, klare Abmachungen innerhalb der Familie zu vereinbaren. Größere Kinder sollten auf jeden Fall mit einbezogen werden und sich an der Erstellung der Regeln beteiligen. Schreiben Sie auf, was Sie vereinbart haben, und hängen Sie die Liste gut sichtbar auf. Vereinbaren Sie auch, was passieren soll, wenn die Regeln missachtet werden. Wichtig ist, dass Sie selbst standhaft bleiben, egal was für ein Theater Ihr Kind unter Umständen aufführt. Denn nur so lernt Ihr Kind, Sie ernst zu nehmen. Bei Ankündigungen, die ausgesprochen, aber nicht in die Tat umgesetzt werden, schalten die Kinder schnell auf Durchzug.

So wie die Unordnung soll auch die Ordnung Konsequenzen haben. »Sobald ihr die Bauklötze aufgeräumt habt, können wir baden gehen.« Oder: »Wenn du die Malsachen schnell wegräumst, haben wir noch Zeit, aus dem neuen Buch vorzulesen.« Sätze wie diese motivieren und lassen das Kind selbstverantwortlich handeln. Wird Ordnung mit einem positiven Gefühl verbunden, räumen auch die kleinen Chaoten irgendwann selbstständig auf. Spätestens dann, wenn die erste Freundin zu Besuch kommt ...

ENTSORGEN

- Alles, was kaputt ist und nicht repariert werden kann
- Gegenstände, die dem Alter nicht entsprechen
- Spiele, die niemand mag
- Alles, was mehrfach vorhanden ist
- Bausätze mit fehlenden Teilen
- Leere Filzstifte und Buntstifte, die man nicht mehr anspitzen kann
- Dinge, die nicht gut funktionieren (stumpfe Scheren beispielsweise)
- Spielzeug, mit dem nicht gespielt wird

ARBEITSZIMMER

> Wenn sich die Papierflut weiter so ausbreitet
> wie bisher, wird Gott die nächste Sintflut nicht
> mit Wasser, sondern mit Papier veranstalten.
>
> CYRIL NORTHCOTE PARKINSON, BRITISCHER HISTORIKER, SOZIOLOGE UND PUBLIZIST

Wissen Sie, in welchem Bereich sich meine Kunden am meisten Ordnung wünschen? Beim Papierkram. Es ist eine der Paradoxien unserer Zeit: Wir leben zwar in einem digitalen Zeitalter, trotzdem steigt der Papierverbrauch jedes Jahr. Mit einem Pro-Kopf-Bedarf von circa 242 Kilogramm Papier pro Jahr (Stand 2018) ist Deutschland ein trauriger Spitzenreiter.

Die Zettelwirtschaft hat Konsequenzen, sowohl für die Umwelt als auch für unsere vier Wände. Viel zu schnell entstehen aus Anschreiben, Abrechnungen, Mitteilungen, Kontoauszügen, Prospekten und sonstigen Unterlagen Stapel, die nicht nur den Arbeitstisch belegen, sondern oft auch Regale, Kommoden, Fensterbretter, die Eckbank und den Esstisch. Manchmal nehmen sie sogar den Boden in Beschlag. Je größer das Chaos, desto mehr Zeit verbraucht man mit dem Suchen nach wichtigen Dokumenten oder verlegten Notizzetteln.

Für die meisten Selbstständigen, Freiberuflerinnen und Unternehmer sind ein separates Arbeitszimmer oder zumindest eine kleine Büro-Ecke unabdingbar. Auch Schulkinder und Studenten verfügen idealerweise über einen Schreibtisch und entsprechenden Aufbewahrungsplatz für Unterlagen. Den Arbeitsplatz ordentlich und übersichtlich zu halten, ist eine wichtige Voraussetzung für die eigene Produktivität und gutes Zeitmanagement. Ordnung eliminiert Ablenkungen und schafft eine gute Arbeitsatmosphäre, in der man effizienter seine Aufgaben erledigen kann.

Die Gründe für Unordnung im Arbeitszimmer sind relativ simpel:

- Zu viele Gegenstände und Unterlagen
- Keine geeigneten Ablagemöglichkeiten
- Keine vernünftigen Arbeitsabläufe

Glücklicherweise gibt es für diese Probleme auch gute Lösungen. Nein, Sie beginnen nicht mit dem Kauf weiterer Ordner oder Stehsammler, und Sie werden auch keine Türme aus Ablagekörben bauen. Als erstes erschaffen Sie einen leeren Schreibtisch. Doch bevor Sie sich in eine Ausmist-Aktion stürzen, ist es wichtig, sich über die Aufbewahrungspflichten und -fristen für Dokumente zu informieren.

AUFBEWAHRUNGSPFLICHTEN UND -FRISTEN

Für Unternehmer, Selbstständige und Freiberufler gelten Fristen nach Handels- und Steuerrecht sowie – je nach Branche – weitere spezifische Aufbewahrungspflichten. Nehmen Sie sich Zeit zum Recherchieren, beim Steuerberater oder Finanzamt nachzufragen oder entsprechende Behörden anzurufen. Denn alles Mögliche aufzuheben unter dem Motto »Sicher ist sicher« ist genauso unsinnig, wie wichtige Dokumente wegzuwerfen.

Auch als Privatperson müssen Sie bei bestimmten Sachverhalten auf die Aufbewahrungspflicht achten. In Deutschland und Österreich sind es zwei Jahre für Handwerkerrechnungen, Zahlungsbelege oder andere beweiskräftige Unterlagen, die Sie im Zusammenhang mit Leistungen an einem Grundstück erhalten haben. Zu diesen Leistungen gehören unter anderem planerische Leistungen, sämtliche Bauleistungen, die Bauüberwachung, Gerüstbau, Renovierungsarbeiten sowie das Anlegen von Bepflanzungen. In der Schweiz besteht diese Pflicht für Privatpersonen nicht.

Aber auch wenn der Gesetzgeber weitere Aufbewahrungsfristen bei privaten Dokumenten nicht vorschreibt, sollten Sie in Ihrem eigenen Interesse wichtige Unterlagen aufbewahren.

- Persönliche Dokumente wie Geburtsurkunden, Taufscheine, Heiratsurkunden, Scheidungsurteile, Personalausweise, Reisepässe, Führerscheine, Impfpässe, Zeugnisse, Ausbildungsurkunden, Arztunterlagen, Sterbeurkunden von Familienangehörigen, Dokumente über ausbezahlte Erbschaften, Testamente, Patientenverfügungen, Vorsorgevollmachten sowie wichtige Verträge (wie zum Beispiel Eheverträge oder Schenkungen) sollten Sie dauerhaft aufheben.
- Rentenrelevante Unterlagen. Damit die spätere Rente in richtiger Höhe gezahlt wird, ist es wichtig, dass der Versicherungsverlauf lückenlos in Ihrem Versicherungskonto gespeichert wird. Die wichtigsten Daten sind die Beitragszeiten, Kindererziehungszeiten, Rentenbezugszeiten sowie Arbeitslosigkeits- und Sozialleistungszeiten. Es kann passieren, dass der zuständige Rentenversicherungsträger nicht alle Zeiten abspeichert – beispielsweise, wenn Sie im Ausland gearbeitet haben oder Ihr Arbeitgeber die Zeiten nicht gemeldet hat. Diese Lücken wirken sich negativ auf die Rentenhöhe aus. Um sie zu schließen, ist die sogenannte Kontenklärung vor der Rente notwendig. So lange Ihr Rentenkonto nicht geklärt ist, sollten Sie alle Unterlagen, die rentenrelevante Zeiten belegen (wie Lehrausbildungsverträge, Fach-

schulverträge, Arbeitsverträge und Bezugsmitteilungen für Arbeitslosengeld) aufbewahren. Wenden Sie sich bei Unklarheiten an die entsprechenden Beratungsstellen. In Deutschland ist das die Deutsche Rentenversicherung, in Österreich die Pensionskasse und in der Schweiz die Ausgleichs- sowie Pensionskasse.

- Bei Immobilieneigentum sind Grundbucheinträge, Bauzeichnungen, Teilungserklärungen sowie Rechnungen für größere Renovierungsarbeiten dauerhaft aufzubewahren.
- Wohnen Sie zur Miete, sollten Sie Mietverträge, Übergabeprotokolle und Nebenkostenabrechnungen aufheben, bis das Mietverhältnis beendet und die Kaution zurückbezahlt wird.
- Sparverträge, Kredite, Leasing- und Finanzierungsunterlagen bewahren Sie während der gesamten Laufzeit auf. Das Gleiche gilt auch für Versicherungsdokumente. Hier sind die Police, also der Versicherungsschein und der letzte Nachtrag relevant.
- Um eventuelle Gewährleistungs- oder Garantieansprüche geltend machen zu können, sollten Sie die Kaufbelege für Geräte und teure Anschaffungen bis zum Ende der Garantiezeit beziehungsweise der gesetzlichen Gewährleistungszeit nicht wegwerfen.
- Rechtskräftige Urteile, die einen zivilrechtlichen Anspruch feststellen, verjähren nach 30 Jahren. Gleiches gilt für Ansprüche aus vollstreckbaren Vergleichen und Vollstreckungsbescheiden. Deshalb sollen diese auch 30 Jahre aufbewahrt werden.

Über diese Beispiele hinaus gibt es zahlreiche weitere Papiere, die unsere Räume belegen. Um zu entscheiden, ob Sie diese jeweils behalten oder wegwerfen, stellen Sie sich immer die Fragen a) Wozu brauchen Sie etwas? und b) Wie schwierig ist es, dieses Dokument bei Bedarf wieder zu beschaffen?

Alles, was Sie nicht wirklich brauchen, kann weg. Dokumente und Informationen, die Sie im Bedarfsfall leicht wiederbeschaffen können, müssen Sie auch nicht aufheben.

SCHREIBTISCH AUSMISTEN MIT VIER KISTEN

Halten Sie vier bzw. fünf größere Kisten (Wäschekörbe, Bananenkisten aus dem Supermarkt oder Ähnliches) bereit. Beginnen Sie auf einer Seite des Tisches. Nehmen Sie ein Blatt oder einen Gegenstand nach dem anderen in die Hand und sortieren Sie diesen in eine der vier Kategorien (Kisten):

1. **WEGWERFEN.** In diese Kiste kommt alles, was Sie nicht mehr benötigen und nicht aufbewahren müssen oder wollen.
2. **AN DER RICHTIGEN STELLE ABLEGEN.** Hier legen Sie alles hinein, was nur im richtigen Ordner oder einem anderen Ablagebehälter abgelegt werden soll.
3. **HANDLUNGSBEDARF.** Alles, was Sie noch bearbeiten müssen – ausfüllen, bezahlen, zurücksenden, lesen, mit jemandem besprechen und so weiter – kommt in die dritte Kiste.
4. **AN EINE ANDERE STELLE BRINGEN.** Sehr wahrscheinlich tauchen auch Dinge auf, die einfach liegen geblieben sind, die aber woanders hingehören. Auch wenn es nur ein paar Meter sind, tragen Sie die Sachen nicht dorthin, sondern legen Sie sie in die Kiste Nummer vier.

Achtung, Falle! In den meisten Fachbüchern, die sich mit der Ordnung auf dem Schreibtisch befassen, finden Sie eine Sortierkategorie, die als »die Wichtigste« oder gar »Wunder« bezeichnet wird. Anstatt zu sortieren und im zweiten Schritt die Sachen zu erledigen oder abzulegen, soll man diese Handlungen gleich vornehmen. Hier stellvertretend ein Zitat aus dem Bestseller »simplify your life« von Werner Tiki Küstenmacher (Seite 31): »4. Wunder (...) Hier kommen die Papiere hin, die Sie bereits erledigen können, während Sie noch beim Aufräumen sind, und zwar durch eine der Sofort-Aktionen: ...« Weiter im Text rät uns der Autor, alles, was man sofort telefonisch oder per Fax erledigen kann, oder was man nur ablegen muss, sofort zu tun. Ich habe es ausprobiert, und viele meiner Klienten arbeiten nach diesem Prinzip. Und ich habe festgestellt, dass das der Grund ist, warum die meisten Aufräumaktionen scheitern! Probieren Sie es aus, und beobachten Sie genau, was passiert. Hier drei Beispiele:

ERSTE SITUATION: Sie sortieren, kommen so richtig in Fahrt, da taucht ein Brief mit einer Anfrage auf, auf die Sie telefonisch antworten möchten. Mitten im Chaos wählen Sie die Nummer, um zu hören »Herr XY ist gerade in einer Besprechung, bitte probieren Sie es in etwa 30 Minuten noch einmal.« Was jetzt? Wohin mit dem Blatt? Es in die dritte Kiste (Handlungsbedarf) legen oder dranbleiben? Das Dokument auf die Seite legen und den Wecker auf 30 Minuten stellen? Wie auch immer Sie vorgehen, Sie kommen auf jeden Fall aus dem Sortieren heraus und benötigen zusätzliche Zeit, um sich wieder auf die ursprüngliche Tätigkeit zu konzentrieren. Je öfter Sie die eigentliche Arbeit unterbrechen, desto schwieriger wird es für Ihr Gehirn sein, die notwendige Konzentration aufzubauen, und desto mehr Zeit verlieren Sie. Rechnen Sie mit: Wenn Sie die Arbeit in einer Stunde drei- bis viermal für einige wenige Minuten unterbrechen, verlieren Sie vielleicht 15 Minuten. Um wieder ins Thema zu kommen, verbrauchen Sie mit der Wiederanlaufzeit weitere 10 bis 15 Minuten. Sie haben nun fast die Hälfte der Stunde verloren. Diese Zeit ist weg und fehlt für die Erreichung des ursprünglichen Ziels: den Schreibtisch leerzuräumen. Hinzu kommt, dass Konzentration und Leistungsfähigkeit mit jeder Unterbrechung nachlassen.

ZWEITE SITUATION: Sie finden unter den unsortierten Dokumenten den Nachtrag zu Ihrer KFZ-Versicherung. Diesen müssen Sie nur ablegen. Im Idealfall finden Sie auf Aufhieb den Locher sowie den richtigen Ordner. Der ist bereits so voll, dass die neuen Dokumente dort keinen Platz finden. Sie fangen an zu überlegen: »Soll ich etwas von den alten Unterlagen wegwerfen? Vielleicht den Bescheid vom letzten Jahr? Aber gehört er nicht in die Steuer? Oder wird er noch gebraucht? Oder soll ich lieber einen weiteren Ordner für die Versicherungsunterlagen anlegen? Es wäre einfacher, darin zu blättern ...« Egal, wie Sie nun weiter verfahren, Sie haben die ursprüngliche Arbeit gestoppt. Ihre Gedanken kreisen nun um das Thema Versicherungen im Allgemeinen und dem zu dicken Ordner im Konkreten. Bis Sie wieder zum Sortier-Rhythmus zurückfinden, wird es noch eine Zeitlang dauern.

DRITTE SITUATION: Auf dem Arbeitstisch taucht etwas auf, das ins Wohnzimmer gehört. Sie tragen den Gegenstand dorthin (es dauert ja nur ein paar Minuten). Im Wohnzimmer angekommen, fällt Ihr Blick auf die traurige Zimmerpflanze in der Ecke. »Oh, die habe ich schon lange nicht gegossen«, stellen Sie erschrocken fest. Sie eilen mit der Gießkanne ins Badezimmer (es dauert ja nur ein paar Minuten). Die Kanne ist noch nicht ganz voll, da hören Sie, wie die Waschmaschine gerade den letzten Schleudergang beendet. Sie stellen die Kanne ab und holen die Wäsche heraus, um sie aufzuhängen oder in den Trockner zu stopfen (es dauert ja nur ein paar Minuten). »Während ich weiter aufräume, kann die Wäsche trocknen, das ist sinnvoll«, denken Sie. Aber zum Aufräumen haben Sie jetzt keine Zeit mehr, weil die Kinder gleich aus der Schule kommen und Sie anfangen müssen zu kochen. Mit dem Multitasking, das in Ihrer Vorstellung Zeit spart, haben Sie nun neue Baustellen aufgerissen und die ursprüngliche Arbeit womöglich nicht fertiggebracht. Das Chaos im Arbeitszimmer ist schlimmer als vorher (denn jetzt stehen noch die Kisten herum), das Gefühl der Hoffnungslosigkeit macht sich breit und wird auch in Zukunft Ihre Motivation und Bereitschaft auszumisten negativ beeinflussen.

MEIN TIPP AUS DER PRAXIS LAUTET DAHER: *Konzentrieren Sie sich immer nur auf eine Sache.* Dieses System sollen Sie auch auf Schubladen, Regale und weitere Ablageplätze anwenden.

Arbeiten Sie so lange, bis der Schreibtisch komplett leer ist. Säubern Sie ihn gründlich und legen Sie die Dinge zurück, die Sie auf jeden Fall stets zur Hand haben müssen. Das sind im Idealfall Notebook oder PC-Bildschirm und einige gute Schreibgeräte. Falls Sie von Zuhause aus arbeiten, werden es wahrscheinlich auch das Telefon sowie ein Behälter für die eingehende Post sein. Alles andere kommt in die Schubladen. Nein, Sie müssen keinen Tacker, Locher, Radiergummi, Büroklammern und sonstige Gegenstände auf der Tischplatte lagern. Wie der Name schon sagt, es handelt sich um einen Arbeitstisch und nicht um einen Lagerplatz. Je mehr Zeug Sie um sich versammelt haben, desto weniger Platz bleibt Ihnen für die eigentliche Arbeit und desto schwieriger wird es sein, dort Ordnung zu halten.

Sind Sie mit dem Tisch fertig, bringen Sie den Müll sofort weg. Die Gefahr, dass Sie selbst oder andere Familienmitglieder »Interessantes« aus der Kiste fischen und wieder irgendwo ablegen, ist groß.

Der Schreibtisch ist nun leer und aufgeräumt. Machen Sie jetzt eine kurze Pause, schauen Sie auf die Uhr und spüren Sie nach, wie es Ihnen geht. Stehen Sie unter Zeitdruck (die Kinder kommen gleich nach Hause, der nächste Termin ist in 30 Minuten oder ähnlich) oder sind Sie müde, hungrig und geschafft, dann beenden Sie die Aktion an dieser Stelle und machen Sie am nächsten Tag weiter.

Spüren Sie dagegen eine starke Motivation, dann nutzen Sie die Energie, um den Inhalt der verbliebenen Kisten zu bearbeiten.

Bringen Sie alles aus der Kiste »An eine andere Stelle bringen« an die richtige Stelle, legen Sie die Dokumente ab und erledigen Sie das, wofür Sie Handlungsbedarf festgestellt haben. Eventuell müssen Sie für die offenen Vorgänge eine Wiedervorlage einrichten und sich ein neues Ordnungssystem für Dokumente sowie sinnvolle Arbeitsroutinen überlegen.

ÜBERBLICK ÜBER DEN PAPIERKRAM BEHALTEN

Ob beruflich oder privat – alle Schriftstücke durchlaufen folgenden Weg:

EINGANG → WIEDERVORLAGE → ABLAGE → ARCHIV → ABFALL

Dabei können einzelne »Stationen« übersprungen werden. Ein Prospekt, den Sie im Briefkasten finden und der für Sie ohne Bedeutung ist, kann und soll ohne Umweg sofort in den Abfall wandern. Eine Strom-Abrechnung können Sie ohne Wiedervorlage gleich in den entsprechenden Ordner ablegen, und so weiter.

EINGANG. Es ist wichtig, einen Ablageort für die noch unbearbeitete Post zu definieren. Der Esstisch oder die Eckbank sind dabei eine unglückliche Wahl. Entweder Sie räumen Schriftstücke und Zeitschiften hin und her (meistens geht dabei etwas verloren), oder Sie essen inmitten des Papierchaos – beides ist nicht empfehlenswert. Besorgen Sie sich einen schönen Briefkorb und legen Sie ihn an eine gut erreichbare Stelle (Kommode im Gang, Schreibtisch, Regalfach oder etwas Ähnliches). Falls Sie genug Platz haben, installieren Sie für jedes Familienmitglied eine solche Ablage. Für das Öffnen von Briefen und die folgende Bearbeitung ist jeder selbst verantwortlich.

WIEDERVORLAGE. Manchmal kann ein Schriftstück nicht gleich bearbeitet oder abgelegt werden. Anstatt aus diesen offenen Enden einen Stapel zu bilden, richten Sie sich eine sinnvolle Wiedervorlage ein. Ich bevorzuge eine platzsparende Kombination aus einer Hängeregistratur-Box mit nach oben offenen Hängemappen, einem Terminkalender sowie To-do-Listen. Eine klassische Box ist circa 37 × 25 × 15 Zentimeter groß und fasst, je nach Füllmenge, um die 15 Mappen. Die Handhabe ist äußerst effizient und einfach: Die Schriftstücke werden gleich in sinnvolle Kategorien (Mappen) einsortiert, die Aufgaben, die sich daraus ergeben, im Kalender oder auf einer To-do-Liste notiert und entsprechend bearbeitet.

Damit die Wiedervorlage funktioniert, müssen einzelne Hängemappen zweckmäßig beschriftet sein. »Erledigen«, »Wichtig«, »Dringend«, »Sonstiges« – das sind unnütze, nichtssagende Kategorien. Erledigen müssen Sie alles, sonst wäre es nicht hier einsortiert, oder? Ist etwas zwar dringend, aber nicht wichtig, wozu sollen Sie sich damit befassen? Vor allem, wenn Sie Wichtiges zu tun haben. Ist eine Sache sowohl wichtig als auch dringlich, müssen Sie sich damit auch gleich befassen. In »Sonstiges« werden meistens Unterlagen gelegt, die keinen richtigen Platz haben. Und dort bleiben sie in den meisten Fällen auch liegen.

Anstatt solche allgemeinen Bezeichnungen zu benutzen, beschriften Sie die Mappen konkret, und zwar passend zum Kontext, in dem Sie die Unterlagen benutzen. Beispielsweise so:

- **BELEGE ZUM ERFASSEN** Kassenzettel und Rechnungen, die in der Buchhaltung oder in einem Haushaltsbuch erfasst werden sollen.
- **(DIENST-)REISE** Flug- und Bahntickets, Hotelreservierungen, Voucher von der Autovermietung, Checklisten (Reisevorbereitungen sowie eine Liste mit allem, was in den Koffer oder Rucksack muss).
- **MEETING** Sammlung von Themen, Fragen und Ideen, die Sie bei der nächsten Besprechung behandeln möchten.

- **SKIZZEN, IDEEN** Für das nächste Projekt, das nächste Kunstwerk, die nächste Unternehmung.
- **MITTEILUNGEN SCHULE/KINDERGARTEN** Papiere, die Ihre Kinder nach Hause bringen. Wie zum Beispiel: »Wir machen am … einen Ausflug, Ihr Kind soll … mitbringen«, Sie wissen bestimmt, was ich meine. Das Datum und die Uhrzeit haben Sie bereits im Kalender notiert, die dazugehörigen Informationen kommen in die entsprechende Mappe. Ist der Ausflug vorbei, werfen Sie die Unterlagen weg. Die Mappe ist nun leer und wartet auf ihren nächsten Einsatz.

So eine Wiedervorlage oder auch Zwischenablage darf und soll sich mit Ihnen entwickeln. Ich habe mehrmals die Kategorien umgeschrieben, neue Mappen angelegt, dafür andere aufgelöst. Mittlerweile besitze ich auch einen ganzen Mappen-Wagen, in dem sich für jedes Projekt, das heißt, für jeden Vortrag, jedes Seminar, jeden Fernsehauftritt, jeden Fachartikel und Ähnliches eine extra Hängemappe befindet. Ist die Veranstaltung beendet oder der Text abgegeben, wird der Inhalt aussortiert. Was ich aufheben muss oder unbedingt möchte, kommt in den entsprechenden Aktenordner, alles andere wird weggeworfen. Die alte Mappe bekommt ein frisches Schildchen und wird für ein neues Projekt benutzt.

Projekte sind übrigens nicht nur im beruflichen Kontext zu verstehen. Auch privat gibt es viele Arbeiten, die aus mehreren Schritten bestehen. Ob Sie Ihren Garten umgestalten möchten, den Keller zum Partyraum umwandeln wollen oder die Geburtstagsfeier für Ihre Mutter organisieren – Sie müssen Informationen sammeln, Angebote einholen, Einkaufslisten erstellen und vieles mehr. Unglücklicherweise liefert uns unser Gehirn die besten Ideen meistens dann, wenn wir sie nicht gleich realisieren können: beim Duschen, Kochen, Autofahren … Notieren Sie Einfälle auf einen Zettel und legen Sie diesen in die entsprechende Projektmappe. Dorthin kommen auch alle Prospekte, Angebote, Beispielbilder, Gesprächsnotizen und so weiter. Ist das Projekt beendet, sortieren Sie die Mappe aus und bereiten sie für den nächsten Einsatz vor.

Eine Art der Wiedervorlage ist auch ein Lesestapel. Vielleicht liegt auch bei Ihnen einiges an Zeitschriften, Zeitungen und anderem Infomaterial herum, das Sie gerne noch lesen möchten. Diese Unterlagen kommen alle zusammen an einen (begrenzten!) Platz. Falls Sie nicht dazu kommen, die alte Zeitung zu lesen, bevor die neue erscheint, werfen Sie sie weg. Interessante Artikel schneiden Sie heraus und heften sie ab. Der Rest wird entsorgt. Nehmen Sie Ihre Abonnements kritisch unter die Lupe. Was nicht gelesen wird, wird abbestellt.

ABLAGE. Um alles schnell wiederzufinden, ist es wichtig, die Ablage gut zu strukturieren. Private und betriebliche Unterlagen sollen stets getrennt aufbewahrt werden, daher teilen Sie zuerst alles unter diesem Aspekt auf. Nun müssen Sie sinnvolle Kategorien (Themen) für die Hauptbereiche finden. Zum Beispiel:

PERSÖNLICHE UNTERLAGEN
- Versicherungen
- Finanzen
- Wohnung
- KFZ
- Weiterbildung, Schulungsunterlagen
- Gebrauchsanweisungen
- Hobby
- …

Nehmen Sie dazu eindeutige und klare Begriffe, die Ihnen und auch anderen Personen in Ihrem Haushalt/Betrieb vertraut sind. Steht das Hauptthema fest, können Sie nach Bedarf weitere Untergruppen bilden. Den Ordner für persönliche Unterlagen könnten Sie mit Trennblättern so strukturieren:

PERSÖNLICHE UNTERLAGEN

- Ausweise (auch Impf- und Mutterpass)
- Urkunden und Zeugnisse
- Krankenversicherung und ärztliche Unterlagen
- Kindergeld
- Belege für Rente
- …

Vielleicht erscheint Ihnen die Kategorisierung auf den ersten Blick schwierig. Wenn Sie aber anfangen, die Dokumente sinnvoll zu bündeln, klärt sich die ganze Sache recht schnell auf. Folgende Fragen können Ihnen dabei weiterhelfen:

- Wofür wird etwas gebraucht?
- Was brauche ich in diesem Zusammenhang noch?
- Wer soll noch Zugriff auf diese Unterlagen haben?

Entscheiden Sie in diesem Zusammenhang, welches Ablagesystem für die jeweilige Kategorie sinnvoll ist:

- chronologisch (nach Datum)
- alphabetisch (A–Z)
- numerisch (zum Beispiel nach Rechnungsnummern)
- nach Sachbereichen
- nach Orten
- nach Personen

Eine klare, sinnvolle und eindeutige Beschriftung ist für das Wiederfinden von Dokumenten unabdingbar. Beschriften Sie daher alle Ordner sorgfältig. Schreiben Sie nicht nur den Oberbegriff (beispielsweise »Versicherungen«) auf das Etikett, sondern auch den Inhalt im Einzelnen (wie Gebäude-, Haftpflicht-, Rechtschutz-, KFZ-Versicherung ...). Mit der Hand zu beschriften, ist schnell, günstig und einfach – vorausgesetzt, Ihre Schrift ist gut lesbar. Denken Sie daran, dass sich in den Unterlagen gegebenenfalls auch eine Vertretung oder andere Familienmitglieder auskennen müssen. Benutzen Sie nur die Abkürzungen, die allen geläufig sind.

Nutzen Sie Trennblätter für die wichtigsten und oft gebrauchten Informationen. Wenn Sie sie direkt auf das Trennblatt notieren, ersparen Sie sich das aufwendige Blättern und Suchen.

Falls Sie es mit vielen Ordnern zu tun haben, empfehle ich Ihnen, für jeden Sachbereich eine Farbe zu bestimmen. Farben erleichtern die Orientierung – die Struktur im Arbeitszimmer wird deutlicher und der Zugriff auf den richtigen Ordner schneller. Haben Sie gerade eine Großpackung an schwarzen Ordnern gekauft? Macht nichts. Besorgen Sie sich farbige Etiketten und wechseln Sie die weißen aus. Zur Not können Sie auch bunte Klebepunkte verwenden.

TIPP AUS DER PRAXIS: Gebrauchsanweisungen und Manuals in Papierform bereiten vielen Menschen Kopfzerbrechen. Sie haben unterschiedliche Formate, lassen sich nicht eindeutig kategorisieren und bleiben jahrelang irgendwo liegen, während das dazugehörige Gerät bereits im Gerätehimmel weilt.

1. MÖGLICHKEIT Sie werfen die Gebrauchsanleitung gleich weg und suchen im Bedarfsfall im Internet nach einer Lösung.

2. MÖGLICHKEIT Sie entfernen zuerst alle Seiten in den Sprachen, die Sie nicht sprechen. So verwandeln Sie in Handumdrehen einen dicken Wälzer in einige wenige Seiten. Diese heften Sie wieder zusammen und legen Sie ab. Ich habe nur wenige Geräte, für mich lohnt es sich nicht, ein System anzulegen und zu pflegen – alle Anleitungen liegen in einer Box. Die zwei Wichtigsten (zu meinem Herd und zum Fahrradtacho) zuoberst. Ob Sie es glauben oder nicht, die Einstellung der Uhr an diesen Geräten ist für mich immer noch ein Rätsel. Und so hole ich zweimal im Jahr die Gebrauchsanleitungen heraus und stelle die Uhren auf Sommer- beziehungsweise Winterzeit um. Ist Ihnen diese Ablage zu chaotisch, können Sie sich gerne ein System überlegen und es pflegen. Vergessen Sie aber die wichtigste Regel nicht: Verlässt ein Gerät das Haus, fliegt auch die Gebrauchsanweisung raus.

DAS PRIVATE ARCHIV. Je seltener etwas gebraucht wird, desto weiter weg vom Arbeitsplatz kann es abgelegt werden. Falls Sie im Arbeitszimmer oder in der Büro-Ecke nur einen beschränkten Aufbewahrungsplatz haben, dafür aber beispielsweise über einen trockenen Dachboden, Keller oder eine Abstellkammer verfügen, können Sie die Unterlagen in ein ausgelagertes Archiv ausquartieren. Was Sie dafür brauchen sind Behälter, in denen Ihre Akten vor Staub, Feuchtigkeit und Schädlingen geschützt sind, sowie selbstklebende Etiketten. Vermerken Sie außen, was sich innen befindet. Auch das Entsorgungsdatum soll auf den ersten Blick erkennbar sein. Beispielsweise »Archiv Steuerunterlagen – vernichten Ende 2029«.

ABFALL. Entsorgen Sie regelmäßig veraltete Dokumente. Beachten Sie dabei die Datenschutz-Grundverordnung. Werfen Sie nicht achtlos Unterlagen mit sensiblen Daten (Kontoauszüge, Steuerbescheide, medizinische Unterlagen, Verträge oder Ähnliches …) in die Papiertonne. Falls Sie keinen Schredder zur Hand haben, zerreißen Sie die Blätter zumindest in kleine Stücke.

ÜBERPRÜFEN UND OPTIMIEREN. Die Ablage ist keine statische Angelegenheit – vielmehr wächst und verändert sie sich mit Ihren Aufgaben. Was heute sinnvoll und ausreichend ist, kann irgendwann aufgrund der veränderten Bedürfnisse und der technischen Entwicklung überholt sein. Überprüfen Sie deshalb regelmäßig, ob Ihre Ablage noch optimal funktioniert.

Um Verbesserungspotenzial auf die Spur zu kommen, nehmen Sie sich und Ihre Arbeit immer wieder unter die Lupe. Beantworten Sie folgende Fragen:

- Wo verliere ich Zeit mit Suchen?
- Haben sich Stapel auf dem Schreibtisch oder anderswo gebildet?
- Stimmt die Beschriftung noch mit dem Inhalt überein?
- Befinden sich in der Wiedervorlage / in der Ablage / im Archiv veraltete Dokumente?

WEITERE TIPPS FÜR DAUERHAFTE ORDNUNG

- Bearbeiten Sie täglich Ihren Eingangskorb. Was nicht gleich erledigt werden kann, kommt in die Wiedervorlage.
- Räumen Sie nach erledigter Arbeit den Schreibtisch auf.
- Sehen Sie die Wiedervorlage einmal in der Woche durch.
- Wenn Sie etwas in einen Aktenordner ablegen, sehen Sie gleich nach, ob Sie etwas Veraltetes wegwerfen können.
- Entsorgen Sie einmal im Jahr alle Unterlagen, die nicht mehr gebraucht werden.

ENTSORGEN

- Werbeprospekte, uninteressante Angebote
- Nachschlagewerke, die Sie nicht benutzen
- Alte Schulungsunterlagen
- Veraltetes Informationsmaterial
- Kataloge (am besten, Sie lassen sich aus der Datenbank streichen – Angebote und Produktübersicht können Sie online nachschauen)
- Unterlagen, die Sie nicht aufbewahren müssen
- Alte Fachzeitschriften
- Ungelesene Zeitungen
- Gebrauchsanleitungen von Geräten, die Sie nicht mehr besitzen
- Überholte Geräte, wenn Sie neue oder bessere besitzen (glauben Sie mir, Sie werden den alten Drucker nicht in Betrieb nehmen, wenn Ihr neuer versagt)
- Wandkalender aus vergangenen Jahren
- Veraltete Software-CDs und -DVDs
- Unsinnige, hässliche und unnütze Werbegeschenke
- Alte Weihnachtsgrüße und Postkarten
- Landkarten und Stadtpläne aus Urlaubsländern
- Defektes Büromaterial (Scheren, Lineale, Locher, Tacker, Beschriftungsgeräte …)
- Mehrfach vorhandene Dinge
- Überzählige Kugelschreiber, Filzstifte, Buntstifte, Radiergummis und Ähnliches
- Alte Kabel und Ladegeräte

ABSTELLKAMMER

Was in älteren Wohnungen die Regel war, findet man in modernen Häusern eher selten – die Abstellkammer. Seien Sie glücklich, wenn Sie eine haben, denn es ist ein wunderbarer Platz für alles Sperrige, das in der restlichen Wohnung keinen richtigen Platz hat, wie Staubsauger, Putzeimer, Besen, Bügelbrett, Wäscheständer, Getränkekisten und so weiter. Vorausgesetzt, sie ist ordentlich und praktisch eingerichtet. Leider ist so ein Raum, den nie ein Besuch betritt, äußerst anfällig für Unordnung und kann im Laufe der Zeit zur wahren Kammer des Schreckens mutieren.

Da eine Abstellkammer meistens nicht überdimensional groß ist, räumen Sie sie am besten in einem Schritt auf.

SO GEHEN SIE DABEI VOR

- Räumen Sie den Raum komplett aus.
- Putzen Sie alles gründlich.
- Sortieren Sie die Sachen in a) Entsorgen, b) Behalten.
- Ordnen Sie das, was Sie behalten möchten, wieder ein.

Auch hier gilt: Zusammen lagern, was zusammengehört: Bewahren Sie kleine Gegenstände wie Putzmittel, Schuhpflege, Schnüre und Klebebänder, Ersatz-Glühbirnen und so weiter zusammen in Boxen aus durchsichtigem Kunststoff auf. So sehen Sie und alle Familienmitglieder, wo sich was befindet.

Notieren Sie, was ersetzt werden muss, wie beispielsweise der abgenutzte Besen oder der fleckige Bügelbrettbezug.

Schauen Sie sich nach kleinen Ordnungshelfern um: einer Wandhalterung für Bügelbrett und Bügeleisen, einer Haltevorrichtung fürs Staubsaugerrohr, einem Wandgerätehalter für Mopp, Besen und Schrubber oder einer Hakenleiste für die Tür, an die Sie Stofftaschen, Bürsten, Staubwedel oder Regenschirme hängen können.

ENTSORGEN

- Müll
- Altpapier
- Leere Kartons (Sie müssen keine Verpackungen von gekauften Geräten aufheben. Wirklich nicht.)
- Putzmittel, die Sie nicht benutzen
- Alte Lappen, Schwämme und Bürsten
- Alles, was defekt oder unpraktisch ist oder ohnehin nicht benutzt wird
- Alles, was mehrfach vorhanden ist (behalten Sie den besten Teil)
- Leergut

KELLER

Der Keller eignet sich für die Aufbewahrung von Dingen, die Sie nur selten brauchen. Das sind Sportgeräte wie Fahrräder, Ski, Schlitten, Rollschuhe und so weiter, Campingausrüstung, Werkzeug, Gartenutensilien und Dekorationen.

Unter bestimmten Bedingungen sind Kellerräume optimal zum Einlagern von Lebensmitteln, zum Archivieren von Unterlagen oder für saisonal benutzte Kleidung. So viel zur Theorie. In der Praxis sehen viele Keller aus wie eine Mischung aus Museum, Flohmarkt und Mülldeponie.

Dort wird alles Überflüssige, von der alten Stereoanlage über aussortierte Küchengeräte und halbfertige Produkte der letzten DIY-Anfälle bis zu unzähligen Marmeladengläsern und Flaschen mit zweifelhaftem Inhalt hineingestellt, meistens ohne Sinn und System. Spätestens wenn kein Durchgang mehr möglich ist und die Sachen sich auch auf dem Boden stapeln, ist es an der Zeit, Ordnung zu schaffen.

Beim Ausmisten eines Kellers ist die größte Hürde, überhaupt anzufangen. Viele erschaudern, wenn sie an die Unmengen von Plunder im Keller denken. Ist der Raum dazu noch dunkel, feucht und riecht es dort modrig, ist das Hindernis schier unüberwindlich.

Doch auf was warten Sie? Denken Sie, dass Sie dazu in einigen Wochen, Monaten oder gar Jahren mehr Lust haben werden? Oder, dass das Chaos im Laufe der Zeit von allein verschwindet? Möchten Sie das Ausmisten den Erben überlassen? Das ist übrigens eine ganz miese Strategie, der ich bereits mehrmals begegnet bin. Menschen schieben das Ausmisten von Nutzräumen so lange vor sich her, bis sie sagen können: »Dafür habe ich keine Kraft mehr, das sollen dann meine Kinder machen.«

Nun, ich bin der Meinung, dass jeder Mensch für seinen Kram selbst verantwortlich ist. Und wenn man es gut mit seinen Kindern meint, halst man ihnen nicht ein vollgestopftes Haus auf, das sie monatelang ausräumen müssen.

Außerdem stellt das Chaos in der »Unterwelt« eine mentale Belastung dar. Nach Feng-Shui, der chinesischen Lehre von Energieströmen und der harmonischen Art sich einzurichten, symbolisiert der Keller unser Unterbewusstsein und die Vergangenheit. Ein Keller, vollgestopft mit alten, ungenutzten Dingen, hält in der Vergangenheit fest und verhindert die Weiterentwicklung in der Gegenwart und in der Zukunft.

Und noch aus einem weiteren Grund ist Überblick im Keller wichtig: Oft kaufen Menschen neue Gegenstände, weil sie einfach nicht mehr wissen, dass sie sich im Keller befinden, oder sie kommen nicht an die Dinge heran. In Zeiten, in welchen der Umweltschutz und die Nachhaltigkeit immer wichtiger werden, ist das ein unverantwortliches Verhalten.

VORBEREITUNG

Machen Sie einen verbindlichen Termin aus und tragen Sie ihn in Ihren Kalender ein.

Falls die Aufgabe für Sie zu groß ist, fragen Sie in Ihrer Familie oder im Bekanntenkreis nach Unterstützung. Wenn Sie niemanden zum Helfen haben, können Sie auch einen professionellen Aufräumcoach beauftragen.

Das ist übrigens eine gute Idee für ein Weihnachts- oder Geburtstagsgeschenk. Statt die Menge an Gegenständen durch Geschenke zu vergrößern, kann sich jeder, der Ihnen etwas schenken möchte, mit einem Beitrag an der Ordnung beteiligen.

Besorgen Sie sich eine ausreichende Menge Kartons und Müllsäcke sowie mindestens einen dicken wasserfesten Filzstift, um die Kartons zu beschriften.

Wenn sich im Keller auch Möbel oder andere große Gegenstände befinden, organisieren Sie zum Abtransport einen Anhänger oder ein großes Fahrzeug.

DURCHFÜHRUNG

Am besten ist es natürlich, alles in einem Schritt zu erledigen. Ist das aus Zeitgründen nicht möglich, nehmen Sie sich für den ersten Schritt 3 Stunden Zeit.

Fangen Sie bei der Tür oder beim ersten Regal an, nehmen Sie eine Sache nach der anderen in die Hand und sortieren Sie sie in eine der vier Kategorien:

1. Wegwerfen
2. Verschenken/Verkaufen
3. Behalten
4. Unsicher

Die Reihenfolge weicht hier vom gewohnten Ablauf ab, denn im Keller gibt es meistens viel mehr zu entsorgen als in den anderen Räumen.

Machen Sie sich klar, dass Ihre Zeit kostbar ist – das hilft Ihnen, die Entscheidungen schneller zu treffen. Fragen Sie sich:

- Wozu genau habe ich etwas?
- Wann habe ich es das letzte Mal gebraucht?
- Wusste ich überhaupt davon?
- Funktioniert es noch?
- Lohnt es sich wirklich, den Gegenstand zu lagern?

Legen Sie die Dinge in die entsprechenden Kisten, oder definieren Sie dafür einzelne Bereiche auf dem Boden. Entsorgen Sie alles was überflüssig, unnütz, kaputt, hässlich oder mehrfach vorhanden ist. Heben Sie nichts nur »für den Fall« auf! Ist ein Regal leergeräumt, nutzen Sie die Gelegenheit, es gründlich sauber zu machen.

Arbeiten Sie sich bis in die hinterste Ecke des Raumes vor und gehen Sie dabei alle Regale, Schränke und Kisten durch. Transportieren Sie den Müll sofort ab. Entscheiden Sie, bis zu welchem konkreten Termin (Datum) Sie die Sachen zum Verschenken oder Verkaufen loswerden wollen. Findet sich bis dahin kein Käufer oder will die Sache niemand geschenkt haben, kommt sie endgültig weg.

KELLER EINRÄUMEN

Bevor Sie die Sachen wieder einräumen, machen Sie sich klar, welche klimatischen Bedingungen in Ihrem Keller herrschen. Hohe Luftfeuchtigkeit, nasse Wände sowie Modergeruch ruinieren zuverlässig Kleidung, Papier und Leder. Auch Möbel, vor allem aus Pressspan, saugen sich mit Feuchtigkeit voll, quellen auf und schimmeln. Nach einiger Zeit nehmen die Platten den Geruch an und machen den ehemaligen Nutzgegenstand unbrauchbar. Drähte, Nägel und Werkzeuge aus Eisen beginnen in der feuchten Umgebung sehr bald zu rosten. Der Keller wird in diesem Fall nur eine Vorstufe zum Müllcontainer. Bevor Sie das nächste Mal etwas aus der Wohnung in den Keller tragen, um es Jahre später wegzuwerfen, entsorgen Sie es gleich.

Inspizieren Sie bei dieser Gelegenheit auch alle Regale. Muss etwas davon repariert oder ersetzt werden? Machen Sie es jetzt!

Viele Kellerräume sind ausgesprochen sparsam mit Lampen ausgestattet. Ersetzen Sie die alte schwache Glühbirne durch eine geeignete Beleuchtung.

Räumen Sie nun alle Sachen, die Sie behalten möchten, wieder ein. Bilden Sie dabei sinnvolle Kategorien: Sportsachen, Werkzeuge,

Mal- und Bastelutensilien, Lebensmittel, Büroarchiv, saisonale Dekoration und so weiter.

Beschriften Sie sofort und eindeutig alle Kisten und Kartons, und zwar an den sichtbaren Seiten. Je genauer, desto besser. Beispielsweise »Rote und blaue Christbaumkugeln« anstatt »Dekomaterial«.

Fahrräder oder andere Sportgeräte sowie große Werkzeuge können Sie an die Wand oder an die Decke hängen. In jedem Baumarkt finden Sie dazu praktische Haken und andere Ordnungshelfer.

Nehmen Sie nun die »Unsicher«-Kiste nochmals unter die Lupe. Vielleicht haben Sie jetzt genug Wegwerfenergie, um diese Dinge zu entsorgen. Falls nicht, schreiben Sie das aktuelle Datum auf. Tragen Sie in Ihren Terminkalender den Entsorgungstermin ein, am besten in 6 oder 12 Monaten. Falls Sie in dieser Zeit keinen der eingelagerten Gegenstände vermisst haben, geben Sie sie weg.

VORSICHT, BRANDGEFAHR!

Es gibt auch Dinge, die Sie im Keller eines Mietshauses nicht aufbewahren sollen oder dürfen. Es handelt sich um gefährliche und leicht entzündliche Güter wie beispielsweise größere Behälter mit Flüssiggas, Lösungsmittel, Holz und Ähnlichem. Auch große Mengen Papier (beispielsweise alte Zeitungen) in der Kombination mit Reifen und Lacken bilden eine brandgefährliche Mischung.

KARTOFFELN, KLAMOTTEN, KINDERBÜCHER?

Früher diente ein Keller überwiegend der Vorratshaltung. Obwohl man heutzutage fast alles an Obst und Gemüse das ganze Jahr über kaufen kann, gibt es gute Gründe, einiges davon selbst einzulagern. Wenn Sie die Möglichkeit haben, direkt beim Bauern in der Region einzukaufen, wissen Sie genau, wo was gewachsen und wie es behandelt worden ist. Und direkt nach der Ernte sind beispielsweise Kartoffeln oder Äpfel am günstigsten.

Damit es mit der Einlagerung funktioniert, muss der Keller einige Bedingungen erfüllen. Kartoffeln müssen auf jeden Fall vor Licht geschützt werden. Sie brauchen eine konstante Temperatur zwischen 8 und 10 °C. Ist es wärmer, fangen Kartoffeln an zu keimen, unter 4 °C verändern sie den Stoffwechsel und wandeln Stärke in Zucker um, was sie süß schmecken lässt. Damit die »Tolle Knolle« nicht schrumpelt, braucht sie eine Luftfeuchtigkeit von 90 Prozent. Direkte Nässe, die beispielsweise in einer Kunststoffbox entsteht, verursacht dagegen Schimmelbildung und Fäulnis.

Um Äpfel gut über den Winter zu bringen, muss es im Keller noch kühler sein, etwa 3 bis 4 °C. Auch hier ist eine hohe Luftfeuchtigkeit ohne direkte Nässe erforderlich.

Was für Obst und Gemüse vorteilhaft ist, wirkt sich negativ aus auf Kleidung und Papier. Damit die Textilien und Unterlagen den Kelleraufenthalt gut überstehen, beachten Sie Folgendes:

- Stellen Sie Regale und Kellermöbel nicht an die kalten Außenwände, sondern möglichst an die Kellerinnenwände.
- Benutzen Sie bei feuchtem Boden Regale aus Metall oder stabilem Kunststoff. Holz und Pressspan saugen die Feuchtigkeit auf, modern und gehen mit der Zeit kaputt.
- Stellen Sie niemals Kartons direkt auf den Boden.
- Sorgen Sie dafür, dass alles, was Sie in den Keller bringen, sauber und trocken ist.
- Gut schließende Aufbewahrungsboxen schützen den Inhalt vor Staub, Feuchtigkeit und Schädlingen. Vakuumbeutel für Kleidung und Decken sparen zudem bis zu 75 Prozent Platz.

TIPPS FÜR DAUERHAFTE ORDNUNG

- Halten Sie den Boden frei, sodass Sie alle Bereiche und Aufbewahrungsplätze gut erreichen.
- Stellen Sie nie etwas »einfach so« im Keller ab, und widerstehen Sie der Versuchung, etwas schnell an den erstbesten Platz zu legen.
- Deponieren Sie direkt im Keller einen Filzstift und einige selbstklebende Etiketten. Beschriften Sie sofort die Kartons und Kisten neu, falls Sie dort etwas umräumen.

ENTSORGEN

- Sportgeräte, die niemand mehr nutzt
- Altes Campingzeug
- Alles, was defekt ist
- Alte, schäbige, abgenutzte Gegenstände
- Alles, was mehrfach vorhanden ist
- Überzählige Gläser, Blumentöpfe, Werkzeuge
- Holzabschnitte, die zu kurz sind, um aus ihnen etwas Vernünftiges zu machen
- Überflüssige Dekorartikel
- Was niemand braucht

DACHBODEN

Alte Dachböden haben oft etwas Geheimnisvolles an sich. Staubig und düster, wecken sie die Erinnerungen an vergangene Zeiten und vergessene Schätze. Hier stapelt sich alles, was man oft vor Jahrzehnten ausrangiert hat. Ab und zu findet man auf dem Dachboden Antikes und Kunst, meistens jedoch nur alten Krempel.

Laut Feng-Shui-Experten steht der Dachboden für Zukunft, Weitblick, Freiheit, Entfaltung und Streben nach Höherem. Spüren Sie nun nach, was es mit diesen Kategorien macht, wenn Sie über Ihrem Kopf einen Raum voll mit altem kaputten Zeug, Staub und Spinnweben haben. Nun lassen Sie vor Ihrem inneren Auge den Dachboden sauber, luftig und aufgeräumt erscheinen – verändert sich dadurch Ihr Gefühl? Indem Sie den Ballast über Ihnen entfernen, kann auch die sprichwörtliche Last von Ihren Schultern fallen.

Dachböden sind meistens trocken, und je nachdem, wie gut das Dach gedämmt wurde, ist es dort im Winter kalt und im Sommer heiß. Beachten Sie diese Bedingungen, falls Sie dort Empfindliches lagern wollen. In gut schließenden Boxen sind Kleider, Bücher, Spielzeug und Dekoartikel gegen Staub und Schädlinge geschützt.

Beim Ausmisten des Dachbodens gehen Sie genauso vor wie beim Keller: Termin ausmachen, Helfer organisieren, Kartons und Müllsäcke bereitstellen, gegebenenfalls Anhänger oder Transportmittel ausleihen.

Die Sortier- und Entscheidungskriterien sind ebenfalls die gleichen, und auch die Brandschutzvorschriften müssen beachtet werden.

TIPPS FÜR DAUERHAFTE ORDNUNG

- Stellen Sie häufig benutzte Dinge in der Nähe des Eingangs auf.
- Alle Abstellplätze müssen leicht erreichbar sein.
- Lagern Sie zusammen, was thematisch zusammengehört – Dekoration, Basteln, saisonale Kleidung, Spielsachen, Sportartikel, Archiv.
- Beschriften Sie alle Kisten und Kartons.
- Stellen Sie alles, was Sie benutzt haben, an den richtigen Platz zurück und nicht nur schnell hinter die Türe.
- Gehen Sie den Speicher einmal im Jahr durch und entsorgen Sie alles, was Sie in der Zwischenzeit nicht gebraucht haben. Ausgenommen bleibt das Archiv mit Dingen, die Sie dauerhaft aufheben wollen oder müssen.

ENTSORGEN

- Alles, was niemand mehr braucht (fragen Sie gegebenenfalls Ihre Familienangehörigen)
- Alte, schäbige, abgenutzte und defekte Sachen
- Alles, was Sie für »irgendwann« aufbewahren (dieses »Irgendwann« kommt nie, glauben Sie mir).
- Gegenstände, von denen Sie nicht wussten, dass sie dort sind.

GARAGE

Wo wären die jungen Entrepreneure im Silicon Valley oder angehende Musikbands ohne Garage! Ja, Garagen haben etwas Legendäres an sich. Aber in den meisten, die ich kenne, befinden sich keine Start-ups, sondern defekte Gartenmöbel, alte Reifen, halbleere Farbeimer und sonstiges Gerümpel.

Es fängt meistens im Sommer an: Das Auto steht draußen, die Garage ist leer und schwupp, schnell legt man dort die ausrangierten Gartenstühle ab. Dann noch ein paar Bretter, aus denen man ein Regal bauen möchte und das Dreirad des jüngsten Sohns. Das braucht er nicht mehr, weil er zum Geburtstag ein Fahrrad bekommen hat. Und so füllt sich nach und nach der Raum, bis man im Herbst feststellt, dass der Wagen nicht mehr reinpasst. Nun ja, jetzt ist es auch schon egal … Man müllt die Garage weiterhin zu und nimmt sich vor, irgendwann richtig auszumisten. Nur, dass »irgendwann« nie kommt.

Und was sagt der Gesetzgeber zu dem Ganzen? In Deutschland schreibt der Nutzungszweck vor, dass sich in einer Garage ausschließlich Kraftfahrzeuge sowie Kfz-Zubehör befinden dürfen. Dadurch soll der öffentliche Verkehrsraum entlastet werden, damit Autobesitzer ohne Garage mehr Chancen auf einen Parkplatz haben.

Ob Sie nun gesetzlichen Vorschriften folgen und die Garage ihrem Zweck zuführen wollen oder einfach mehr Ordnung brauchen – die Garage soll ausgemistet werden.

SO GEHEN SIE DABEI VOR

- Planen Sie für das Aufräumen einen ganzen Tag ein.
- Wenn vieles entsorgt werden soll, organisieren Sie im Voraus einen Anhänger und helfende Hände
- Auch Müllsäcke und unterschiedlich große Kisten und Boxen sollten Sie parat haben.
- Fangen Sie beim Tor an, sichten Sie kurz eine Sache nach der anderen und sortieren Sie sie in a) entsorgen und b) behalten.
- Sperrmüll kommt gleich auf den Anhänger
- Was in der Garage bleiben wird, legen Sie auf eine Seite vor der Garage, alles Übrige auf die andere.
- Räumen Sie den Raum komplett aus.
- Reinigen Sie den Boden und alle Oberflächen.
- Räumen Sie die Dinge, die in der Garage bleiben sollen (also das Autozubehör) wieder ein.
- Bringen Sie auf der Stirnseite der Garage Regalbretter an. Dort können Sie alles lagern.
- Fahren Sie den Müll weg und bringen Sie alles Übrige an seinen Platz. Lassen Sie Aussortiertes nicht zu lange liegen.

TIPP AUS DER PRAXIS: Autoreifen einlagern lassen ist günstig, man spart sich den Platz und muss sie nicht herumtragen.

ENTSORGEN

- Alles, bis auf den Wagen und das Autozubehör.

AUTO

Ist es Ihnen auch aufgefallen? Nach jedem Fahrzeugwechsel räumt man Dinge, die man nie benutzt hat, von einem Auto in das nächste. Bei mir waren das diverse Einkaufswagenchips, drei Parkscheiben, einige Kugelschreiber und Post-it-Zettel, zwei Glücksbringer, ein USB-Stick, ein Straßenatlas aus dem Jahr 2012 und ein kleiner Regenschirm. (»Der ist ein bisschen kaputt, aber für das Auto, als Reserve, tut er es noch«, war mein Gedanke. Nein, tat er nicht, weil ich nie daran dachte, dass sich im Türfach einer befindet.)

Es gibt Autos, die sehen jederzeit aus wie gestern gekauft. Andere hingegen gleichen eher einer Müllkippe auf Rädern: Verpackungen vom Drive-in-Schnellimbiss und leere Coffee-to-go-Becher liegen im Beifahrerbereich. Das Armaturenbrett ist übersät mit alten Parktickets. Im Handschuhfach kleben Bonbons oder Kaugummis an den geschmolzenen Schokoladeresten. Leere Flaschen kullern im hinteren Fußbereich umher. Auf dem Rücksitz lagern Trinkflaschen, Kuscheltiere, Bücher, Kleidungsstücke. Und so weiter, und so fort.

Einmal hat mir ein Automechaniker erzählt, dass seiner jahrelangen Beobachtung nach ungepflegte, zugemüllte Autos öfters kaputtgehen. Ob Sie die Geschichte glauben oder nicht, es lohnt sich, Ihr Fahrzeug regelmäßig auf Vordermann zu bringen.

Am besten nehmen Sie einige Tüten und Körbe mit und fahren zur nächsten Selbstbedienungs-Waschanlage, wo Sie sich ausbreiten können.

Räumen Sie alle Ablagefächer, den Kofferraum und den Raum unter den Sitzen leer. Sortieren Sie alles in folgende Kategorien:

1 Wegwerfen
2 Bleibt im Wagen
3 Kommt woanders hin

Abfall kommt in den Müllsack, die anderen Sachen werden in Körben zwischengelagert.

Saugen Sie nun das Fahrzeuginnere sowie alle Sitze aus und wischen Sie alle Flächen gründlich ab.

Sortieren Sie das, was im Auto verbleiben soll, an die richtige Stelle. Alles andere bleibt im Korb und wird nach Hause gebracht und aufgeräumt.

ORDNUNG IM AUTO DAUERHAFT HALTEN

Gewöhnen Sie sich an, den Müll sofort zu entsorgen, und lassen Sie nichts einfach so im Fahrzeug liegen.

Fallende Gegenstände sind nicht nur lästig, sondern können auch richtig gefährlich sein. Damit nach einem Bremsmanöver nicht die Trinkflaschen, Sonnenbrillen und sonstige Dinge durch den Innenraum fliegen, ist es wichtig, alles gut zu sichern. Ob Sie Unterlagen und Warenproben oder drei Kinder samt Essen, Trinken und Spielzeug transportieren – für jeden Zweck und jeden Fahrzeugtyp gibt es unzählige Organizer, die Ihnen helfen, Ordnung im Auto zu halten.

ENTSORGEN

- Müll
- Flyer, Prospekte, Stadtpläne
- Leere Flaschen

BALKON, TERRASSE, GARTEN

Verfügen Sie über einen Balkon, eine Terrasse oder sogar über einen eigenen Garten? Wunderbar! Hier können Sie sich erholen, die Verbindung zur Natur herstellen, grillen, Partys feiern, eigene Kräuter oder sogar Obst und Gemüse ernten. Doch leider macht das Chaos vor der Hintertür nicht Halt, und viel zu oft verkümmern die Außenbereiche zu Lagerstätten für allerlei Plunder und Müll.

Eine weitere Falle liegt in den Dekorationen, die jeden Frühling die Läden fluten und uns verleiten, weitere Lichterketten, solarbetriebene Kugeln, diverse Figuren, Stelen, Brunnen, Feuerschalen und sonstigen Kram zu kaufen und zu installieren.

Nehmen Sie daher zweimal im Jahr – am besten im Frühling und im Herbst – Ihr Außenrefugium unter die Lupe und misten Sie es aus.

Als Erstes wird alles, was Sie aus Mangel an Platz auf den Balkon oder die Terrasse gestellt haben und was Sie sowieso nicht benutzen, aussortiert. Danach werfen Sie alle defekten Werkzeuge und Möbel, abgenutzten Polster, Einmal-Plastikblumentöpfe, vertrockneten Pflanzen und verbrauchte Erde weg. Haben Sie sich vom Müll befreit, inspizieren Sie im nächsten Schritt die Dekorationen. Können Sie in den Dingen einen Stil erkennen, oder ist es ein Sammelsurium aus wahllos zusammengekauften Sonderangeboten? Überlegen Sie, was zu Ihnen und zum Haus passt. Mögen Sie es schlicht und modern oder eher verspielt, orientalisch, rustikal? Entscheiden Sie sich für ein klares Konzept und entfernen Sie alles, was nicht dazu passt.

»Form follows function« – dieser Designleitsatz besagt, dass sich die äußere Gestaltung eines Objekts nach seiner Funktion richten soll. Fragen Sie sich daher, wozu Sie den Außenbereich Ihrer Wohnung oder Ihres Hauses nutzen wollen. Möchten Sie sich nach der Arbeit am PC körperlich betätigen? Oder wollen Sie sich einfach nur entspannen, die frische Luft genießen?

Machen Sie sich klar, dass Pflanzen Arbeit machen. Wenn Sie nicht über einen grünen Daumen und entsprechend viel Zeit verfügen, ist es wichtig, auch die Auswahl der Begrünung Ihrer Situation anzupassen. Eine bunte Blumenwiese ist pflegeleichter als ein Rasen, der regelmäßig gemäht, gedüngt, gewässert sowie von Unkraut und Moos befreit werden muss. Außerdem sind die vielen blühenden Blumen und Kräuter wichtige Nahrung für Bienen, Hummeln, Schmetterlinge und weitere Insekten und dienen auf diese Weise der Erhaltung der Artenvielfalt. Abgesehen davon ist ein Blumenbeet schöner anzusehen als eine sterile Rasenfläche.

Auch für den Balkon gibt es pflegeleichtes Grün. Rosmarin, Salbei und Thymian müssen nicht so oft gegossen werden wie zum Beispiel die beliebten Geranien. Zudem hat man frische vitaminreiche Kräuter gleich zur Hand.

ENTSORGEN

- Sperrmüll
- Defekte Möbel und Werkzeuge
- Zerschlissene Polster
- Kunststoff-Blumentöpfe
- Angeschlagene Übertöpfe
- Vertrocknete, ungesunde Pflanzen
- Alte Blumenerde
- Spielsachen, die nicht oft benutzt werden
- Unpassende Dekoration

SACHBÜCHER
KINDERB.

ORDNUNG

TEIL 4

NACH

KATEGORIEN

BÜCHER

Es gibt Gegenstände, die man typischerweise nicht in einem einzigen Raum findet, oder die auf mehrere Stellen verteilt sind. Dazu gehören Bücher, Geschenke, Fotos und Sentimentales. In diesen Fällen ist es effektiver, nach Kategorien statt nach Zimmern aufzuräumen.

Bücher sind mehr als bedrucktes Papier. Sie sind mehr als die Summe der darin enthaltenen Informationen und mehr als simple Unterhaltung oder ein Mittel gegen Langeweile.

Natürlich, es gibt üble Paperbacks mit zweifelhaftem Inhalt, Bände, die man sich aus Prestigegründen angeschafft hat, sowie dicke Wälzer aus dem Familiennachlass, die nie jemand gelesen hat.

Daneben gibt es viele Bücher, die uns wie gute Freunde durch schöne und schwierige Lebenszeiten begleitet haben, die uns berühren oder die wir einfach immer wieder gerne lesen. Aber auch Freundschaften verändern sich im Laufe des Lebens. Mit manchen Menschen bleiben wir für immer verbunden, manche begleiten uns eine Zeitlang, dann trennen sich unsere Wege wieder. Und so ist es auch mit Büchern. Überprüfen Sie deshalb die Lektüren von Zeit zu Zeit und sortieren Sie die aus, die Sie nicht mehr brauchen. Wie rigoros Sie dabei vorgehen, hängt davon ab, was Sie erreichen möchten. Brauchen Sie den Platz für etwas anderes, oder drohen die Regale unter der Bücherlast zusammenzubrechen? Oder möchten Sie einfach nur ausmisten und aufräumen? Ist der Leidensdruck ausreichend groß, werden Sie schnell in einen Aussortier-Flow kommen, und die Entscheidungen werden Ihnen leichter fallen. Wenn Sie keine echte Notwendigkeit haben, sortieren Sie nur das aus, was Ihnen leichtfällt, und wiederholen Sie die Aktion in regelmäßigen Abständen. Selbst in kleinen Schritten wird sich so Ihr Bestand nach und nach verringern.

ALLES AN EINEN PLATZ BRINGEN. In manchen Wohnungen und Häusern findet man Bücher überall: Sie füllen Regale und Schränke, bedecken Tische, Kommoden und Fensterbretter und manchmal auch den Boden. Ist das bei Ihnen auch der Fall, müssen Sie zuerst alle Bücher an einer Stelle zusammentragen. Das ist wichtig, denn nur so bekommen Sie den Überblick über die Menge an Publikationen, die Sie besitzen. Falls Sie nicht genug Platz zum Sortieren haben, unterteilen Sie die Bücher in weitere Unterkategorien, beispielsweise Krimis, Romane, Kochbücher oder Sachbücher zum Thema XY, und bearbeiten Sie die einzelnen Themen nach und nach.

MACHEN SIE ES SICH BEQUEM. Im Schneidersitz auf dem Boden zu sortieren, ist nicht jedermanns Sache. Um nicht wegen Rücken-, Knie- oder sonstigen Schmerzen aufzugeben, stapeln Sie die Bücher auf dem Tisch, dem Sofa oder einem ähnlichen Ort. Halten Sie leere Kartons bereit – in die können Sie die Bücher, die aus dem Haus sollen, gleich reinlegen.

Nehmen Sie nun ein Buch nach dem anderen in die Hand und sortieren Sie es in eine der folgenden Kategorien ein:

1. Behalten
2. Verschenken/Verkaufen
3. Zurückbringen
4. Wegwerfen

BEHALTEN Sie die Bücher, die Sie immer wieder lesen oder auch nur gerne in die Hand nehmen, sie durchblättern und die eine oder andere Seite überfliegen. Bücher, die Ihnen wirklich am Herzen liegen oder (Achtung, das wichtigste Kriterium!), die Sie wieder kaufen würden, wenn Ihr Exemplar verlorenginge. Auch Fachbücher, die Sie für Ihre Arbeit oder Ihr Hobby brauchen, gehören dazu.

VERSCHENKEN Sie Bücher, die Sie kein zweites Mal lesen werden oder die ungelesen seit langer Zeit herumstehen. Viele Kochbücher und Ratgeber werden der schönen Bilder wegen gekauft. Wenn Sie nicht regelmäßig mehrere Gerichte nachkochen oder lieber schnell im Internet recherchieren, statt im Ratgeber nach einem Tipp zu suchen, schaffen Sie die Bücher weg. Das Gleiche gilt für Bildbände, die Sie vielleicht ein, zwei Mal durchgeblättert haben, und die nun im Regal verstauben. Benutzen Sie fürs Übersetzen eine App? Dann können Sie auch alle Wörterbücher weitergeben.

VERKAUFEN lohnt sich dann, wenn Sie viele Bücher loswerden möchten oder wenn Sie seltene und gefragte Bücher besitzen. Echte Antiquariate werden immer rarer. Wer gebrauchte Bücher verkaufen möchte, wird zwangsweise auf eine der Onlineplattformen zurückgreifen müssen. Einzelne Bände selbst zu verkaufen, ist ziemlich zeitaufwendig. Überlegen Sie daher im Voraus, ob es sich für Sie lohnt. Online-Ankäufer bieten Ihren Kunden einen unkomplizierten Service an: Es reicht, den Barcode mit dem Smartphone zu scannen oder die ISBN-Nummer einzugeben, und schon erhält man einen Preis angeboten. Sie müssen nur noch alles in einen Karton packen und zur Post bringen. Ab einem bestimmten Warenwert (meistens um die 10 bis 15 Euro) werden die Versandkosten vom Ankäufer übernommen, oder das Paket wird kostenlos abgeholt.

ZURÜCKBRINGEN. Vielleicht haben Sie es auch schon erlebt: Buch ausgeliehen, gelesen, ins Regal gestellt, vergessen. Auch wenn ein fremdes Buch seit Jahren in Ihrem Bücherregal steht und nun auftaucht, bringen Sie es seinem Besitzer zurück.

TIPP AUS DER PRAXIS: Kleben Sie in ein ausgeliehenes Buch sofort einen ablösbaren Haftzettel mit dem Namen des Besitzers oder der Besitzerin. Wenn Sie selbst Bücher (und sonstige Dinge) verleihen, notieren sie auf einer Liste, was, wann und wem Sie den Gegenstand gegeben haben.

WEGWERFEN. Ja, ich höre schon den »Bücher schmeißt man nicht weg!«-Aufschrei. Ganz ehrlich: Es gibt Bücher, die entweder so zerfleddert, so schlecht oder so überholt sind, dass man sie nur als Ressource in den Recyclingkreislauf zurückbringen kann. Bücher, die Sie nur aus einer moralischen Verpflichtung lagern, nützen niemandem: Weder der Natur noch dem Autor und schon gar nicht Ihnen.

TIPP AUS DER PRAXIS: Falls Sie als Lesezeichen alles Mögliche benutzen, schütteln Sie die Bücher aus, bevor Sie sie weggeben. Ich habe schon einiges gesehen, was meine Kundinnen zwischen den Seiten lagerten. Fotos, Briefe und sogar Geldscheine flatterten aus den Büchern heraus, die schon zum Weggeben verpackt waren.

BÜCHER EINRÄUMEN

Sind die Bücher aussortiert und die Schränke und Regale gründlich ausgewischt, geht es ans Einräumen. Sie haben mehrere Möglichkeiten, ein System in Ihr Bücherregal zu bringen. Entscheiden Sie sich für das, was für Sie gut funktioniert. Auch eine Kombination aus mehreren Kriterien ist in Ordnung.

NACH GENRE. Dieses Prinzip kennen Sie aus jeder Bibliothek und jeder Buchhandlung: Romane, Krimis, Kinderbücher, Reiseführer et cetera werden in den Regalen zusammengefasst. Falls Sie vieles aus einer Kategorie besitzen, können Sie die einzelnen Bücher noch weiter nach Autoren oder alphabetisch nach Titeln sortieren.

NACH ALPHABET. Orientieren Sie sich entweder an Buchtiteln oder an Autoren.

NACH VERLAG. Verlage gestalten die einzelnen Bücherreihen meistens einheitlich. Wenn Sie mehrere solcher Bücher besitzen, ist diese Aufbewahrungsart eine schöne Lösung.

NACH GRÖSSE. Um nicht unnötig Platz zu verschenken, lohnt es sich, die Abstände der Regalbretter der Höhe der Bücher anzupassen und diese dementsprechend nach Höhe zu lagern.

NACH FARBE. »Rainbow Shelves« ist wohl die trendige Art, Lektüren zu sortieren. Ich finde es ein wenig skurril. Wenn es Ihnen aber nichts ausmacht, dass der Roman »100 Jahre Einsamkeit« neben dem Kinderbuch »Bobo auf dem Spielplatz« steht, können Sie Ihren Bücherschrank gerne in einen Regenbogen verwandeln.

Ich persönlich praktiziere ein gemischtes System. Zuerst unterscheide ich zwischen Fachbüchern und dem Rest. Die Fachbücher werden weiter nach Thema unterteilt, dabei stehen Werke eines Autors beisammen. Romane, Biografien, Novellen und so weiter, also den »Rest«, trenne ich nach Sprachen. Ja, auch das kann ein Sortierkriterium sein. Innerhalb der Sprache fasse ich Bücher zuerst nach Thema und dann nach Autor zusammen. Da ich den Platz im Bücherschrank optimal nutzen möchte, habe ich ein Regalbrett für großformatige Bücher, unabhängig von Sprachen oder Themen, reserviert.

OFFENE REGALE ODER GESCHLOSSENE SCHRÄNKE?

BÜCHER RICHTIG AUFBEWAHREN. Wissen Sie, was mich schon immer interessiert hat: Warum stellen Ärzte im Behandlungszimmer all die Fachbücher in offenen Regalen aus? Möchten Sie mich, die Patientin, beeindrucken? Mir zeigen, dass sie besonders belesen und qualifiziert sind? Oder müssen Sie in all den Werken nachschlagen? Mein Hausarzt blätterte tatsächlich immer, wenn ich mit exotischen Symptomen nach einer Rucksackreise bei ihm saß, in einem dicken roten Buch. Das stand auch stets griffbereit auf seinem Schreibtisch. Aber was ist mit den anderen?

Die gleiche Irritation empfinde ich in manchen Wohnzimmern. Geht es hier tatsächlich um die Liebe zur Literatur oder um eine Inszenierung? Falls Sie Bücher wirklich lieben, sollen Sie sie auch pfleglich behandeln und gut aufbewahren. Staub und direkte Sonneneinstrahlung setzen ihnen zu. Offene Regale ermöglichen zwar einen raschen Zugriff, wirken aber oft unruhig und müssen öfter abgestaubt werden. Daher sind Bücherschränke mit gut schließenden Türen die beste Wahl.

Ob offen oder geschlossen – achten Sie darauf, dass sich die Regalbretter verstellen lassen und Sie so den vorhandenen Raum optimal nutzen können. Auch sollte die Tragfähigkeit des Regals dem Gewicht der Bücher angepasst sein. Werke, die Sie häufig brauchen, platzieren Sie am besten in Augenhöhe. Damit sich die Bände nicht verziehen, quetschen Sie sie nicht zusammen und lassen Sie sie auch nicht schräg stehen. Hier leisten Bücherstützen einen guten Dienst.

ANALOG ODER DIGITAL?

Mit dem Aufkommen von E-Books hat man Büchern in Papierform ihr Ende prophezeit. Doch wie ein altes Sprichwort sagt: »Totgeglaubte leben länger.« Trotz aller Vorteile konnten digitale Bücher den Markt nicht wie angenommen erobern.

Ich persönlich konnte bis vor ein paar Jahren mit E-Books nichts anfangen. Dann aber stand wieder eine der Reisen an, bei welcher es auf jedes Gramm im Rucksack ankommt. Die Vorstellung, wie in der Vergangenheit Bücher über Fünftausender-Pässe zu schleppen, war mir unerträglich. Und so testete ich in einer Buchhandlung das Lesen am Bildschirm. Und ich war begeistert. Zum nächsten Geburtstag schenkten mir meine Kinder einen E-Book Reader, und ich möchte ihn nicht mehr missen. 185 Gramm wiegt das gute Stück, und der Inhalt reicht für monatelanges Lesevergnügen. Der weitere wichtige Vorteil für mich ist die Möglichkeit, Bücher aus der Bibliothek auszuleihen, und das unabhängig davon, wo auf der Welt ich mich gerade befinde.

Werde ich nun in der Zukunft auf gedruckte Bücher verzichten? Auf gar keinen Fall! Gerade Fachbücher oder Bücher, die ich besonders schätze, möchte ich nach wie vor in Papierform lesen; Urlaubslektüren, Krimis und ähnliche »leichte Kost« aber gerne auf dem E-Reader. Deswegen ist für mich die Antwort auf die Frage »analog oder digital?«: sowohl als auch.

BÜCHERFLUT EINDÄMMEN

Damit die frisch aufgeräumten Bücherregale nicht bald von der neuen Lektüre überquellen, müssen Sie Ihr Kaufverhalten unter die Lupe nehmen und gegebenenfalls verändern.

- Machen Sie sich klar, wie viele ungelesene Bücher sie besitzen, bevor Sie ein neues Exemplar kaufen.
- Lesen Sie Rezensionen und Kundenbewertungen, bevor Sie sich für ein Buch entscheiden.
- Kaufen Sie keine Bücher, nur weil alle sie lesen. Fragen Sie sich stattdessen, ob Sie das Thema des Bestsellers wirklich interessiert. Nein, Sie müssen nicht »Harry Potter« oder »Fifty Shades of Grey« lesen, um mitreden zu können.
- Widerstehen Sie der Versuchung, an einem Wühltisch zuzuschlagen, nur weil alles 2,99 Euro kostet.
- Leihen Sie sich ein Buch aus, bevor Sie es kaufen. Ihre Bibliothek kann Ihnen ein Werk, das im Bestand nicht vorhanden ist, über Fernleihe besorgen. Fragen Sie im Bekanntenkreis nach, ob jemand den angesagten Krimi bereits besitzt und ihn auch ausleiht. Das ist übrigens ein großer Nachteil der Literatur in digitaler Form. Im Gegensatz zu den gedruckten Exemplaren können Sie E-Books weder verleihen noch weiterverkaufen.

ENTSORGEN

- Alte Reiseführer
- Kochbücher, aus denen Sie nur ein oder zwei Gerichte nachkochen
- Romane, Krimis und andere Bücher, die Sie kein zweites Mal lesen werden
- Ratgeber, die Sie nie oder selten lesen
- Veraltete Fachbücher (beispielsweise Computer-Bücher zu Programmen, die es auf dem Markt gar nicht mehr gibt)
- Kinder und Jugendbücher, bei denen es sich nicht lohnt, sie für die nächste Generation aufzuheben

FOTOS

> Früher, früher war alles besser.
>
> WISE GUYS, »FRÜHER«

Sicherlich war früher nicht alles besser. Aber der Umgang mit Fotos war (zumindest für mich) früher einfacher. Noch vor nicht allzu langer Zeit hatte ich in jedem Urlaub eine Spiegelreflexkamera und zehn Rollen 36er-Film dabei. Dementsprechend sorgfältig suchte ich meine Motive aus, und auch die Kameraeinstellung überließ ich nicht dem Zufall. Wenn ich etwa eine Woche nach meiner Rückkehr die entwickelten Negative und fertigen Abzüge abholte, erlebte ich die schönsten Urlaubsmomente noch einmal. 360 Bilder wurden angeschaut, kritisch bewertet, die schönsten in ein Album eingeklebt. Die Negative kamen in eine Box, die aussortierten Bilder in den Schredder. Eine vierwöchige Reise zu bearbeiten, dauerte zwei bis drei Stunden.

Im Jahr 2010 stieg ich auf digitale Fotografie um. Schon die ersten Ausflüge mit der neuen Kamera stellten mich vor das Problem, wie ich mit der Menge an Bildern umgehen sollte.

Doch bevor wir uns mit der digitalen Fotografie näher befassen, fangen wir mit den analogen Bildern an. Denn falls Sie nicht zu der jüngsten Generation, den »Digital Natives«, gehören, befinden sich in Ihrem Haushalt außer digitalen Bildern wahrscheinlich auch:

- Papierabzüge ohne Negative
- Papierabzüge mit Negativen
- Diapositive

Das alles entweder gut organisiert, beschriftet und auffindbar, oder aber planlos auf diverse Schachteln, Umschläge, Alben, Schubladen und Ähnliches verteilt.

Die erste Frage, die sich im Zusammenhang mit einem Foto-Chaos aufdrängt, ist: Wozu das Ganze? Haben Sie sich das schon einmal gefragt? Wozu Sie all diese Bilder aufbewahren möchten? Für sich selbst, als Erinnerung oder als Archivbilder für die nächste Generation? Möchten Sie die Fotos weiterverarbeiten, beispielsweise zu Collagen? Oder sie vergrößern lassen? Sollen sie in ein Album eingeklebt werden oder eingerahmt im Wohnzimmer hängen? Ist es realistisch, dass die Familie noch einmal zu einem Dia-Vorführungs-Abend zusammenkommt? Haben Sie überhaupt einen Diaprojektor? Oder soll alles digitalisiert werden? Lassen Sie sich ruhig Zeit, und denken Sie über meine Fragen nach. Die Klarheit wird Ihnen helfen, die richtigen Entscheidungen für das Sortieren zu treffen.

ORDNUNG IN DEN ANALOGEN BILDERN HERSTELLEN

Tragen Sie alle Filme, Abzüge und Diapositive an einen Platz zusammen. Nur so können Sie die Menge der Bilder überblicken und alle Duplikate entdecken.

Den Zweck der Fotos vor Augen, sortieren Sie nun ein Bild nach dem anderen in

1 Behalten
2 Wegwerfen

Behalten Sie die Fotos, die dem von Ihnen definierten Zweck dienen. Hüpft Ihr Herz vor Freude, wenn Sie die ersten Bilder Ihrer Kinder betrachten? Vermutlich ja, also behalten Sie sie. Müssen es 750 Stück allein aus dem ersten Lebensjahr sein? Vermutlich nein, also wählen

Sie die besten aus und entsorgen Sie den Rest. Glauben Sie, dass sich Ihre erwachsenen Kinder je die Fotostrecke »Mama und Papa im ersten Italienurlaub« anschauen werden? Wenn Sie sich nicht sicher sind, fragen Sie nach.

Wegwerfen können und sollten Sie alles, was aus der heutigen Sicht keinen Sinn (mehr) ergibt. Auch die verwackelten, unter- oder überbelichteten Fotos sowie Bilder mit fehlenden Köpfen, abgeschnittenen Füßen, von Personen, die Ihnen nicht viel bedeuten oder Orten, an die Sie sich nicht mehr erinnern, gehören in den Schredder.

Wahrscheinlich finden Sie beim Sortieren viele gleiche oder ähnliche Fotos: die Freundin vor der Palme, neben der Palme, hinter der Palme. Diese können Sie schnell nach der »A-oder-B-Methode« aussortieren. Vergleichen Sie immer zwei Bilder miteinander und entscheiden Sie sich für das Bessere. Machen Sie das so lange, bis das beste Bild übrigbleibt. Das wird behalten, die anderen kommen weg.

Es kann sein, dass Sie beim Ausmisten auf alte Bilder, die Ihre Orts- oder Regionalgeschichte dokumentieren, stoßen. Falls Sie selbst daran kein Interesse haben, können Sie beim Stadtarchivar, beim örtlichen Heimatmuseum oder bei ähnlichen Organisationen nachfragen, ob Interesse daran besteht. Diese bewerten die Fotosammlungen und überführen gegebenenfalls alte Bilder in ein Archiv.

ANALOGE BILDER RICHTIG AUFBEWAHREN. Entscheiden Sie nun, nach welchem System Sie Ihre Fotos aufbewahren möchten: chronologisch, thematisch, nach Personen, nach Events … Auch eine Mischform ist möglich. Beispielsweise werden Familienfotos chronologisch aufgehoben, die Urlaubsbilder jedoch extra nach Orten. Wenn Sie gern bestimmte Motive ablichten, können Sie sie – je nach Zweck – nach Art, nach Farbe, nach Ort, nach Jahreszeit oder einem weiteren, für Sie sinnvollen Kriterium zusammenfassen.

TIPP AUS DER PRAXIS: Falls Sie Familienporträts für die nächsten Generationen archivieren möchten, schreiben Sie auf, wer sich auf welchem Bild befindet. Entweder mit einem weichen Bleistift auf der Rückseite oder im Album in der Nähe des Bildes. Ohne Namen und Verwandtschaftsverhältnis werden irgendwann die alten, wertvollen Familienerinnerungen zu Bildern von x-beliebigen Personen in Sepiabraun und für die Nachwelt meistens uninteressant.

Die nächste Entscheidung betrifft die Aufbewahrungsart: Sollen die Bilder in ein Album eingeklebt werden oder reicht eine Fotobox?

FOTOALBUM AUSWÄHLEN UND GESTALTEN. Ein schönes Fotoalbum durchzublättern, ist etwas Besonderes. Wählen Sie daher sorgfältig aus, in welches Buch Sie Ihre Abzüge einkleben. Je festlicher der Anlass, desto hochwertiger und zurückhaltender sollte das Album sein. Wilde Do-it-yourself-Verzierungen sind bei Ereignissen wie Hochzeit oder Taufe fehl am Platz. Ein Urlaubsalbum kann dagegen bunt ausfallen und mit Bildunterschriften, Zeichnungen, Eintrittskarten und so weiter ergänzt werden.

Eine Reihe aus gleichen Alben sieht viel ordentlicher aus als eine bunte Mischung aus verschiedenen Größen und Farben.

Es ist ärgerlich, wenn Sie viel Geld für ein quadratisches Album ausgeben und erst beim Einkleben feststellen, dass es mit dem Format Ihrer Bilder nicht kompatibel ist. Überlegen Sie daher vorab: Wie möchte ich die Bilder anordnen? Sollen sie möglichst platzsparend nebeneinander kleben oder auf jeder Seite einzeln? Wie viele Seiten brauchen Sie, um alle Fotos unterzubringen? Nehmen Sie zum Einkleben der Bilder Fotoecken oder spezielle Fotokleber. Diese halten zuverlässig und greifen die Bilder nicht an.

Mich haben diese Überlegungen zu folgender Lösung gebracht: Ich klebte die Abzüge auf weiße säurefreie-DIN-A4-Kartons, danach kam jedes Blatt in eine glasklare dokumentenechte Prospekthülle. Diese heftete ich in schlichten, weißen Präsentations-Ringbüchern ab.

FOTOBOXEN ALS PLATZSPARENDE ALTERNATIVE. Falls Sie Fotos nicht aufwendig einkleben möchten, sind Fotoboxen eine gute, platzsparende Alternative. Verstellbare Teiler lassen sich beschriften und helfen Ihnen, ein System herzustellen und den Überblick zu bewahren.

AUFBEWAHREN DER NEGATIVE. Licht, hohe Temperaturen und Luftfeuchtigkeit sowie säurehaltiges Papier können sowohl die entwickelten Bilder als auch Ihre Negative beschädigen oder gar zerstören. Bewahren Sie daher die Negative an einem dunklen, kühlen Ort in säurefreien Umschlägen oder Boxen auf. Beschriften Sie alles eindeutig, um bei Bedarf den richtigen Streifen zu finden.

FOTOS DIGITALISIEREN. Eine weitere Möglichkeit, Fotos platzsparend aufzubewahren und sie vor dem Verbleichen und sonstigen Beschädigungen zu schützen, ist, sie zu digitalisieren. Welche Methode sich dazu eignet, hängt von der Menge an Bildern und der gewünschten Qualität ab.

Einzelne Fotos können Sie am einfachsten mit einem Flachbettscanner in eine digitale Form verwandeln. Auch für alte, wertvolle Abzüge auf brüchigem Papier empfehle ich Ihnen diese Methode.

Größere Bildermengen können Sie professionell scannen lassen. Sie bekommen Ihre Fotos in gewünschter Qualität auf einem USB-Stick gespeichert zurück. Auch Reparaturen und Nachbearbeitung bieten die Profis an. Eine einfache Digitalisierung kostet nicht viel und erspart Ihnen jede Menge Zeit und Nerven.

Natürlich können Sie ein Papierbild auch mit Ihrem Handy abfotografieren. Die Qualität wird jedoch nicht besonders gut sein. Für ein gutes Ergebnis brauchen Sie eine Kamera, die hochauflösende Bilder schießt. Diese sollte auf einem Stativ montiert sein, das Originalbild muss ohne zu spiegeln plan aufliegen, und dann sind da noch die indirekten Lichtquellen, die es braucht, um Schattenwürfe zu vermeiden. Das alles ist ziemlich aufwendig und keine Arbeit für Amateure.

NEGATIVE UND DIAPOSITIVE DIGITALISIEREN. Für Filme, also Negative, sowie für Diapositive gibt es spezielle Scanner. Lassen Sie sich in einem Fachgeschäft beraten, ob sich die Anschaffung lohnt. Auch hierfür gibt es professionelle Anbieter, welche die Digitalisierung für Sie übernehmen.

ORDNUNG IN DIGITALE BILDER BRINGEN

Viele Menschen haben Fotos auf dem PC, auf dem Mobiltelefon, auf diversen Speichermedien oder in der Cloud. Die Mengen sind oft beeindruckend. Nach ein paar Jahren hat man locker mehrere zehntausend Bilder gespeichert. Hier eine Ordnung zu schaffen, kann eine langwierige Angelegenheit sein. Auch wenn Sie im ersten Moment von der Aufgabe überwältigt werden, fangen Sie so früh wie möglich an und bleiben Sie dran. Denn mit jedem weiteren planlos abgespeicherten Bild werden Sie sich immer schwerer tun.

SYSTEM 1: FOTO-APP. Falls Sie überwiegend mit dem Smartphone (iPhone) fotografieren, macht es durchaus Sinn, eine Foto-App zu benutzen. Diese Dienste erleichtern Ihnen das Bearbeiten, Organisieren und Sichern der Fotos erheblich. Sie können gleich die App verwenden, die in Ihrem Gerät bereits vorinstalliert ist, oder sich eine der kostenlosen oder kostenpflichtigen Alternativen herunterladen. Bevor Sie sich für ein System und eine App entscheiden, setzen Sie sich mit dem Thema Datenschutz auseinander. Denn viele Apps verlangen nicht nur Zugriff auf die Kamera und die Sensoren, sondern auch auf alle persönlichen Daten. Es ist nicht immer klar, wozu die Daten benutzt werden, und ein Missbrauch kann nie ausgeschlossen werden. Haben Sie an dieser Stelle keine Bedenken, suchen Sie sich die App aus, die zu Ihren Bedürfnissen am besten passt.

Je nach Einstellung werden die Bilder automatisch in der Cloud gespeichert und synchronisiert und stehen Ihnen somit auf allen Geräten zur Verfügung. Der virtuelle Assistent erstellt für Sie Alben, Animationen und Collagen, die Sie ganz leicht weiterleiten und mit anderen Personen teilen können. Brauchen Sie ein bestimmtes Bild, können Sie nach Datum, Person, Ort, Motiv und weiteren Kriterien suchen. Diese werden von der App automatisch erkannt. Es funktioniert nicht immer hundertprozentig, aber die Entwickler verbessern die Gesichts- und Motiverkennung ständig.

TIPP AUS DER PRAXIS: Belassen Sie Ihre Bilder nicht ewig lang auf der Speicherkarte oder in Ihrem Smartphone. Wichtige Fotos sollen Sie sobald wie möglich in die Cloud hochladen. So beugen Sie dem Verlust vor (jede SD-Karte kann kaputtgehen!) und machen den – meistens knappen – Speicherplatz wieder frei. Sichten Sie regelmäßig Ihre Fotos, kennzeichnen Sie die Favoriten und löschen Sie alles Misslungene und Überflüssige.

SYSTEM 2: ORDNERSTRUKTUR IM PC/NOTEBOOK. Falls Sie Ihre Fotosammlung lieber lokal auf dem Rechner bearbeiten und organisieren möchten, brauchen Sie eine sinnvolle Ordnerstruktur. Sie zu erstellen, ist nicht so schwer, wie man denkt.

Als Erstes müssen Sie sich einen Überblick über die Orte verschaffen, an denen sich Ihre Fotos befinden. Hier eine Auswahl aus verschiedenen Möglichkeiten:

- Computer, Notebook
- Tablet/iPad
- Mobiltelefon
- SD-Karte in der Digicam, weitere SD-Karten
- Externe Festplatte(n)
- USB-Stick(s)
- CD(s)/DVD(s)
- Cloud
- E-Mail-Anhang
- Soziale Medien

SAFETY FIRST. Sichern Sie Ihre digitalen Bilder auf einer zusätzlichen externen Festplatte oder in der Cloud, bevor Sie anfangen, sie zu sortieren und zu löschen. Denn jedes Speichermedium kann kaputt gehen. Die Frage ist nicht ob, sondern wann.

ALLES AN EINEM PLATZ. Die wichtigste Voraussetzung für eine dauerhafte Ordnung in Ihren digitalen Bildern ist: Alle, wirklich alle Fotos befinden sich an einer Stelle, sprich in einem Hauptordner!

Es ergibt durchaus Sinn, die Entscheidung über den Hauptspeicherort gut zu überdenken. Falls es die Festplatte Ihres Rechners oder Notebooks sein soll, muss sie über ausreichend große freie Speicherkapazität verfügen. Nicht nur jetzt, sondern auch für die nächsten Jahre. Ist der überwiegende Teil des internen Speichers bereits belegt, besorgen Sie sich gleich eine externe Festplatte.

Benennen Sie den Ordner eindeutig. Beispielsweise »Meine Fotos« oder »Fotos_KA«. Im zweiten Fall nehmen Sie am besten *Ihre* Initialen. In diesem Hauptordner können Sie eine beliebige Struktur erschaffen. Aber zuerst kopieren Sie alle Bilder (mit einer früheren Ordnerstruktur oder einzeln) in den Hauptordner.

TIPP AUS DER PRAXIS: Halten Sie an dem »Alles-in-einem-Ordner-Prinzip« fest. Das hat einige Vorteile: Falls Sie später Ihre Bilder kopieren, an einem anderen Ort speichern oder in eine spezielle Software importieren möchten, reicht es, diesen einen Ordner zu verschieben. Glauben Sie mir, es wird Ihnen in der Zukunft den weiteren Umgang mit Ihren digitalen Bildern erleichtern.

STRUKTUR ERSCHAFFEN. Erstellen Sie nun eine neue leere Ordnerstruktur, in der Sie Ihre Bilder in Zukunft speichern werden. Das könnte beispielsweise eine Kombination aus Jahres- und Monatsordnern sein. In jedem Jahresordner befinden sich zwölf Unterordner (Monatsordner). In jedem Monatsordner werden alle Bilder abgespeichert, die sie in diesem Monat fotografiert oder zugeschickt bekommen haben.

Eine weitere Möglichkeit ist eine Kombination aus Jahres- und Themenordnern.

BEISPIEL 1: Im Jahresordner sind alle Themen chronologisch abgespeichert. Achtung! Die richtige Reihenfolge funktioniert nur, wenn Sie das Datum in der Form Jahr-Monat-Tag schreiben.

2018
2018-01-01_Neujahrsempfang Oma
2018-01-05_Geburtstagsfeier
2018-01-21_Skitour
...

BEISPIEL 2: Sie wählen ein Thema (in diesem Fall »Urlaub«) als erstes Sortierkriterium aus. In diesem Ordner sollten alle Reisen chronologisch abgespeichert werden. Die Unterordner benennen Sie nach dem Prinzip Jahr_Ort. Die Struktur sieht dann so aus:

URLAUB
2012_Italien
2013_Türkei
2015_Ostsee
...

BEISPIEL 3: Sie verzichten auf Unterordner und speichern einzelne Bilder direkt in die Themenordner. Die Struktur könnte in diesem Fall so aussehen:

PRIVAT
REISEN
STUDIUM
...

Wie Sie sehen, sind die Ordner nach Alphabet sortiert. Das passiert automatisch. Falls Sie eine eigene Reihenfolge erstellen möchten, müssen Sie mit vorgestellten Zahlen oder Sonderzeichen arbeiten (siehe auch Beispiele weiter unten).

Haben Sie eine sinnvolle Ordnerstruktur erschaffen, verschieben sie nun nach und nach alle Bilder an die richtige Stelle (in den richtigen Ordner).

DAS GROSSE LÖSCHEN. Jetzt können Sie die Menge der gespeicherten Fotos reduzieren. Gehen Sie Ordner für Ordner durch, löschen Sie alle Duplikate, alle misslungenen Bilder, alles, was zu viel ist. Merken Sie sich bitte den Leitsatz der professionellen Fotografen »Ein schlechtes Foto wird nie ein gutes.« Was ist aber zu tun, wenn Sie ein Motiv viele Male fotografiert haben und alle Bilder gut finden? Wenn Sie nicht alles behalten möchten, können Sie mit der A-oder-B-Methode (siehe Seite 143) schnell die Bildermenge halbieren. Machen Sie eine Pause von mindestens einem Tag und wiederholen Sie die Prozedur. Wenn Sie den Ordner später nochmals durchsehen, werden Sie in der Zwischenzeit die gelöschten Fotos vergessen haben, und die weitere Minimalisierung wird Ihnen leichter fallen.

Es lohnt sich durchaus, die Bilder der vergangenen Jahre ab und zu durchzusehen. Ich kenne es selbst zu gut. Nach einer interessanten Reise finde ich fast jede Aufnahme schön und wichtig. Ein, zwei Jahre später kann ich mich locker von der Hälfte trennen, und nach fünf Jahren lösche ich alles, was ich in der Zwischenzeit kein einziges Mal angeschaut habe. Nur so kann man die Bilderflut auf Dauer in Schach halten.

TIPP AUS DER PRAXIS: Nutzen Sie »Leerlaufzeiten« wie Wartezeiten beim Arzt, Fahrten mit öffentlichen Verkehrsmitteln oder Ähnliches zum Löschen der Fotos auf Ihrem Mobiltelefon. Ganz ehrlich, die meisten sind vielleicht für eine kurze Zeit interessant, sie dauerhaft abzuspeichern, ergibt jedoch keinen Sinn. Was wollen Sie mit den unzähligen Selfies und Schnappschüssen in fragwürdiger

Qualität machen? Warum soll die Welt für alle Zeiten wissen, was Sie an dem und dem Tag verzehrt haben? Besonders heimtückisch finde ich die Serienfunktion, mit der Sie in Sekundenschnelle eine Fotoreihe erzielen können. Der Sinn der Sache ist, am Ende die beste Aufnahme auszusuchen, und nicht 50-mal das gleiche Bild zu speichern. Alles, was Sie bereits in der Kamera löschen, müssen Sie später nicht bearbeiten.

GIB DEM KIND EINEN NAMEN. Jede Kamera gibt jedem Bild automatisch einen Namen. Die schauen ziemlich kryptisch aus (beispielsweise IMG-20200313-WA0002.jpg) und sind zum Wiederfinden eines konkreten Fotos ungeeignet. Wenn Sie Ihre Bilder nach einem klaren Schema umbenennen, werden Sie sich später in Ihrer Fotosammlung wesentlich besser orientieren können. Um einzelne Bilder schnell wiederzufinden, sollte der neue Name die wichtigsten Informationen über den Inhalt erhalten. Das sind vor allem Datum, Motiv, Name und Ort.

URLAUB
  2019_Bodensee
    07-12 Hafen_Lindau.jpg
    07-12 Oma_auf_der_Schaukel.jpg
    07-13 Schmetterling_Insel_Mainau.jpg
    …

Es können aber auch andere Informationen für Sie wichtig sein. Denken Sie bitte zuerst nach, bevor Sie sich für ein System entscheiden. Bei Ordnerbezeichnungen verwendet man korrekterweise keine Umlaute, weil das bei unterschiedlichen Betriebssystemen oder Servern Probleme mit der Kompatibilität verursachen kann.

TIPP AUS DER PRAXIS: Computersysteme sortieren Ordner und Dateien in alphanumerischer Reihenfolge. Das bedeutet, dass Sonderzeichen wie zum Beispiel Interpunktionszeichen Priorität haben, gefolgt von Zahlen und Buchstaben. Damit Ihre Bilder in der richtigen Reihenfolge angezeigt werden, gibt es folgende Punkte zu beachten:

- Das Datum muss immer »umgekehrt« geschrieben sein, also Jahr, Monat, Tag.
- Sollen die Ordner oder Dateien nicht nach Alphabet sortiert werden, stellen Sie Zahlen an die erste Stelle.

REIHENFOLGE OHNE ZAHLEN:
Autos
Natur
Portraets

REIHENFOLGE MIT ZAHLEN:
01 Portraets
02 Natur
03 Autos

Sonderzeichen wie Binde- und Unterstriche schaffen eine übersichtliche Struktur. Vergleichen Sie diese zwei Dateinamen:

20201113FraumitHund
2020-11-13_Frau_mit_Hund

UND ZUM SCHLUSS: NOCHMALS DIE DATEN SICHERN. Gewöhnen Sie sich an, jedes Mal, wenn Sie Ihre Bilder bearbeiten, sortieren, löschen, also einfach immer, wenn Sie Ihre Lebenszeit der digitalen Ordnung widmen, die Daten anschließend zu sichern. Denn – wie Joachim Ringelnatz sagte: »Sicher ist, dass nichts sicher ist. Selbst das nicht.«

ENTSORGEN / LÖSCHEN FOTOS

- Bilder von schlechter Qualität
- Fotos mit nichtssagendem Inhalt
- Schnappschüsse von Menschen, die Ihnen nicht am Herzen liegen
- Bilder von Orten, an die Sie sich nicht mehr erinnern
- Fotos von Themen, die Sie nicht mehr interessieren
- Alles, was mehrfach vorhanden ist

GESCHENKE

Geschenke sind ein besonders schwieriges Thema, und ich werde oft gefragt, ob man etwas Geschenktes entsorgen oder weitergeben darf. Kurze Antwort vorweg: Ja, man darf. Die meisten von uns haben dabei ein schlechtes Gewissen. Schließlich haben liebe Menschen einiges an Zeit oder Geld aufgebracht, um uns diese Geschenke geben zu können. Betrachten wir jedoch einmal, um was es beim Schenken geht. Möchten wir damit dem anderen unsere Liebe und Wertschätzung ausdrücken und ihm Freude bereiten? Zeigen, dass wir an ihn gedacht haben? Die soziale Beziehung festigen? Wenn wir uns wohlwollend und auf Augenhöhe begegnen, können wir offen kommunizieren, dass dieses Geschenk nicht unseren Geschmack trifft, oder dass wir so etwas nicht brauchen.

Ich habe früher meinen Kindern von jeder Reise eine Kleinigkeit mitgebracht. Diese Dinge standen dann irgendwo herum oder belagerten die Schubladen. Bis meine Töchter klipp und klar sagten: »Mama, es ist voll lieb von dir, aber wir brauchen die Dinge nicht. Bitte bring uns das nächste Mal nichts mit.« Ich bin sehr dankbar für diese klare Ansage. Ich muss mir keine Gedanken machen, was ich den Kindern mitbringen kann, und sie müssen sich keine Gedanken machen, was sie mit dem Zeug anstellen sollen.

EINEM GESCHENKTEN GAUL SCHAUT MAN NICHT INS MAUL. Aus dieser Haltung ist schon viel Leid entstanden. Das Sprichwort will uns ermahnen, dankbar zu sein für das, was man bekommt. Das habe ich noch nie verstanden.

Ich war in jungen Jahren vor allem eines: Reiterin. Sieben Tage in der Woche verbrachte ich im Stall, unter der Woche im Training, am Wochenende auf Turnieren. Zum fünfzehnten Geburtstag bekam ich von meiner Mutter einen goldenen Ring. Sie meinte: »Du bist jetzt eine junge Dame und es ist an der Zeit, entsprechend auszuschauen.« Aber ich war keine junge Dame, ich war ein Indianer. Ich trug keine Röcke und keinen Schmuck, und mit dem Ring konnte ich weder Zügel noch die Mistgabel halten. Ich war frustriert. Für das Geld hätte ich mir eine coole Jeans oder neue Reitstiefel kaufen können, stattdessen bekam ich etwas, was ich nicht brauchte und nicht mochte. Da ich meine Mutter, die es gut mit mir meinte, nicht kränken wollte, bedankte ich mich artig. Der Ring wanderte in die Schublade. Im Jahr darauf kam es noch schlimmer. An Weihnachten lag unter dem Baum ein größeres Paket für mich. Die Überraschung war auch groß, denn darin lag nicht der erhoffte moderne und ziemlich teure Pullover, sondern Bettwäsche. »Das ist für die Aussteuer«, meinte meine Mutter. Ich bekam den Wutausbruch des Jahres: »Ich will nicht heiraten, und ich will keine Aussteuer!«, schrie ich. »Und ich will auch keine Geschenke mehr!«

Halten Sie mich jetzt für ein undankbares Miststück? So hatte es eine Kursteilnehmerin formuliert, als ich die Geschichte erzählte. Wie ich meinen Unmut formuliert habe, ist definitiv falsch. Aber genauso falsch ist es, sich künstlich zu freuen. Wenn Sie falsche Signale senden, täuschen Sie damit diejenigen, die Ihnen etwas schenken wollen, und Sie werden weiterhin unnützes Zeug bekommen.

Ich habe einmal bei einer Katzenliebhaberin aufgeräumt. Diese hatte fünf Jahre zuvor von ihrer Tante zum Geburtstag eine Porzellankatze bekommen. Die Kundin fand das Tier ziemlich kitschig, aber weil sie die Tante nicht vor den Kopf stoßen wollte, gaukelte sie große Freude vor und stellte die Figur auf den Fenstersims. Der Teufelskreis begann sich zu drehen. Zu Weihnachten und zum nächsten Geburtstag wanderten zwei neue Porzellanviecher ins Haus. Als ihre

Schwester das Triplett sah, dachte sie »Oh, die Margit sammelt Porzellankatzen, jetzt weiß ich, was ich ihr zum Geburtstag schenken kann.« Fünf Jahre später standen 18 Katzen auf Regalbrettern, Kommoden und Fenstersimsen herum. Die Kundin war unglücklich. »Was soll ich tun?«, fragte sie mich. »Sie müssen Klarheit schaffen. Teilen Sie Ihrer Verwandtschaft mit, dass Sie ab sofort keine Katzen mehr sammeln und sich auch keine mehr wünschen. Überlegen Sie stattdessen, über was Sie sich freuen würden. Auch das teilen Sie der Familie mit«, so lautet mein Rat für diese Situation.

LASSEN SIE SICH NICHT MANIPULIEREN. Problematisch wird es, wenn man mit einem Geschenk dem anderen signalisieren möchte, was gut für ihn ist. Wenn die Oma ihrer Enkelin ein Waffeleisen schenkt, weil sie meint, dass es für diese an der Zeit sei, eine gute Hausfrau zu werden. Dass die junge Frau am liebsten mit dem Rucksack in den Bergen unterwegs ist und keine Süßspeisen mag, wird dabei nicht berücksichtigt. Ich kenne Mütter, die ihren erwachsenen Söhnen Kleidung schenken, ohne auf deren Geschmack Rücksicht zu nehmen. Das ist eine Bevormundung, gegen die sich jeder wehren darf. Solche Geschenke kann man sofort ablehnen oder zurückgeben. »Nein Oma, vielen Dank, ich will kein Waffeleisen haben«, oder »Mama, ich trage keine gestreiften Hemden und Pullunder und werde ich es auch in Zukunft nicht tun«, sind die richtigen Ansagen. Reagiert die Person beleidigt, wissen Sie, dass es um ihre eigenen Wünsche ging und nicht um Sie. Eine ganz fiese Art ist es, Geschenke zu manipulativen Zwecken zu missbrauchen. Das geschieht oft bei getrennt lebenden Eltern, die um die Kinder buhlen, oder bei Großeltern, die ihre Enkel auf diese Art an sich binden wollen. Der Opa schenkt dem Kleinen eine Ritterburg, die dieser aber nicht mit nach Hause nehmen darf. Möchte er mit der Burg spielen, muss er zu mir kommen, ist der Gedanke hinter dem Geschenk. Kleine Kinder können sich gegen solche Spielchen oft nicht wehren. Als Erwachsene dürfen Sie Manipulationen dieser Art auf keinen Fall zulassen.

WÜNSCH DIR WAS! Jedes Jahr dasselbe Problem: Wem soll man was zu Weihnachten oder zum Geburtstag schenken? Jeder hat schon alles, aber ganz ohne Geschenk ist das Fest auch fade. Die beste Methode, die ich kenne, ist, sich etwas zu wünschen. Diesen Punkt halten viele für unangebracht. Für mich ist es die einzige vernünftige Lösung. Wenn ich etwas schenke, dann möchte ich auch, dass mein Geschenk gut ankommt. Und weil ich nicht hellsichtig bin, frage ich einfach nach. Es müssen nicht immer materielle Wünsche sein. Schenken Sie Aktivitäten oder gemeinsame Zeit: Ein Konzertbesuch, ein Tag in der Therme, ein Foto- oder Kochkurs sind nur einige Bespiele. Auch alles, was man verbraucht, ist eine gute Alternative zum unnützen Schnickschnack. Gutes Olivenöl, Kaffee vom lokalen Röster, edle Pralinen, frisches Brot vom Biobäcker oder selbstgemachte Marmelade kommen bei den meisten Menschen gut an.

TIPP AUS DER PRAXIS: Legen Sie sich einen Geschenke-Notizblock an. Reservieren Sie für jede Person, der Sie regelmäßig etwas schenken, und auch für sich selbst eine Seite. Notieren Sie dort alle Ideen, Einfälle und Geschenk-Wünsche. Seien Sie hellhörig, wenn jemand von etwas schwärmt. Streichen Sie in der Liste das, was Sie bereits verschenkt haben. So vermeiden Sie die peinliche Situation, etwas doppelt zu schenken. Sie können die Notizen natürlich auch digital anlegen und pflegen.

KLARHEIT STATT ANDEUTUNGEN. Stellen Sie sich folgende Szene vor: Mann und Frau bummeln durch die Innenstadt. Sie bleibt vor einem Schaufenster stehen und zeigt auf eine Handtasche. »Schau Mal, die ist voll schön, oder?« – »Hmm«, brummt der Mann, »nicht schlecht.« Für die Frau ist die Sache klar: Sie hat ihrem Mann mitgeteilt, dass sie sich diese Tasche zum nächsten Geburtstag wünscht. Was er weder verstanden noch im Kopf behalten hat. Das Ergebnis sind meistens Frust und Enttäuschung.

Bitte hören Sie auf, ein Bedürfnis anzudeuten und zu hoffen, dass Ihr Gegenüber klar versteht, worum es Ihnen geht. Je klarer Sie Ihre

Wünsche kommunizieren, desto einfacher ist es für alle Beteiligten. Die romantische Vorstellung »Wenn er mich richtig lieben würde, würde er wissen, was ich will« ist ein grandioser Denkfehler.

GESCHENKE FÜR KINDER. Viele Eltern kennen das Problem: Bereits zum ersten Geburtstag wird das Kind von der ganzen Verwandtschaft mit Plüschtieren und anderem Spielzeug überhäuft, und nach zwei, drei Jahren gibt es im Kinderzimmer vor lauter Spielzeug keinen Platz mehr zum Spielen. Sie als Eltern tragen die Verantwortung und haben daher auch das Recht zu entscheiden, wie viel das Kind bekommt und mit welchem Spielzeug es spielen soll. Machen Sie zu diesem Thema eine klare Ansage. Nehmen Sie kein Spielzeug an, nur weil ein Erwachsener sonst enttäuscht reagiert. Was ist Ihnen wichtiger: Das Wohlbefinden Ihres Kindes? Ordnung in den eigenen vier Wänden? Oder die Befindlichkeiten Ihrer Verwandtschaft? Bieten Sie den Schenkenden eine Alternative an. Beispielsweise einen Zuschuss für ein neues Fahrrad, ein Trampolin oder einen Skikurs. Eine andere Möglichkeit ist, für jedes Kind ein Konto anzulegen. Jeder, der etwas schenken will, kann die entsprechende Summe auf das Konto überweisen. Später, wenn die Kinder größer werden, können sie sich von diesem Geld Wünsche erfüllen.

ENTSORGEN

- Alles, was Sie nicht brauchen oder lieben

SENTIMENTALES

Hier meine persönliche Erfahrung: Ich hatte eine Woche Zeit. Eine Woche, um 24 Jahre meines Lebens aufzuräumen. Zum letzten Mal schaute ich alles an: Das Büchlein mit den Zitaten, die kleinen Zettelchen mit Notizen, die ersten Liebesbriefe, Konzertkarten, eine getrocknete Blume, ein persönlich unterschriebenes Foto von meinem Lieblingssänger. Ich lachte und weinte gleichzeitig. Dann verbrannte ich alles.

Das war im Jahr 1986, als ich die schwierigste Entscheidung meines Lebens traf: alles, was mir wichtig war, zu verlassen. Meine Familie, meine Freunde, das Land, in dem ich geboren und aufgewachsen war. Das Land, in dem ich eingesperrt war wie ein Tier im Zoo. Das Land, das ich nicht verlassen durfte. Das Land, das mir vorschrieb, welche Bücher und Filme für mich gut waren, was ich denken sollte und welche Fragen ich nicht stellen durfte – die Tschechoslowakische Sozialistische Republik.

Als ich meine Flucht plante, wusste ich nicht, was 1990 passieren würde. Ich wusste nur, dass es kein Zurück mehr geben würde, wenn ich das Land illegal verlasse. Ich plante eine neue Zukunft und wusste, dass ich mich nicht von der Vergangenheit aufhalten lassen durfte. Dass die wichtigsten Erinnerungen in meinem Kopf bleiben und dass sie keiner Gegenstände, die man mir nehmen könnte, bedürfen würden.

ES GEHT NICHT UM DINGE, SONDERN UM GEFÜHLE. Es ist besonders schwer, sich von Gegenständen zu trennen, die in uns Gefühle erzeugen. Es geht um Erinnerungen, um die Verbindung zu den schönen Momenten in unserer Vergangenheit. Deshalb sollten Sie diese Kategorie erst am Ende der Ausmistaktion angehen und auch das nur dann, wenn Sie dazu bereit sind. Es spricht nichts dagegen, Dinge zu behalten, die Ihnen besonders am Herzen liegen. Was Sie aber immer wieder überprüfen dürfen, ist deren Menge und Wichtigkeit.

ERINNERUNGEN HALTEN IN DER VERGANGENHEIT FEST. Seien Sie wachsam, wenn Sie feststellen, dass die Erinnerungen an »die gute alte Zeit« Ihre Wohnung und damit auch Ihr Leben dominieren. Es ist schwierig, unter diesen Umständen mit der ganzen Aufmerksamkeit in der Gegenwart zu bleiben und sich auf Neues einzulassen.

Sie können damit beginnen, dass Sie alles, was beim Ausmisten der Wohnung auftaucht und in die Kategorie »Sentimentales« gehört, zuerst an einem Platz sammeln. Wahrscheinlich werden Sie sich irgendwann über eine neue Ordnung in Ihren Räumen und die Leichtigkeit, die damit einhergeht, so freuen, dass Sie auch diesen Bereich angehen.

TREFFEN SIE DIE ENTSCHEIDUNG ALLEIN. Warum Sie an bestimmten Dingen hängen, ist für Außenstehende meistens unbegreiflich. Deshalb sollten Sie die Entscheidung über Behalten oder Wegwerfen allein treffen. Ein Beispiel: Sie bewahren in Ihrer Schublade einen leeren Duftflakon auf. »Was soll die leere Flasche von diesem billigen Parfüm, das seit 20 Jahren nicht mehr hergestellt wird?«, wird sich jeder fragen, der die Geschichte dahinter nicht kennt. Nur Sie wissen, dass es ein Geschenk von Ihrer ersten großen Liebe war, und dass die Spur von diesem Duft Sie in die glücklichste Zeit Ihres Lebens versetzt.

Betrachten Sie nun die Erinnerung aus der heutigen Sicht: Was ist aus der großen Liebe geworden? Haben Sie sie geheiratet, und leben Sie immer noch zusammen? Ist Ihr Ehealltag inzwischen so langweilig geworden, dass Sie die Vergangenheit heraufbeschwören möchten? Und wäre es nicht sinnvoller, Ihre Zeit im Hier und Jetzt wieder spannend und lebendig zu gestalten, anstatt an der alten Flasche zu schnuppern? Oder hat Sie die ach so große Liebe verlassen? Und Sie trauern ihr immer noch nach? Wäre es in diesem Fall nicht sinnvoller, mit der Vergangenheit abzuschließen und alles dafür zu tun, dass der heutige Tag der beste Ihres Lebens wird?

Untersuchen Sie einen Gegenstand nach dem anderen, und fragen Sie sich, wozu genau sie ihn weiter aufheben möchten. Ist es ein Erinnerungsstück, das Sie zum Lachen bringt? Das Sie glücklich macht und Ihnen Kraft gibt? Oder heben Sie etwas auf, nur weil es ein Geschenk war und Sie bei der Vorstellung, es wegzugeben, ein schlechtes Gewissen bekommen?

ALTAR UND SCHATZKISTE. Ich finde es jedes Mal befremdlich, wenn meine Kunden beim Aufräumen in einer vollkommen verkruschtelten Schublade etwas entdecken, von dessen Existenz sie keine Ahnung hatten, das sie aber im Augenblick des Entdeckens als besonders wichtiges Erinnerungsstück bezeichnen. »Wenn es für Sie so wichtig ist, wieso behandeln Sie es nicht mit Respekt?«, frage ich in diesem Fall. Als Antwort gibt es meistens ein Schulterzucken. Besondere Dinge brauchen eine besondere Aufmerksamkeit. Reservieren Sie für sie einen schönen Platz, und behandeln Sie sie wie Gegenstände auf einem kleinen Altar. Oder legen Sie sie in eine extra Schublade oder in eine Schatzkiste.

Manchen Dingen können Sie auch neues Leben einhauchen. Wenn Sie beispielweise Ihren alten Pulli lieben, der aber zu klein oder löchrig geworden ist, können Sie aus ihm einen Kissenbezug nähen oder die Ärmel als Stulpen oder Pulswärmer benutzen. Kleine Steine, die Sie von Reisen mitgebracht haben, können Sie um die Pflanzen in den

Blumentöpfen legen. Aus Postkarten und Fotos kann man Collagen basteln oder sie zum Bekleben von Aufbewahrungskartons benutzen.

Eine weitere Möglichkeit ist es, die Erinnerungsstücke zu fotografieren oder einzuscannen. So bleiben Sie erhalten, ohne Ihnen Platz zum Leben wegzunehmen.

ERINNERUNGSSTÜCKE ENTSORGEN. Manche Erinnerungsstücke sind so schön und gut erhalten, dass Sie sie weiterverschenken können. Fragen Sie zuerst Ihre Verwandten, ob sie den Gegenstand haben wollen. Wenn das gute Stück im Familienbesitz bleibt, trennt man sich viel leichter davon.

Was übrig bleibt und weg soll, sollten Sie mit Respekt verabschieden. Es muss nicht immer alles in der Mülltonne landen. Briefe, Karten und Bilder zu verbrennen, ist eine rituelle Handlung und eine Möglichkeit, mit der Vergangenheit abzuschließen und sie zusammen mit dem entschwebenden Rauch ziehen zu lassen.

Natürlich dürfen Sie dabei nicht große Mengen Papier und schon gar nicht Kleidungsstücke oder Kunststoff in das Feuer werfen.

ENTSORGEN

- Alles, was Sie mit schlechten Gefühlen verbinden
- Dinge, die für Sie keinen Sinn mehr haben
- Erinnerungsstücke, von welchen Sie zu viel besitzen

DIE LETZTE AUFRÄUMAKTION

Frau O., meine ehemalige Nachbarin, war 93 Jahre alt, als sie starb. Sie war eine elegante Dame, die trotz ihres Alters immer noch lange Gedichte von Schiller rezitieren konnte. Frau O. lebte allein in einer großen Vierzimmerwohnung, umgeben von antiken Möbeln und feinem Porzellan. Obwohl sie körperlich nicht mehr in der Lage war, die Räume zu pflegen, wehrte sie sich vehement gegen einen Umzug in die Nähe ihres Sohnes. »Wohin soll ich alle meine Möbel und Sachen tun?« entgegnete sie jedes Mal, wenn jemand aus der Familie versuchte, sie zu überreden. »Außerdem gehen mir mein Sohn und seine Frau auf die Nerven«, fügte sie hinzu. Sie engagierte eine Zugehfrau, die einmal in der Woche die Wohnung reinigte und das ausgestellte Porzellan abstaubte.

An einem heißen Sommertag fiel Frau O. um. Sie wurde ins Krankenhaus gebracht, wo sie am nächsten Tag verstarb.

Eine Woche später rückte der Sohn an, ausgestattet mit einem großen Anhänger. Er schleppte ein Möbelstück nach dem anderen auf die Terrasse, zersägte es mit der Stichsäge und warf die Teile in den Hänger. Danach waren die Teppiche dran, auf diese folgten Säcke mit Kleidung und ab ging es in die Müllverbrennungsanlage. Die Ausräumaktion dauerte zwei Tage. Die Wohnung wurde besenrein übergeben, und nichts mehr erinnerte an die alte Dame, die Porzellan sammelte und Schiller liebte.

Ich kann nicht beurteilen, ob die Vorgehensweise der Rationalität oder dem Zeitmangel geschuldet war oder eher dem Umstand, dass die Mutter-Sohn-Beziehung recht angespannt war und die Schwiegertochter Frau O. regelrecht hasste. Es war auf jeden Fall die schnellste und emotionsloseste Räumung, die ich je erlebt habe.

In der Regel ist eine Haushaltsauflösung nach einem Todesfall für die Angehörigen eine große Herausforderung. Zur Trauerbewältigung kommt jede Menge Organisatorisches hinzu, und nicht selten werden beim Entrümpeln der elterlichen Wohnung alte Kriegsbeile ausgegraben und Kindheitsverletzungen nochmal durchlebt.

GEHEN SIE GEMEINSAM VOR. Um Streitigkeiten zu vermeiden, gehen Sie gemeinsam mit allen Beteiligten, in diesem Fall meist Geschwistern, vor. Besprechen Sie offen, welche Dinge Sie behalten möchten, und hören Sie auch auf die Wünsche der anderen. Überlegen Sie ganz genau, ob Sie Ihre Lebenspartner dabeihaben wollen.

PLANEN SIE DIE AUSRÄUMAKTION SORGFÄLTIG. Erstellen Sie einen realistischen Zeitplan. Vielleicht müssen Sie die Kündigungsfrist für die Mietwohnung einhalten, Renovierungsarbeiten durchführen oder Abholtermine für den Sperrmüll vereinbaren. Verteilen Sie die Aufgaben gerecht. Machen Sie eine Checkliste für alles, was Sie brauchen werden: Umzugskartons, Anhänger, Lieferwagen, Container zur Entsorgung von Sperrmüll und so weiter.

NEHMEN SIE SICH ZEIT. Nutzen Sie die Haushaltsauflösung, um bewusst Abschied zu nehmen. Lassen Sie die Verstorbenen nochmals Revue passieren – und dann lassen Sie sie los. Behalten Sie einige Erinnerungsstücke, die Sie vom ganzen Herzen lieben und die Sie mit guten Gefühlen verbinden. Das ist wichtiger als die Menge oder der vermeintliche Wert der Gegenstände.

Falls Sie der Abschiedsschmerz lähmt und Sie keine guten Entscheidungen treffen können, verpacken Sie die Sachen in Kartons und lagern Sie sie ein. Die Ausräum-Aktion um ein paar Monate zu verschieben, ist in diesem Fall absolut in Ordnung. Was sich über Jahre angesammelt hat, können Sie nicht übers Wochenende aussortieren. Nehmen Sie sich nur kleine Portionen vor (etwa einen Schrank, eine Kommode oder eine Schublade) und arbeiten Sie sich nach und nach durch alle Räume.

URKUNDEN, FOTOS, BRIEFE. Falls Ihnen die Zeit fehlt oder Sie noch nicht bereit sind, sich mit Schriftstücken und Fotos zu beschäftigen, legen Sie alles in einen Karton und lagern Sie die Sachen zuerst ein. Vielleicht brauchen Sie den Abstand von mehreren Monaten oder sogar Jahren, um alles ruhig durchsehen zu können. Manche in Briefen und Bildern erhaltenen Informationen dokumentieren die Familiengeschichte und sind für das Verständnis der eigenen Biografie wichtig. Überlegen Sie daher, nach welchen Kriterien Sie alles sortieren wollen. Beispielsweise:

- Persönliche Korrespondenz zwischen den Eltern
- Urkunden
- Bescheide, Bestätigungen und sonstige behördliche Dokumente
- ...

Werfen Sie zuerst alles weg, was keinen historischen oder emotionalen Wert hat. Alte Stromabrechnungen, irgendwelche Anschreiben und Ähnliches braucht in der Regel niemand.

Sortieren Sie innerhalb einer Kategorie die Unterlagen chronologisch oder nach Thema. Beschriften Sie gegebenenfalls alles, solange Sie sich noch an die Personen oder die Ereignisse und Zusammenhänge erinnern.

Schauen Sie alles hin und wieder durch. Sie werden feststellen, dass Ihnen das eine oder andere im Abstand von Jahren doch nicht so wichtig ist und Sie es loslassen können. Oder vielleicht kommt es zum Gegenteil, und Sie werden mit Spaß eine Familienchronik anlegen und pflegen.

PROFESSIONELLE HILFE BEAUFTRAGEN. Sie müssen nicht alles allein machen. Eine Entrümpelung ist nicht nur eine seelische Belastung, sondern auch eine körperlich anstrengende Herausforderung. Für viele Angehörige ist es besser, eine professionelle Hilfe zu beauftragen, als sich mit dem Abtransport von schweren Gegenständen selbst abzumühen.

Seriöse Entrümpler ermitteln vorab die Kosten für die Räumung und unterbreiten Ihnen ein Festpreis-Angebot. Falls sich im Haushalt verwertbare Möbel oder andere Gegenstände befinden, wird der Erlös aus dem Verkauf mit den Kosten der Entsorgung verrechnet.

DAS LEBEN RECHTZEITIG AUFRÄUMEN. Es ist jedoch nicht immer ein Todesfall, der zu einer Wohnungsauflösung führt. Wenn Senioren den Haushalt nicht mehr führen können und in eine Einrichtung umziehen müssen, werden sie gezwungen, ihren Besitz zu verkleinern. Für viele Kinder stellen die Sortierung und Auflösung des Haushalts ihrer pflegebedürftigen Eltern eine große seelische Belastung dar, vor allem, wenn unvorhergesehen ein Umzug nötig wird. Denn selten reden Eltern mit ihren Kindern rechtzeitig darüber, wie sie im Alter leben wollen. Dabei wäre es für alle Beteiligten eine Beruhigung, rechtzeitig zu klären, was mit all den Dingen passieren soll, wenn Eltern sich nicht mehr aus eigener Kraft um sie kümmern können.

Gemeinsam Dinge ordnen und entrümpeln bietet Familienmitgliedern eine Chance, miteinander ins Gespräch zu kommen und eine tiefere Beziehung aufzubauen. Wenn man zusammen Alltagsgegenstände und Erinnerungsstücke sortiert, tauchen plötzlich Fragen auf wie »Was ist meiner Mutter früher wichtig gewesen?«, »Warum hat mein Vater diesen Gegenstand immer noch?«, »Was treibt meinen Opa um?«, »Wie war die Oma als junges Mädchen?« Auf diese Art und Weise können sich alle noch einmal besser kennenlernen und sich näherkommen.

BESITZTÜMER ORDNEN. Natürlich müssen Sie nicht ab einem bestimmten Alter liebgewonnene Gegenstände in den Müll werfen. Vielmehr geht es darum, die Sachen rechtzeitig zu ordnen. Bei dieser Gelegenheit können Sie auch anfangen, Ihren Besitz zu verteilen. Verschenken Sie mit »warmen Händen« alles, was Sie nicht mehr brauchen.

Entscheiden Sie rechtzeitig, was mit persönlichen Erinnerungsstücken passieren soll. Falls Briefe, Tagebücher und ähnliche Dinge nach ihrem Ableben nicht von anderen gelesen werden sollen, legen Sie sie in eine Box und beschriften sie diese entsprechend. Teilen Sie Ihren Wunsch »Entsorgen ohne hineinzuschauen« auch den Angehörigen mit.

ABNEHMER FÜR SAMMLUNGEN FINDEN. Ob teure Bilder, Schallplatten, Automodelle oder Kuriositäten wie 3000 Ostereier und 1785 Bowlingkugeln: Eine über Jahrzehnte aufgebaute Sammlung wegzugeben, tut weh. Entscheiden Sie rechtzeitig, was mit den Dingen passieren soll. Befragen Sie Ihre Familienmitglieder, ob sie die Sammlung übernehmen und weiterführen möchten.

Falls nicht, fragen Sie andere Sammler oder Museen und Ausstellungshäuser. So können Sie beispielsweise bestimmen, dass Exemplare einer Sammlung nicht einzeln verkauft werden dürfen oder dass Ihre Sammlung einem bestimmten Haus zugesprochen wird.

WEIHNACHTEN
KLEIDER
WINTER

ORDNUNG

TEIL 5

DAUERHAFT HALTEN

»Die reinste Form des Wahnsinns ist es,
alles beim Alten zu belassen und zu hoffen,
dass sich etwas ändert.«

ALBERT EINSTEIN

Ich werde oft gefragt, wie nachhaltig meine Arbeit ist, ob tatsächlich alle Kunden nach einem Aufräumcoaching dauerhaft Ordnung halten können. Die ehrliche Antwort ist: Nein, nicht immer. Alle Kunden wünschen sich eine Veränderung, aber manche sind nicht bereit, etwas dafür zu tun, sich von alten Verhaltensweisen zu trennen.

Ich erinnere mich an eine wohlhabende Familie, die mich gebeten hat, ihr Haus unter die Lupe zu nehmen. Ich sollte die Verbesserungsmöglichkeiten aufzeigen und ihnen »Hausaufgaben« erteilen. Sie würden diese dann selbst umsetzen. So war der Plan. Aus dem telefonischen Vorgespräch wusste ich, dass sie das Haus sieben Jahre zuvor gekauft hatten, dass zwei der drei Kinder bereits ausgezogen waren, dass der jüngste Sohn in vier Wochen Abitur machen und danach für ein Jahr ins Ausland gehen würde. Das Haus war beindruckend: drei Stockwerke, antike Möbel, ein großer Garten mit kunstvoll angelegtem Teich und einem auf Knopfdruck funktionierenden Wasserfall. Ich inspizierte alles, von den Kinderzimmern im Dachgeschoss bis zum Keller, und machte mir Notizen, um mit der Familie einen konkreten Plan zu entwickeln.

Hier der Auszug aus meinen Aufzeichnungen: Alle Möbel im Wohnzimmer sind zugestapelt mit Zeitungen, Zeitschriften und Büchern. Auf dem Klavier liegen so viele Notenblätter, dass es unmöglich ist, darauf zu spielen. Die Arbeitsplatte in der Küche ist voll mit Gerätschaften, aber es gibt kaum Platz, um nur eine Zwiebel zu schneiden. Im Bad stapeln sich Pflegeprodukte in Mengen, die locker mit einem Drogerie-Markt konkurrieren könnten.

Die Schränke im Schlafzimmer sind überfüllt, weitere Kleidungsstücke hängen an fünf Haken an der Tür. Die Kinderzimmer der beiden verheirateten Töchter (beide wohnen mehrere hundert Kilometer weit weg) sind unberührt. In den Schränken hängt die alte Kleidung der Kinder, in den Regalen stehen Bücher und Unterlagen aus ihrer Studienzeit. Im Keller stehen 23 Umzugskartons. Es riecht modrig, und die unteren Kisten sind alle feucht. Im alten Gartenschuppen lagern Werkzeuge, welche die Vorbesitzer zurückgelassen haben. Sie werden nicht benutzt — die Gartenarbeit wird von einem Gärtner übernommen. In einem neuen Gartenhaus steht ein Sofa, darauf liegen sechs alte, aussortiere Polster für Gartenstühle. Ein weiteres Gartenhaus ist bereits bestellt, dort sollen Fahrräder abgestellt werden. Die zweite Garage ist vollgestellt mit Gerümpel, das Auto der Ehefrau parkt dauerhaft am Straßenrand.

Nach der Hausbesichtigung ging es um die Hausaufgaben. »Die Kartons im Keller, die können Sie alle gleich wegwerfen«, fing ich an. »Die haben wir noch nicht geschafft, nach dem Umzug auszupacken«, wehrte die Dame des Hauses ab. »Wir müssen sie zuerst durchsehen.« – »Die liegen seit sieben Jahren dort, und bis jetzt haben Sie nichts vermisst«, entgegnete ich. »Außerdem ist der Inhalt bestimmt schon verschimmelt.« – »Nein, nein, ich will sie trotzdem durchsehen«, beharrte Frau T. »Okay, dann schreibe ich auf: ›Kartons im Keller durchsehen‹. Bis wann schaffen Sie das?« – »Erst, wenn unser Sohn im Ausland ist, vorher müssen wir noch viel organisieren.« – »Gut, bis Ende August?« – »Ja, Ende August ist gut.« Ich notierte die Aufgabe und den Termin. »Sie brauchen kein weiteres Gartenhaus«, wandte ich mich an Herrn T. »Werfen Sie das alte Sofa und die Polster weg, dann können Sie dort die Fahrräder unterstellen.« »Wegwerfen? Niemals! Die Polster sind noch gut. Das Sofa auch«, mauerte der Hausherr. »Aber warum haben Sie dann die Dinge neu gekauft?« wunderte ich mich. »Als wir den Wintergarten gebaut haben, wünschte sich meine Frau neue Polster, und für das Sofa haben wir keinen Platz im Haus.« – »Dann verschenken Sie sie gegen Abholung. Jemand, der nicht so viel Geld hat, freut sich bestimmt, und Sie müssen sich nicht darum kümmern«, schlug ich vor. »Nein, nein, nein, ich lasse keine fremden Menschen ins Haus«, erwiderte Herr T. rigoros. »Außerdem ist das neue Gartenhaus ohnehin bereits bestellt.« Ich startete einen letzten Versuch: »Sagen Sie Mal, was kostet so ein Häuschen?« – »2300 Euro, wieso?« – »Nur so …«

Denken Sie, dass die Familie etwas von dem umgesetzt hat, was wir vereinbart hatten? Natürlich nicht. Es war ein Versuch. Sie glaubte, es würde sich von allein etwas verändern, wenn eine Beraterin ins Haus käme. So, wie manche Menschen glauben, dass sie allein durch eine Ernährungsberatung 10 Kilo abnehmen oder durch eine Mitgliedschaft im Fitnessstudio wie durch einen Zauber Muskeln aufbauen würden. Doch dem ist leider nicht so.

Komplexe Veränderungen brauchen viel Zeit und manchmal auch enorme Anstrengung. Die Gefahr, zu den alten Gewohnheiten zurückzukehren, ist groß. Daher »verordne« ich meinen Kundinnen und Kunden nach einer Aufräumaktion nur fünf simple, wirksame Regeln für eine dauerhafte Ordnung.

FÜNF (PLUS EINE) REGELN, DIE DAS ORDNUNGHALTEN LEICHTER MACHEN

REGEL 1
ALLES HAT EINEN PLATZ

Wissen Sie, wo die meisten Familien ungelesene Zeitungen, Zeitschriften, Briefe, Mitteilungen und unbezahlte Rechnungen aufbewahren? Auf der Eckbank, auf dem Esstisch oder auf dem Fensterbrett. Und denken Sie, dass sich jemand eine Eckbank kauft, um dort Papierkram zu lagern? Sicher nicht. Wenn Dinge »einfach so« irgendwo herumliegen, haben sie entweder keinen festen Platz, oder sie wurden nicht dorthin gebracht. Daher lautet die wichtigste Ordnungsregel: *Alles hat einen Platz und wird dorthin zurückgebracht.* Definieren Sie für alles, was Sie besitzen, eine konkrete Aufbewahrungsstelle. Das, wofür es in Ihrer Wohnung oder in Ihrem Haus keinen Platz gibt, soll entsorgt werden.

Mit dieser guten Gewohnheit wird sich das Chaos in Ihren vier Wänden gar nicht ausbreiten. Und liegt einmal doch alles verstreut herum, schaffen Sie es leicht, die gewünschte Ordnung wiederherzustellen.

REGEL 2
DIE MACH-ES-GLEICH-REGEL

Haben Sie auch schon Mal die Küche nicht aufgeräumt, in der Hoffnung, dass Sie am nächsten Tag mehr Lust dazu haben würden? Und, hat es funktioniert? Falls Sie mit mehr Freude die alten Flecken entfernen, statt frische schnell wegzuwischen, oder gerne eingetrocknete Pfannen schrubben, behalten Sie das System bei. Und sonst erledigen Sie kleine, wenn auch unangenehme Arbeiten sofort.

Viele Menschen betrachten das Aufräumen und Zurückbringen von Dingen nicht als einen Teil der eigentlichen Arbeit. Mit dem Gedanken »Das räume ich nachher weg« bleiben Küchenutensilien, Werkzeuge, Materialien, Kleider und vieles mehr liegen. Diese Keimzellen der Unordnung ziehen magisch weitere Genossen an, und bald hat das Chaos das Terrain erobert. Auch ich kenne diese Situation gut. Vor vielen Jahren habe ich in meiner Wohnung ein Regal montiert. Dazu musste ich Löcher in die Wand bohren. Ich holte meine Bohrmaschine aus dem Keller, bohrte Löcher, gipste die Dübel fest, befestigte die Bretter – kurz gesagt, schaffte ich in meinen Augen eine große Tat. Die Arbeit war zu Ende. Ich hatte keine Lust, noch in den Keller zu laufen und die Bohrmaschine wieder aufzuräumen. »Dafür habe ich jetzt keine Zeit, das mache ich später«, dachte ich mir. Ich wickelte das Kabel um das Gerät herum und legte dieses im Flur auf den Boden. Ein paar Tage später lag das gute Teil immer noch da. Hinzugekommen waren zwei leere Gläser und ein Paar Arbeitshandschuhe. Die alle sollten auch in den Keller. »Ganz ehrlich, hast du keine Zeit oder hast du keine Lust?«, fragte ich mich selbst. Ich nahm die Sachen, lief in den Keller und zurück und stoppte dabei die Zeit. Raten Sie, wie lange es gedauert hat. 58 Sekunden! Knapp eine Minute, und die Ordnung war wiederhergestellt. Seit diesem Erlebnis habe ich angefangen, Arbeitsabläufe zu messen. Wie lange dauert es, die Schere und das Klebeband zurück ins Arbeitszimmer zu bringen, anstatt sie im Wohnzimmer auf dem Tisch liegen zu lassen? Oder den Einkauf zu verstauen? Oder die Wäsche in den Schrank zu räumen? Ich stellte fest, dass man mit einem minimalen Zeitaufwand einzelne Sachen zurückstellen kann. Wenn aber aus den einzelnen Dingen ein Berg geworden ist, ist der Zeitaufwand viel größer und damit auch das Hindernis, alles aufzuräumen.

Immer, wenn ich keine Lust habe, etwas zu Ende zu bringen, rufe ich mir die dafür erforderliche Zeit ins Gedächtnis. »Komm, 58 Sekunden, die hast du«, sage ich mir beispielsweise. Das hilft. Meistens.

REGEL 3
ZUSAMMEN LAGERN, WAS ZUSAMMENGEHÖRT

Stellen Sie sich einen Lebensmittelladen vor, in dem sich Waren ohne Plan und System gelagert befinden. Spaghetti gleich hinter dem Eingang, Linguine vor der Kasse. Joghurt im ersten Kühlregal rechts, Quark im letzten Kühlregal links. Und so weiter, und so fort. Wie lange würde es wohl dauern, bis Sie Ihren Einkauf beieinanderhätten? »Katastrophe, reine Zeitverschwendung«, würden Sie wahrscheinlich denken, und dort nie wieder einkaufen. Aber genau so ein »Unsystem« haben viele Menschen in den eigenen vier Wänden.

Hier zwei konkrete Beispiele meiner Kunden. Es lagerten:

- Pinsel in der Werkstatt, Pinsel in der Garage, Pinsel im Keller, Farben im Keller, Pinselreiniger zwischen den Putzmitteln in der Wohnung.
- eine Flasche des Universalreinigers in der Küche, drei Flaschen des Universalreinigers im Keller, zwei weitere Flaschen desselben Mittels in der Waschküche.

Mit solchen Beispielen aus meiner Aufräumpraxis könnte ich ein eigenes Buch füllen. Wenn Dinge an unterschiedlichen Stellen gelagert werden, merkt man nicht, was wie oft bereits vorhanden ist. Bilden Sie daher sinnvolle Kategorien aus ähnlichen Dingen. Das gilt für die Gewürze in der Küche genauso wie für Unterlagen, Kleidung, Werkzeug, Toilettenartikel und vieles mehr.

Die Lagerung nach Kategorien hat mehrere Vorteile:

- Sie bekommen einen guten Überblick, haben weder zu viel auf Vorrat, noch kommen Sie in Situationen, wo etwas fehlt.
- Alle Familienmitglieder wissen (oder können es lernen), wo sich was befindet, anstatt »Mama (Papa, Schatz …), wo ist …?« zu rufen.
- Auch andere Personen (Babysitter, Betriebshelferin, Oma …) finden sich zurecht.

REGEL 4
ALLE BEHÄLTER SINNVOLL UND LESBAR BESCHRIFTEN

Diese Regel ist so banal, dass ich mich fast nicht traue, sie hier aufzuschreiben. Wären da nicht die Erfahrungen aus unzähligen Vor-Ort-Beratungen. Auf die Frage »Was ist in dem Karton drin?« ernte ich oft ein Schulterzucken und die Antwort »Muss ich mal schauen«. Das gilt für Umzugskartons im Keller genauso wie für Ordner im Arbeitszimmer oder Aufbewahrungsdosen in der Küche. Oft weiß nur eine Person, was sich wo befindet.

- Im Ordner mit einem halb abgerissenen Etikett »Englisch, 6. Klasse« ist die Korrespondenz mit der Vermieterin abgelegt.

- In der Keksschachtel findet man die Backgewürze.
- In der alten Teedose lagern Knöpfe.
- Die Hutschachtel vom Flohmarkt verbirgt Gebrauchsanweisungen.

Auch diese Beispiele habe ich mir nicht ausgedacht. Falls Sie keine Lust auf Entdeckungsabenteuer in den eigenen vier Wänden haben, beschriften Sie alle Behälter konkret und unmissverständlich, und zwar nicht nur von oben, sondern auch von der Seite, die Sie beim Lagern sehen werden. Sie können das mit der Hand tun, mit einem Beschriftungsgerät oder mit dem Computer und Drucker. Auf weißen Etiketten, nostalgischen Aufklebern oder was auch immer Ihnen gefällt. Suchen Sie sich das aus, was zu Ihnen passt und schnell ohne großen Aufwand durchführbar ist. Statt der Beschriftung können Sie die Behälter auch mit Bildern vom Inhalt bekleben. Viele Frauen machen beispielsweise kleine Bilder von den Schuhen, die sich im Karton befinden, und kleben sie darauf. Auch für Kinder, die noch nicht lesen können, sind Bilder optimal. Einem größeren Kind können Sie ein Beschriftungsgerät in die Hand drücken. Was denken Sie, wird es machen? Richtig, alles beschriften.

REGEL 5
MEISTBENUTZTE DINGE ERREICHBAR PLATZIEREN

Früher haben meine Eltern »Was bin ich?« geschaut. Für alle, die nicht wissen, worum es geht, ein kleiner Exkurs in die Vergangenheit:

Diese Show war in den 1970er-Jahren Kult, und der Moderator Robert Lembke gehörte zu den bekanntesten und beliebtesten Quizmastern im Fernsehen. In jeder Folge musste ein Team die Berufe der Studiogäste nach und nach erraten. Es durften nur geschlossene Fragen gestellt werden, auf die der Gast mit Ja oder Nein antwortete.

Für jedes Nein warf Lembke ein Fünf-Mark-Stück in ein Sparschwein, das der Gast am Schluss mit nach Hause nehmen konnte.

Es begann immer gleich: Vor dem Quizmaster auf dem Tisch standen fünf bunte Sparschweine. Der Studiogast kam rein und wurde mit den legendären Sätzen *»Nehmen Sie bitte Platz. Welches Schweinderl hätten Sie denn gern?«*, begrüßt. Das ausgesuchte Sparschwein platzierte Lembke vor dem Gast. Bei jedem Nein streckte er sich weit nach rechts, um das »Schweinderl« mit der Münze zu füttern.

Ich schaute die Show nie. Aber wie es der Zufall wollte, kam ich eines Tages gerade in dem Moment ins Wohnzimmer, als der erfahrene Moderator eine kleine Erleuchtung erlebte. Er zog das Sparschwein zu sich heran, mit der erstaunten Frage »Warum eigentlich strecke ich mich seit Jahren quer über den Tisch? Ich kann das Schwein vor mir füttern und es erst am Ende dem Gast überreichen!«

Diese Episode zeigt deutlich, dass wir aus Gewohnheit oft die Dinge so belassen, wie sie einmal waren. Ob es sich um die Anordnung von Küchenutensilien, Werkzeugen oder Aktenordnern handelt: Überprüfen Sie hin und wieder bewusst, ob die Dinge, die Sie ständig benötigen, am leichtesten und schnellsten erreichbar sind. Und stellen Sie umgekehrt alles weiter weg, was selten gebraucht wird.

In diesem Zusammenhang taucht oft folgende Frage auf: »Also was jetzt? Soll alles nach Kategorien zusammen gelagert werden, oder dort, wo es gebraucht wird, das heißt unter Umständen doppelt?« Meine zuerst unbefriedigende Antwort lautet »Es kommt darauf an.« Auf was denn genau? Auf die Entfernung und auf die Arbeitsweise.

Hier drei konkrete Kundenfragen und meine Lösungsvorschläge:

1. FRAU W. »Ich lagere saisonale Kleidung, Schuhe, Dekoartikel und einen Teil des Spielzeugs im Keller. Ziemlich oft räume ich spontan den einen oder anderen Karton um. Jedes Mal nehme ich mir vor, alles neu zu beschriften. Wenn ich aber vergesse, Filzstift und Etiketten aus der Wohnung mitzunehmen (was mir ehrlich gesagt oft passiert), lasse ich die Kartons falsch beschriftet im Regal stehen. Und nach ein paar Wochen weiß ich nicht mehr, was sich wo befindet.«

Statt jedes Mal die Sachen aus der Wohnung zu holen und nach Gebrauch wieder aufzuräumen, riet ich Frau W., im Keller eine kleine Box mit dickem Filzstift, selbstklebenden Etiketten, Klebeband, Schere, Bleistift und einem Notizblock zu platzieren. Diese Lösung hat sich für sie als ideal erwiesen.

2. FRAU M. »In unserer Dreizimmerwohnung stehen alle Reinigungsmittel unter der Spüle in der Küche. Allerdings bleibt das Waschbecken im Bad oft fleckig, weil es lästig ist, jedes Mal die Putzsachen aus der Küche zu holen. Ergibt es Sinn, die Putzmittel doppelt zu lagern?«

In diesem Fall riet ich der jungen Frau, alles an seinem alten Platz zu belassen und zusätzlich einen Schwamm oder ein Mikrofasertuch und eine kleine Sprühflasche mit Essigreiniger im Bad griffbereit zu halten. Nach dem Zähneputzen einmal kurz mit dem Lappen über das Waschbecken oder den Spiegel zu fahren, dauert keine 20 Sekunden und verkürzt die übliche Badreinigung erheblich. Wer schon einmal versucht hat, einen gut eingetrockneten Zahnpasta-Klecks zu entfernen, weiß Bescheid. Dasselbe gilt für Kalkflecken – mit einem Tuch über die nasse Armatur zu wischen, dauert nur einen kleinen Augenblick und lässt die lästigen Flecken gar nicht erst entstehen.

3. HERR K. »Ich habe mir im Keller unseres Einfamilienhauses eine kleine Werkbank mit Schubladen für Werkzeug sowie ein Aufbewahrungssystem für Materialien wie Schrauben, Nägel, Dübel und so weiter eingerichtet. In der Wohnung bewahre ich in einer Küchenschublade ein paar Schraubenzieher und Zangen, einen Hammer, einen Zollstock sowie eine Schachtel mit Kleinkram auf. Meiner Frau geht es auf die Nerven, aber ab und zu muss man doch in der Wohnung die eine oder andere Schraube nachjustieren oder ein Bild aufhängen. Was würden Sie uns raten?«

Da Herr K. nur sehr selten mit dem Werkzeug in der Küche hantieren muss, ergibt es keinen Sinn, damit die Küchenschublade zu belegen. In diesem Fall sollte er alles beieinander in seiner Werkstatt aufbewahren.

KOMMT WAS NEUES INS HAUS, FLIEGT WAS ALTES RAUS?

Diese Regel war für mich jahrelang auf Platz 1 meiner Empfehlungen. Damit sich der nach dem Aussortieren gewonnene Platz nicht schnell mit neuen Sachen füllt, sollten die Kunden vor jedem Kauf überlegen, was stattdessen das Haus verlässt. Mittlerweile fällt mir das im Hinblick auf die Nachhaltigkeit schwer. Dieser Rat hilft Ihnen, die Menge an Gegenständen in Ihren vier Wänden in Schach zu halten. Er wird Sie aber nicht unbedingt zum nachhaltigen Umgang mit Ressourcen motivieren. Lesen Sie bitte daher auch Kapitel »Nachhaltigkeit« und entscheiden Sie selbst, wie sinnvoll diese Regel in Ihrem konkreten Fall ist.

DIE MACHT DER GEWOHNHEIT

JO-JO-EFFEKT BEIM AUFRÄUMEN

Wer schon einmal Diät gehalten hat, kennt es: Abnehmen ist leichter, als das Gewicht dauerhaft zu halten. Ohne eine Verhaltensänderung stellt sich schnell der gefürchtete Jo-Jo-Effekt ein: Man hat bald nicht nur das Ausgangsgewicht zurück, sondern noch ein paar Pfunde obendrauf. So ist es auch mit der Ordnung. Wenn Sie das Chaos dauerhaft in Schach halten wollen, ist es notwendig, sich neue Verhaltensweisen anzutrainieren. Damit das funktioniert, müssen Sie zuerst lernen, den Autopiloten auszuschalten.

AUTOPILOTEN AUSSCHALTEN. Der Mensch ist ein Gewohnheitstier. Die meiste Zeit des Tages läuft er sozusagen auf Autopilot, gesteuert durch Automatismen und Gewohnheiten. Dieses unbewusste Verhalten spart Energie und erleichtert uns das Leben. Stellen Sie sich vor, wie es wäre, wenn Sie beim Kaffeekochen jeden Handgriff täglich neu durchdenken müssten. Oder wenn Sie jedes Mal, wenn Sie in ein Auto steigen, sich an das richtige Anfahren erinnern sollten. Wie war das noch mal? Mit dem rechten Fuß die Bremse drücken, mit dem linken die Kupplung durchtreten. Den ersten Gang eingelegen. Den Druck auf dem Kupplungspedal langsam reduzieren, ... Das Autofahren wäre genauso anstrengend und holprig wie am ersten Tag in der Fahrschule.

Gewohnheiten sind das Gerüst unseres Lebens, deshalb haben sie eine so ungeheure Macht. Sie zu verändern braucht Zeit und eine Bewusstwerdung der automatischen Abläufe. Eine unerwünschte Routine können Sie nicht »löschen«. Negativ-Vorsätze wie »Ich will meine schmutzige Kleidung nicht auf den Boden werfen«, sind unwirksam. Ganz im Gegenteil. Je mehr Sie irgendetwas nicht wollen, desto höher ist die Wahrscheinlichkeit, dass Sie es tun werden. Diese Ironie ist begründet in der Funktion unseres Denkapparates: Das Gehirn kann nicht nicht denken. Sie kennen bestimmt das Beispiel »Denk jetzt NICHT an eine Banane!«. Woran denken Sie? Genau: an die Banane. Wie also können Sie eine Gewohnheit verändern?

SCHRITT 1: BEWUSSTWERDUNG. Erkennen und benennen Sie die Gewohnheiten, die dazu führen, dass in Ihren vier Wänden Unordnung herrscht. Dazu müssen Sie lernen, sich bewusst zu beobachten. Am leichtesten geht das wenn Sie sich in die Rolle einer Radioreporterin oder eines Sportkommentators versetzen, die das Geschehen einem unsichtbaren Publikum vermitteln.

Es kann beispielsweise sein, dass Sie Ihre Sachen gedankenlos irgendwo hinlegen, wenn Sie nach Hause kommen. Bewusst kommentiert würde es so aussehen: »Ich stelle meine Tasche auf den Boden im Gang, werfe die Jacke auf den Sessel im Wohnzimmer und den Schlüssel mit der Post auf den Küchentisch.« Im Handumdrehen haben Sie Unordnung an drei Stellen geschaffen. Damit soll jetzt Schluss sein.

SCHRITT 2: ALTERNATIVE FINDEN. Überlegen Sie sich eine sinnvolle Strategie und einen Ersatz für die Angewohnheit, die Sie verändern wollen. Zum Beispiel: Den Schlüssel hängen Sie sofort auf das Schlüsselbrett hinter der Tür, Jacke und Tasche kommen in die Garderobe, die Post in das Eingangskörbchen auf der Kommode.

SCHRITT 3: ERINNERUNGSHILFE INSTALLIEREN. Nun brauchen Sie ein Hilfsmittel, das Sie an die neue Gewohnheit erinnert. Es kann ein Wort sein, ein Merksatz oder eine Vorstellung, die Sie vor Ihr inneres Auge holen können. Je skurriler, witziger oder verrückter die Erinnerungshilfen sind, desto besser funktionieren sie.

Ich erinnere mich an ein Seminar, in dem es um die Erledigung großer Aufgaben ging, für die wir meistens keine Zeit haben. Ich habe den Teilnehmerinnen und Teilnehmern ein Bild von einem großen Berg und einem sehr kleinen Bergsteiger an die Tafel skizziert. »Das ist der Mount Everest«, erklärte ich. »Er ist zu groß, der Bergsteiger kann nicht auf einmal hinaufgehen. Was macht er in diesem Fall? Richtig, er geht zuerst in das Basislager. Dann geht es weiter. Lager eins, Lager zwei, Stück für Stück, Schritt für Schritt und irgendwann ist es geschafft, und er steht auf dem Gipfel«, beendete ich meine Metapher. »Ja, ja«, meinte eine der Damen, »das klingt gut. Aber bei mir funktioniert es nicht. Ich hänge die Wäsche ab, dann bügle ich sie und lege sie in den Wäschekorb. Den stelle ich im Schlafzimmer auf die Kommode, und dort bleibt er tagelang liegen. Mich regt es auf, aber irgendwie schaffe ich es nicht, die Wäsche in den Schrank einzuräumen. Was soll ich tun?« – »Du musst in das Basecamp!«, rief ich mit aufgerissenen Augen sehr laut aus. »Der Schrank ist das Basecamp! Die Kommode ist draußen, dort erfrierst du!« Nach einem kurzen Schreck prusteten alle los. *»Mit der Wäsche in das Basecamp«* war ab sofort eine Erinnerungshilfe nicht nur für die eine Teilnehmerin, sondern für uns alle. »Diese Situation und der Satz waren so prägend«, erzählte mir die Frau viele Jahre später, »ich habe seitdem kein einziges Mal die Wäsche unaufgeräumt gelassen. Immer, wenn ich dazu keine Lust hatte, habe ich mir dich vorgestellt, wie du mit aufgerissenen Augen ›Du musst in das Basecamp!‹ schreist und es sofort erledigt.«

SCHRITT 4: UNTERSTÜTZER INS BOOT HOLEN. Falls Sie nicht allein leben, teilen Sie Ihr Vorhaben den Familienmitgliedern oder Mitbewohnerinnen mit, und bitten Sie sie um einen Hinweis, falls Sie unbemerkt in ein altes Verhaltensmuster fallen. Sie dürfen aber nicht sauer sein, wenn es tatsächlich geschieht. Auch gute Freunde oder die Community in den Sozialen Medien können Ihnen bei der Disziplinierung helfen. Machen Sie Ihr Vorhaben öffentlich, berichten Sie über Ihre Erfolge oder auch über die Niederlagen. Ein Austausch mit Gleichgesinnten motiviert und feuert an. Meiden sollten Sie dagegen Kritiker, die sich schon im Vorfeld negativ äußern (»Das schaffst du eh nicht«, »Daran sind schon viele gescheitert«). Diese negative Prophezeiung weckt zwar in manchen Menschen den Ehrgeiz, dem anderen zu beweisen, dass man es doch schafft, aber für die meisten ist es ein Grund, um sofort aufzuhören oder spätestens beim ersten kleinen Versagen die Flinte ins Korn zu werfen.

SCHRITT 5: DRANBLEIBEN. Jetzt kommt der schwierige Teil: Sie müssen sich in Geduld üben und eine ganze Weile durchhalten. Die Psychologin Phillippa Lally vom University College in London hat bei einem Experiment herausgefunden, dass es durchschnittlich 66 Tage dauert, bis sich eine neue Angewohnheit etabliert hat (Lally et al.: *How are habits formed: Modelling habit formation in the real world,* European Journal of Social Psychology, London 2010).

VORSICHT, RÜCKFALL!

Ist die neue Angewohnheit noch nicht etabliert, kann man sehr schnell in alte Muster zurückverfallen. Stress, Frust, Sorgen, Ängste oder auch Langeweile entziehen dem Organismus Energie. Diese fehlt dann, um die gewohnte Handlungsweise zu hemmen und die neue auszuführen. In dieser Situation greift das Gehirn auf die altbewährte Methode zurück: Autopiloten einschalten. Lassen Sie sich durch die

Erfahrung des Scheiterns nicht entmutigen. Identifizieren Sie den Auslöser (»Ja, ich war gestresst und genervt und habe die Post und den Schlüssel auf den Tisch gepfeffert!«), und machen Sie Frieden damit. Erinnern Sie sich an Ihr Ziel, und starten Sie am nächsten Tag aufs Neue.

Sollten Sie wiederholt scheitern, überprüfen Sie Ihre Motivation. Aus welchem Grund wollen Sie Ihr Verhalten ändern? Was steckt wirklich dahinter? Im Teil 8 »Wie man sich selbst motivieren kann« finden Sie dazu mehr.

AUF DEM WEG DER STÄNDIGEN VERBESSERUNG

Ich erinnere mich gut an unsere erste Wohnung: Zwei Zimmer, 53 Quadratmeter, mein Mann, meine Tochter und ich. Turnschuhe, Bergschuhe, Sandalen, Gummistiefel – mal drei. Skischuhe, Schlittschuhe, Rollerskates, Ski, Schlitten, Kinderwagen. Das alles und noch viel mehr gelang mir gut unterzubringen. Zwei Jahre später – zweites Kind. Tetris in echt begann von Neuem. Zweites Kinderbett. Sommerjacken, Winterjacken, kurze Hose, Schneeanzüge. Fahrräder, Bobbycar, Rucksäcke, Schlafsäcke. Ich verbesserte ständig die Kunst des Faltens, Stopfens, Aufbewahrens und Ausmistens in der Hoffnung, dass ich irgendwann den Idealzustand erreichen und dann fertig sein würde. Bis ich eines Tages verstand, dass ich nie fertig werden würde. Dass Ordnung kein Zustand, sondern ein dauerhafter Prozess ist.

Diese Erkenntnis entspannte mich. Ich akzeptierte die Tatsache, dass ich immer und immer und immer wieder aufräumen und neu organisieren muss, wenn ich Ordnung haben möchte.

Seien Sie also vorsichtig bei der Vorstellung, dass Sie nur einmal richtig ausmisten müssen und dann ist es für alle Zeiten getan. Vielleicht ist auch der Schritt von der zugestapelten Wohnung zum cleanen, spartanisch eingerichteten Heim im angesagten skandinavischen oder japanischen Stil einfach zu groß. Wenn Sie nach der Arbeit gleich an der Wohnungstür von Trubel und Chaos überwältigt werden, dazu noch Kinder betreuen, den Haushalt meistern, den Garten pflegen und mit dem Hund Gassi gehen, fallen Sie wahrscheinlich abends müde ins Bett und sind froh, dass Ihre Energie noch fürs Zähneputzen gereicht hat. Das bedeutet nicht, dass Sie es nicht schaffen können, Ordnung herzustellen und aufgeräumt zu leben. Die Frage ist nur, wie Sie es neben der Arbeit und weiteren Verpflichtungen bewerkstelligen können.

Für mich hat sich das »Kaizen«-Prinzip gut bewährt, und ich lade Sie ein zu prüfen, ob es vielleicht auch Ihnen nützlich sein kann. Testen Sie die Vorschläge: Manches muss man zuerst ausprobieren, um beurteilen zu können, ob es funktioniert oder nicht.

KAIZEN – EIN WEG DER STÄNDIGEN VERBESSERUNG

Der japanische Begriff setzt sich zusammen aus Kai (Veränderung) und Zen (zum Besseren). Damit ist die ständige Verbesserung in vielen kleinen Schritten gemeint. Kaizen wurde ursprünglich für Fertigungs- und Montageprozesse in der Automobilindustrie entwickelt. Später wurde das Prinzip der kontinuierlichen Verbesserung auch auf weitere Bereiche wie Verwaltung und Dienstleistung ausgeweitet.

Und natürlich lassen sich solche Prinzipien auch auf den privaten Bereich übertragen. Sie werden merken, dass wir in diesem Buch schon vieles behandelt haben, und dass Sie wahrscheinlich das eine oder andere bereits praktizieren. Und ich bin überzeugt, dass Sie im Kaizen-Ansatz noch weitere kleine Schätze entdecken, die Ihnen nicht nur das Ordnunghalten erleichtern. Denn Kaizen ist vielmehr eine Denk- und Lebensweise als ein Werkzeug. Es ist die Überzeugung, dass man immer etwas vereinfachen oder verbessern kann. Dass Veränderungen in kleinen Schritten erfolgen sollten. Dass es viel zu schade ist, Ressourcen zu verschwenden. Dass man seine Arbeitsweise immer wieder verändern und an neue Bedingungen anpassen darf. Und dass diese Prozesse alle angehen: nicht nur den Chef, die

Hausfrau oder den Familienvater. Die Situation in kleinen Schritten zu verändern, hat zwei große Vorteile:

- Es ist viel einfacher, eine kleine Veränderung zu etablieren als eine große.
- Es ist leichter, eventuelle Fehlentscheidungen zu korrigieren.

DIE KLEINEN ETAPPEN DER VERBESSERUNG

Erinnern Sie sich noch an das Bild von Berg und Bergsteiger? Er muss Energie aufwenden und darf nicht auf dem Weg zum jeweiligen Lager aufgeben, sonst erfriert er. Auch Sie sollen nicht auf dem Weg zum aufgeräumten Leben ihre Bemühungen abbrechen. Das Lager ist eine Metapher für etwas, was Sie bereits geschafft haben, was sich etabliert hat, was gut funktioniert. Theoretisch könnten Sie im Basecamp bleiben. Es gibt dort einen warmen Schlafsack und Tee mit Rum. Aber Sie wollen doch den Berggipfel erreichen, nicht wahr? Sie ruhen sich aus und bewegen sich dann mit neuer Kraft zum nächsten Lager.

Je steiler und weiter der Weg, und je mehr sich in Ihrem imaginären Rucksack befindet, desto kleiner dürfen auch die einzelnen Etappen ausfallen.

ETAPPE 1: AUSSORTIEREN UND AUFRÄUMEN. Sehen Sie, es ist nicht wirklich neu: Entfernen Sie aus Ihrer Umgebung alles, was Sie an Ort und Stelle nicht brauchen. Es werden im ersten Durchgang nicht alle Gegenstände sein. Fangen Sie dort an, wo es Ihnen leicht fällt. Probieren Sie bei Hindernissen verschiedene Methoden aus, wie beispielsweise die »Quarantäne-Kiste« oder das »Entfernen auf Probe«. Stellen Sie eine Hälfte der Dekoartikel in den Keller und schauen Sie, wie sich der Raum nach ein paar Tagen Gewöhnung anfühlt. Lassen Sie einen Monat lang eine horizontale Fläche frei. Werfen Sie konsequent alle Verpackungen (ja, auch die vom Eis) weg. Lesen Sie immer nur die aktuelle Zeitung, entsorgen Sie die ungelesene gleich am nächsten Tag. Und so weiter, und so fort. Entwickeln und etablieren Sie neue Gewohnheiten wie: alles zurück an seinen Platz stellen oder alle Schranktüren und Schubladen sofort schließen und Ähnliches. Seien Sie kreativ, experimentieren Sie und sammeln Sie Erfahrungen. Feiern Sie jeden Erfolg!

ETAPPE 2: SYSTEMATISIEREN UND STANDARDISIEREN. Eines der wichtigsten Ziele der kontinuierlichen Verbesserungsprozesse ist es, die Verschwendung zu reduzieren. Verschwendung ist alles, was keinen Nutzen hat, wie beispielsweise ein Haushaltsgerät, das keine richtige Arbeitserleichterung bringt, oder ein Gegenstand, der nur aus Gewohnheit irgendwo herumsteht und den Platz verschwendet. Drucken und Ablegen von unwichtigen Dokumenten ist ein Beispiel von Zeit- und Ressourcenverschwendung, Käufe von Dingen, die Sie nicht wirklich brauchen und nutzen sowie zu große Vorratshaltung ist eine Geldverschwendung. Unnötige Wege und Suchaktionen verschwenden Zeit. Und dann ist da noch die Behebung von Fehlern, die aus Unkonzentriertheit oder Leichtsinn entstanden sind.

Verschwendung reduzieren können Sie leicht und schnell durch Systematisieren und Standardisieren von Arbeitsabläufen. Checklisten, Vorlagen, Einkaufszettel, überlegter und immer gleicher Ablauf bei Reinigungsarbeiten sind Beispiele für einen Standard. Der Sinn dabei ist nicht, Sie zu versklaven und einzuengen, sondern Ihnen die Arbeit zu erleichtern. Wenn Sie nach einem Plan vorgehen, müssen Sie nicht jeden Schritt überlegen und können sich auf das Wichtige konzentrieren.

Halten Sie bei kleinen Tätigkeiten die Augen offen. Ist der Arbeitsablauf effizient und effektiv? Haben Sie alles, was Sie brauchen, griffbereit? Erledigen Sie die einzelnen Arbeitsschritte in einer sinnvollen Reihenfolge? Rennen Sie des Öfteren im Haus hin und her, weil

Sie etwas suchen müssen oder etwas vergessen haben? Gehen oder fahren Sie zu oft zum Einkaufen, weil etwas fehlt?

Ob beim Kaffeekochen, Frühstück zubereiten, Spülmaschine ausräumen, Putzen oder die Steuererklärung vorbereiten – überlegen Sie, ob Sie es besser, leichter oder schneller machen könnten. Die Verbesserungen können sehr geringfügig sein. Sie sollen nicht das Rad neu erfinden, sondern die Räder, die ohnehin da sind, ölen und sie besser laufen lassen.

ETAPPE 3: SYSTEM OPTIMIEREN SOWIE AUF WEITERE BEREICHE ÜBERTRAGEN. Es braucht Zeit, bis sich ein neues Ordnungssystem etabliert hat und Ihnen in Fleisch und Blut übergangen ist. Läuft in einem Bereich alles gut, können Sie die Standards weiter verbessern und auf andere Bereiche übertragen. Der Prozess ist nie zu Ende, und wenn Sie den Weg der kontinuierlichen Verbesserung spielerisch und leicht begehen, wird es Ihnen Spaß machen, immer neue Möglichkeiten zu entdecken und zu etablieren.

Noch einmal: Alles, was lebt, befindet sich in einer permanenten Bewegung und Veränderung. Dass Sie mit immer neuen Herausforderungen konfrontiert werden, ist beinahe ein Naturgesetz. Sie müssen den Herausforderungen aber nicht mit mehr Arbeit begegnen, sondern mit einer intelligenten Veränderung Ihres Verhaltens.

ETAPPE 4: ANDERE IN DIE PROZESSE INTEGRIEREN. Beziehen Sie unbedingt auch Partner und Kinder (gegebenenfalls Mitarbeitende) mit ein. Gerade Kinder haben oft ungewöhnliche Ideen, die sich als geniale Lösungen entpuppen. Das gelingt besser, wenn Sie in Ihren Kindern Partner sehen, sie nach ihrer Meinung fragen, Vorschläge machen lassen und ihnen zuhören. Wenn sich alle Familienmitglieder an der Lösungsfindung und den Entscheidungen beteiligen, werden sie auch bereit sein, sich an die Regeln zu halten. Am Anfang dürfen Sie nicht gleich die größte Veränderung erwarten und die anderen überfordern. Holen Sie jeden dort ab, wo er gerade steht.

Je nach Alter und Erfahrungen darf die Verantwortung auch größer ausfallen.

Vereinbaren Sie mit der ganzen Familie, wie was gemacht wird und wo was gelagert wird, und erinnern Sie sich gegenseitig an die Abmachungen, falls sie nicht eingehalten werden. Richten Sie den Fokus aufs Gelingen. Machen Sie sich klar, dass es Rückschläge geben und auch die eine oder andere Initiative schief gehen wird oder ganz ausbleibt. Reagieren Sie darauf nicht mit Schuldzuweisungen, suchen Sie stattdessen nach neuen Lösungsmöglichkeiten.

LÖSUNGSFINDUNG MIT DER PULLE-METHODE

Vor einigen Jahren habe ich Schulungen für den Berufsförderungsdienst der Bundeswehr durchgeführt. Dabei verriet mir ein Berufssoldat eine Lösungsfindungs-Methode, die er »PULLE« nannte. Die Buchstaben stehen für:

- Problem
- Ursache
- Lösungsvorschläge
- Lösung
- Entschluss

Zuerst muss man das Problem benennen und die Ursache dafür finden. Dann sammelt man verschiedene Lösungsvorschläge. Man bewertet sie und wählt den besten aus. Und zum Schluss muss man den Entschluss fassen, diese Lösung anzuwenden.

Ich habe seitdem diese Methode sowohl für mich selbst als auch in Coachings angewendet. Probieren Sie sie selbst aus. Achten Sie dabei auf die Reihenfolge: Springen Sie nicht hin und her, sondern arbeiten Sie gewissenhaft einen Punkt nach dem anderen ab.

DIE 5-WARUM-ANALYSE

So gut die PULLE funktioniert — auf eines müssen Sie besonders gut aufpassen: Die Ursache des Problems zu identifizieren. Denn gerade das fällt uns im persönlichen Bereich besonders schwer. Wir sind oft zu schnell bei der Problemlösung und verstehen nicht, dass es sich nur um eine Symptombehandlung handelt und die eigentliche Ursache in einem anderen Bereich liegt. Eine schnelle Lösung ist verlockend und vielleicht als erste Hilfe ganz okay. Wiederholen sich jedoch bestimmte Probleme, ist es sinnvoll, sich auf die tieferlegende Ursache zu konzentrieren und diese richtig anzugehen.

Auch hierfür gibt es eine Methode, die erfolgreiche Unternehmen einsetzen — Die »5-Warum-Analyse«. Ich bin ein großer Fan von erprobten Methoden. Was im unternehmerischen Kontext funktioniert, kann man fast immer auch im privaten Bereich einsetzen.

Die Methode lässt sich so beschreiben: Fragen Sie fünfmal »Warum?«, und Sie werden die Ursache eines Problems finden.

Ich kann mir vorstellen, dass Sie jetzt die Augen verdrehen, vor allem, wenn Sie kleine Kinder haben, die diese Frage zweihundertmal am Tag stellen. (Eine Bemerkung am Rande: Wenn Sie Ihre Kinder ernst nehmen, beantworten Sie diese Fragen gewissenhaft. Sie werden Ihnen helfen, Ihr eigenes Denken und Tun unter die Lupe zu nehmen. Fragen wie »Warum müssen wir jetzt aufräumen (essen, nach Hause gehen)? Warum soll ich die Nachbarin, die ich nicht mag, grüßen?« sind durchaus berechtigt. »Darum!« ist in meinen Augen eine Bankrotterklärung und keine Antwort. Und wenn Sie sich ernsthaft auf »Warum wird aus einem kleinen Samen ein großer Baum, warum fliegen Vögel, und warum müssen wir alle sterben?« einlassen, werden Sie feststellen, dass Sie die Suche nach einer Antwort über die großen Mysterien des Lebens nachdenken lässt. Aber nun wieder zurück zu unserem pragmatischen Thema.

Am besten funktioniert die Analyse schriftlich.

1. SCHRITT Das Problem benennen.
2. SCHRITT 5-mal nacheinander die Frage »Warum?« beantworten.
3. SCHRITT Die Lösung für das Grundproblem suchen.

Lena, eine berufstätige Mutter von drei halbwüchsigen Söhnen, berichtete: »Mein Problem ist die unaufgeräumte Küche. Wenn ich nach dem Arbeiten nach Hause komme und die Küche zugestellt mit schmutzigem Geschirr vorfinde, während sich meine Söhne vor dem Fernseher amüsieren, reißt mir die Hutschnur!« Ich fragte sie nach der Ursache des Problems. Die war für Lena klar – es sind ihre Kinder. »Sie sind faul, unaufmerksam, ihnen ist alles egal, ich bin ihnen egal!«, kam sie wieder in Rage. »Und wie lösen Sie das Problem?« fragte ich sie. »Ich stürme das Wohnzimmer, schalte die Kiste aus und schicke die drei zum Aufräumen.« – »Also, Problem gelöst, oder?« hakte ich nach. »Nun ja, für den ersten Moment schon. Nur haben wir danach alle schlechte Laune und die Situation wiederholt sich nach ein paar Tagen erneut.«

Ich schlug vor, die 5-Warum-Analyse anzuwenden.

PROBLEM: In der Küche steht schmutziges Geschirr.

WARUM? Es wurde nicht in den Geschirrspüler eingeräumt.
WARUM? Der Geschirrspüler war voll.
WARUM? Niemand hat ihn ausgeräumt.
WARUM? Niemand fühlt sich zuständig, es zu tun.
WARUM? Wir haben die Zuständigkeiten und die Aufgaben nie klar definiert.

Natürlich wehrte sich die geplagte Mutter zuerst gegen diese Einsicht und brachte Argumente wie »Die sehen doch, wie es in der Küche ausschaut, ich habe es schon so oft gesagt« vor. Aber irgendwann sah sie ein, dass sie ihre Werte und Bedürfnisse auf andere projiziert hatte, ohne sie klar zu kommunizieren, und somit auch sie ein Teil des Problems wurde.

Ich bat sie, neue Lösungsvorschläge zu erarbeiten. Die erste Idee war, zusammen mit den Kindern einen Aufgabenplan zu erstellen. Wenn sich die Betroffenen an der Erstellung einer Regel beteiligen, sind sie auch bereit, sie einzuhalten. Haben Sie schon mal beobachtet, wie Kinder agieren, bevor sie ein Spiel beginnen? Sie treffen Absprachen. Nehmen wir so etwas Einfaches wie Verstecken. Um miteinander spielen zu können, klären Kinder untereinander zuerst die Spielregeln: Wie wird gezählt, muss man den Gefundenen berühren oder reicht es, seinen Namen zu rufen, was wird gemacht, wenn das letzte Kind nach langem Suchen nicht gefunden wird, wer wird der nächste Sucher sein und so weiter. All das wird vereinbart, und wehe, wenn sich jemand nicht an die Regeln hält.

Lena stimmte mir zu. Am nächsten Tag sprach sie das Thema an. »Ich wünsche mir, dass ihr, bevor ich nach Hause komme, das heißt bis 16.00 Uhr, die Küche aufgeräumt habt. Nur so kann ich den Einkauf auspacken und anschließend das Abendessen vorbereiten. Jetzt überlegt euch, wie ihr euch die Aufgabe einteilen wollt.« Die Jungs waren sich schnell einig: Immer ist abwechselnd einer dran. »Und was macht ihr, um es nicht zu vergessen?« – »Hmm …?« Kurze Ratlosigkeit, dann redeten alle durcheinander. Zum Schluss einigten sich die drei darauf, eine »Aufgaben-Uhr« zu basteln. Am nächsten Tag machten sie sich ans Werk: Aus festem Karton schnitten sie einen Kreis aus, diesen teilten sie in drei Segmente. Jedes Kind gestaltet seinen Bereich. Der Jüngste malte einen Hund (sein Lieblingstier), der Mittlere klebte sein Foto hinein und der Älteste füllte seine Fläche mit ausgeschnittenen Monstern. Dann schnitten sie noch ein Zeiger aus schwarzem Tonpapier aus und hefteten ihn in der Mitte mit einer Klemmnadel fest. Die Uhr kam an die Wand neben der Küchentür. Das Prinzip war einfach: Immer, wenn die Aufgabe erledigt wurde, drehte das Kind den Zeiger um ein Feld weiter, und der Nächste war dran.

In den folgenden Tagen räumten alle rechtzeitig auf und freuten sich, wenn sie an der Uhr drehen konnten. Doch irgendwann war es wieder so weit: Lena kam nach Hause, die Uhr stand auf dem »Monster-Feld« und in der Küche herrschte das Chaos. Aus alter Gewohnheit holte sie Luft, um die Kinder auszuschimpfen. Doch dann erinnerte sie sich an die 5-Warum-Analyse. Sie stellte die Einkaufstasche auf den Boden und verschwand im Schlafzimmer. Auf dem Bett sitzend dachte sie nach: »Warum ist in der Küche Chaos? – Weil Phillip, ihr Ältester, sich nicht an die Regel gehalten hat. Warum nicht? — Weil er ein fauler … Stopp, Stopp, hmm, weil er mich provozieren will, das hat er schon ein paarmal gemacht. Warum? Weil er wissen will, ob es ihm durchgeht. Warum? Weil es früher so war. Warum?« In diesem Moment erinnerte sich Lena an die Fragerunde nach einem Vortrag übers Aufräumen im Kinderzimmer. Damals erklärte ich einigen aufgebrachten Müttern den Unterschied zwischen Belohnung, Bestrafung und Konsequenzen. »Weil sein Verhalten keine Konsequenzen hat«, war die letzte Antwort. »Was ist die Konsequenz aus einer unaufgeräumten Küche?« fragte sie sich weiter. »Ich kann nicht kochen, also gibt es heute Abend nicht die versprochenen Spaghetti, sondern maximal ein Butterbrot.« Als ihr Mann nach Hause kam, verkündete sie allen die frohe Botschaft. Es folgten lange Gesichter, Proteste, Geheule. »Na dann mache ich es eben schnell«, versuchte Phillip zu verhandeln. Aber diesmal blieb Lena ruhig und standhaft. »Tut mir leid, jetzt ist es zu spät, morgen wieder.« Am nächsten Tag war die Küche picobello und der Familienfrieden wieder hergestellt. Seit diesem Abend funktioniert es mit dem Aufräumen richtig gut.

TIPPS ZUR 5-WARUM-ANALYSE

- Übertreiben Sie es nicht. Wenden Sie die Methode dann an, wenn sich dasselbe Problem wiederholt und die Lösungen nicht greifen.
- Sie müssen nicht immer fünfmal Fragen. Manchmal kommt man schnell auf den wahren Grund, ein anderes Mal muss man länger nachhaken, um die richtige Problemursache zu identifizieren.
- Es ist vorteilhaft, wenn Sie bei schwierigen Themen diese Übung mit einem Coach oder einer anderen Person durchführen. Denn allein bleibt man oft in eigenen Vorstellungen und Glaubenssätzen gefangen. Vorsicht! Wählen Sie die Person, die Sie unterstützen soll, gut aus. Hobbypsychologen, die sofort wissen, was gut für Sie ist, können eher Schaden anrichten, als Ihnen wirklich helfen.
- Es geht bei der Analyse immer um die Problemlösung, nie darum, einen Schuldigen zu finden!
- Manche Themen führen zu einem Zyklus, aus dem es mit diesen Fragen keinen Ausstieg gibt.

Zum letzten Punkt gibt es eine sehr bekannte Geschichte. Es handelt sich um die Begegnung von Antoine de Saint-Exupérys kleinem Prinzen mit dem Säufer:

»Was machst du da?«, fragte er den Säufer, den er stumm vor einer Reihe leerer und einer Reihe voller Flaschen sitzend antraf. »Ich trinke«, antwortete der Säufer mit düsterer Miene. »Und warum trinkst du?« fragte ihn der kleine Prinz. »Um zu vergessen«, antwortete der Säufer. »Um was zu vergessen?«, erkundigte sich der kleine Prinz, der ihn schon bedauerte. »Um zu vergessen, dass ich mich schäme«, gestand der Säufer und senkte den Kopf. »Weshalb schämst du dich?«, fragte der kleine Prinz, der den Wunsch hatte, ihm zu helfen. »Weil ich saufe!«, endete der Säufer und verschloss sich endgültig in sein Schweigen. Und der kleine Prinz verschwand bestürzt. Die großen Leute sind sehr, sehr, sehr wunderlich, sagte er zu sich auf seiner Reise.[2]

KAIZEN IN DER PRAXIS – VORRATSHALTUNG BEI FAMILIE A.

Bei der Familie A. war das Einkaufen ein Free-Style-Event. Der Hausherr kaufte bevorzugt Neues und Unbekanntes, seine Frau schlug gerne bei Sonderangeboten zu. In der Speisekammer lagerten Vorräte in Mengen, die für das halbe Dorf gereicht hätten. Alles lief prima, bis zu dem Tag, an dem es in der Speisekammer anfing zu schwirren. Der Albtraum »Lebensmittelmotten« wurde wahr. Nudeln, Reis, Mehl, ja, sogar Katzenfutter und Schokolade waren befallen. Die teuren Pralinen landeten im Müll, genauso wie die günstig erstandenen Nudeln. Nach einer gründlichen und zeitraubenden Putzaktion sollte die Kammer neu befüllt werden. Das war die Gelegenheit, das System zu verbessern. Mein Auftrag war, die Familie dabei zu unterstützen.

Das Ziel lautete, nicht zu viele Lebensmittel auf Vorrat zu halten und gleichzeitig zu vermeiden, dass etwas Wichtiges fehlt.

ETAPPE 1 – AUSSORTIEREN. Das Aussortieren war in diesem Fall recht einfach. Zuerst flogen alle befallenen Lebensmittel in den Müll. Dann nahmen wir Flaschen und Konserven unter die Lupe. Im hinteren Bereich fanden wir allerlei an seit vielen Jahren Abgelaufenem, darunter auch zwei Exoten – *Surströmming* (Gammelfisch aus Schweden) und *Haggis* (eine Schottische Spezialität aus Schafsinnereien). An diese Urlaubsmitbringsel traute sich niemand, sie wurden entsorgt, zusammen mit allen Dosen, die angerostet oder ausgebeult waren. Mit Botulinumtoxin ist nicht zu spaßen – obwohl es sich manche Frauen regelmäßig unter die Haut spritzen lassen, handelt es sich um ein für den Menschen tödliches Gift. Der Verzehr von botulinverseuchten Lebensmitteln macht Sie nicht jung und schön, sondern bringt Sie um.

ETAPPE 2 – SYSTEMATISIEREN UND STANDARDISIEREN. Als Nächstes sortierten wir die verbliebenen Vorräte in sinnvolle Kategorien. Jetzt hatte man einen guten Überblick über die eingelagerten Produkte und Mengen.

Danach überlegten wir gemeinsam, welche Menge an Lebensmitteln Familie A. als Reserve braucht. Die Frage lautete: Wie viel Mehl, Zucker, Öl, Reis, Nudeln, Cornflakes, Joghurt, Katzenfutter und so weiter wollen wir bevorraten? (Anmerkung der Autorin: Falls Sie nicht in der Wildnis leben und nur einmal im Monat mit dem Truck zum Einkaufen fahren, müssen Sie fast nichts bevorraten, aber okay, vielleicht ergibt es für Sie einen Sinn, immer eine Packung oder Flasche jedes Produkts vorrätig zu haben. Oder auch fünf, ich kann das nicht für Sie entscheiden.)

Jetzt fehlte nur noch, das Einkaufen zu standardisieren. Um es nicht zu komplex zu machen, erkläre ich die weitere Vorgehensweise an einem Artikel: Mehl.

DER NEUE ABLAUF SAH SO AUS

- Es sollen immer zwei Kilo Mehl vorrätig sein.
- Die angebrochene Packung steht griffbereit in der Küche, die zwei verschlossenen in der Speisekammer.
- In der Küche befinden sich immer ein Einkaufszettel und ein Stift, und zwar an einer gut und schnell erreichbaren Stelle.

- Wenn die angebrochene Packung leer wird, holt derjenige, der sie leergemacht hat, eine neue aus der Speisekammer in die Küche und schreibt gleich »Mehl« auf den Zettel.
- Beim nächsten Gang in den Laden wird ein Kilo Mehl gekauft und hinter die bereits vorhandene Packung in der Speisekammer gestellt.

Die neue Angewohnheit, die nun alle Familienmitglieder trainieren mussten, war:

- Alles, was man aus dem Vorrat entnimmt, wird sofort aufgeschrieben.
- Jeder, der zum Einkaufen geht, nimmt den Zettel mit und hält sich daran.

Das klingt sehr simpel, und das ist es auch, aber es hat tatsächlich einige Wochen gedauert, bis dieses einfache System allen in Fleisch und Blut übergangen ist.

ETAPPE 3 – SYSTEM OPTIMIEREN SOWIE AUF WEITERE BEREICHE ÜBERTRAGEN. Bald stellte sich heraus, dass man diese sehr einfache Vorgehensweise noch verbessern konnte. Hin und wieder scheiterte nämlich das System. Es gab dafür zwei Gründe:

- Der Stift verschwand immer wieder auf unerklärliche Weise aus der Küche.
- Es wurde vergessen, den Einkaufszettel mitzunehmen.

Da alle Familienmitglieder inzwischen große Lust auf kleine Verbesserungen hatten, fanden sie schnell zwei simple Lösungen:

- Der Stift wurde mit einer Schnur am Regal befestigt.
- Auf den Boden des Einkaufkorbes wurde ein Blatt mit dem Hinweis »Einkaufszettel mitnehmen!« geklebt.
- Nachdem es nach einiger Zeit mit den Lebensmitteln gut funktionierte, wurde das Prinzip auch auf Drogerieartikel, Putzmittel und sonstige Materialien übertragen.

ETAPPE 4 – ANDERE IN DIE PROZESSE INTEGRIEREN. Da beide Kinder mit zehn und zwölf Jahren recht selbstständig waren, wurden sie von Anfang an in die Veränderungen mit einbezogen. Der Sohn beschriftete alle Regale in der Speisekammer und danach auch in seinem Kinderzimmer. Der Tochter machte es einen großen Spaß, alles Mögliche zu sortieren. Sie übernahm die Aufgabe, Ordnung in den Gewürzen zu schaffen, und machte sich anschließend an Putzmittel, Haargummis und allerlei Krimskrams.

Was mit einer Motten-Apokalypse begonnen hatte, hat die Familie zu Ordnungsexperten im eigenen Haus gemacht.

KAIZEN IN DER PRAXIS – DIE KAUFSUCHT VON FRAU G.

Bevor es mit dem zweiten Fall weitergeht, eine Anmerkung zum Thema Kaufsucht:

Jeder Mensch, ob groß oder klein, kommt mit bestimmten Grundbedürfnissen auf die Welt. Er will sich entwickeln, wachsen, lernen, die Welt entdecken, geliebt und geborgen sein. Herrscht an diesen Stellen ein Mangel, werden die Bedürfnisse anderweitig gestillt. Meistens mit Konsum – indem wir uns etwas kaufen, essen oder uns vom seichten Fernsehprogramm berieseln lassen. Der Neurobiologe

Professor Gerald Hüther sagt in seinem Vortrag »Glücksgefühle«: »Wenn man nicht das kriegt, was man braucht, nimmt man sich das, was einem irgendwo angeboten wird. Und dann gibt es eine ganze Industrie, die wartet nur darauf, dass es möglichst viele Menschen mit möglichst vielen ungestillten Bedürfnissen gibt.«

Frau G. war eine sympathische Dame mittleren Alters. Nach einer gescheiterten Beziehung lebte sie seit zehn Jahren allein. Sie hatte einen anspruchsvollen Beruf, einige wenige Freundinnen und ein Hobby: Einkaufen. Vor allem bei Sonderangeboten und Schnäppchen konnte sie nicht widerstehen.

Nach zehn Jahren Alleinsein wünschte sich Frau G. eine neue Beziehung. Doch ihre Wohnung war inzwischen so zugestellt mit Dingen, dass sie keinen Besuch empfangen konnte. Einen potenziellen Partner gleich gar nicht. Darüber war sie immer wieder traurig. Und wenn sie traurig war, machte sie das, was ihr eine kurzfristige Freude bereitete: shoppen.

Um aus dem Teufelskreis herauszukommen, bat sie mich um Unterstützung. Der Auftrag lautete, die Wohnung besuchstauglich zu machen und ihr zu helfen, ihre Kaufsucht in den Griff zu bekommen.

Auch hier musste man in kleinen Schritten vorgehen. Ein Verhalten, das sich seit vielen Jahren etabliert hat, verändert man nicht über Nacht.

ETAPPE 1 – AUSSORTIEREN. Zuerst galt es, die Wohnung von allem Überflüssigen zu befreien. Damit es Frau G. leichter fiel loszulassen, half ich ihr, ein neues Ziel zu visualisieren. Dieser Schritt war sehr wichtig! Das Entfernen von Gegenständen sollte sich nicht wie ein Verlust anfühlen, sondern wie ein Schritt in eine bessere, schönere Zukunft. Wir machten einen langen Spaziergang. Ich ermutigte meine Kundin, attraktive Vorstellungen im Kopf zu »malen«. Von ihrem zukünftigen Partner, von den gemeinsamen Aktivitäten und von ihrer neuen, ordentlichen Wohnung. Wir liefen so lange, bis Frau G.

richtig zappelig vor Ungeduld wurde. »Bitte«, rief sie »ich will nach Hause und gleich anfangen!«

Ausgefüllt mit starker Energie und dem großen Wunsch, ihr Leben endlich in den Griff zu bekommen, kehrten wir um.

In der Wohnung angekommen, bestimmten wir drei Kategorien, in welche die überzähligen Sachen eingeteilt werden sollten – Verkaufen, Verschenken, Wegwerfen. Immer, wenn Frau G. ins Stocken geriet und die Entscheidung »Behalten oder weggeben?« nicht treffen konnte, fragte ich sie: »Stellen Sie sich vor, sie sitzen mit Ihrem Partner auf dem Sofa und trinken eine schöne Tasse Tee. Möchten Sie dabei wirklich diese Duftlampe (Vase, Deko-Figur ...) betrachten?« Und schwupp – gleich war die Antwort klar. Es dauerte nicht lange, bis sie sich selbst solche Fragen stellte und sogar Freude am Sortieren gewann. Nun konnte sie allein weitermachen. Nach und nach lichtete sich der Dschungel, und nach sechs Wochen war Frau G. bereit für den nächsten Schritt.

ETAPPE 2 – SYSTEMATISIEREN UND STANDARDISIEREN. Jeder, der allein gewohnt hat, weiß, wie leicht es ist, von bestimmten Standards abzukommen. Unter dem Motto »Sieht eh keiner« lassen wir das Bett ungemacht, die schmutzige Kleidung im Schlafzimmer oder im Bad auf dem Boden liegen und das Frühstücksgeschirr auf dem Tisch stehen. Auch Frau G. entwickelte im Laufe der Jahre solch ein unerwünschtes Verhalten. Ab jetzt sollte die Wohnung stets so ordentlich und schön sein, dass ein Traummann jederzeit eintreten könnte. Dazu war es notwendig, kleine Routinen zu entwickeln. Wir fingen im Schlafzimmer an. Die ersten neuen Regeln sahen so aus:

- Jeden Morgen Kissen und Bettdecke aufschütteln, lüften und vor dem Verlassen der Wohnung das Bett machen.
- Abends die schmutzige Wäsche immer in den Wäschekorb im Bad legen.

- Die Partnerseite des Bettes grundsätzlich freihalten und nicht als Ablage für Bücher, Notizhefte, Lesebrille, Wärmflasche, Hand- und Fußcreme und sonstigen Kram zu missbrauchen.

ANMERKUNG: Singles, die sich eine Partnerschaft wünschen, sollten dem Schlafzimmer eine besondere Aufmerksamkeit widmen. Die Feng-Shui-Lehre empfiehlt, im Schlafzimmer das Augenmerk auf Ordnung, Sauberkeit und Symbolik zu werfen. Staub, Plunder, schlechte Luft und zerschlissene Bettwäsche sind genauso schädlich wie düstere, traurige Bilder oder Motive, die mit Einsamkeit assoziiert werden. Auch soll das Bett nicht wie ein Single-Bett aussehen. Gestalten Sie lieber die Schlafstätte so, als ob der gewünschte Partner schon da wäre. Dadurch richtet sich Ihr Unterbewusstsein neu aus, und Sie konzentrieren sich nicht auf den Mangel, sondern auf das, was Sie in Ihrem Leben willkommen heißen wollen.

Doch die allerwichtigste Verhaltensänderung betraf das Kaufverhalten meiner Kundin. Sie hatte sich angewöhnt, beim Frühstücken die unzähligen Reklameblätter und kostenlosen Zeitungen nach Günstigem und Interessantem durchzuschauen und am Nachmittag die Geschäfte abzufahren und einzukaufen. Auf dem Weg von der Arbeitsstelle zum geparkten Auto ging sie durch die Stadtmitte und hielt routiniert Ausschau nach reduzierten Dingen. Und abends und am Wochenende verlor sie sich im Internet und kaufte dort ein.

Hierfür trafen wir folgende Vereinbarungen:

- Auf den Briefkasten kam der Aufkleber »Bitte keine Werbung und kostenlose Zeitungen einwerfen«. Statt die Sonderangebote zu studieren, wollte Frau G. ein gutes Buch lesen.
- Der neue Parkplatz für das Auto wurde so gewählt, dass Frau G. durch einen Park statt durch die Stadtmitte gehen musste.

- Surfen im Internet war weiterhin erlaubt. Auch Waren in den virtuellen Einkaufskorb zu legen, war gestattet. Hier endete jedoch das Vergnügen: Auf den Button »Kaufen« zu klicken, war verboten.

Wir vereinbarten den nächsten Termin sechs Wochen später.

ETAPPE 3 – SYSTEM OPTIMIEREN UND AUF WEITERE BEREICHE ÜBERTRAGEN. Bei diesem Termin analysierten wir zunächst einmal die inzwischen vergangene Zeit. »Am Anfang fühlte sich alles an wie ein kalter Entzug«, berichtete die Kundin. Aber nach ein paar Tagen freute ich mich auf mein Buch in der Früh und auf den schönen Spaziergang durch den Park. Das Schwierigste war, dem Wunsch zu widerstehen, auf Internetplattformen einzukaufen. Hin und wieder bin ich schwach geworden. Doch im Gegensatz zu früher öffnete ich die Pakete gleich. In den meisten Fällen waren die Gegenstände nicht das, was ich erwartet hatte. Ich konnte von meinem Widerrufsrecht Gebrauch machen, schickte das Zeug zurück und bekam mein Geld wieder.«

Da trotz des Aufklebers immer wieder Angebote in ihrem Briefkasten landeten, entschied sich Frau G., Kataloge abzubestellen und sich in die Robinsonliste einzutragen. Die Robinsonliste dient dem Konsumentenschutz gegen unerwünschte Werbung. Wer seine Kontaktdaten in diese Schutzliste einträgt, darf keine unaufgeforderte Werbung mehr erhalten. Es gelingt nicht sofort hundertprozentig – in der Anfangszeit muss man vereinzelt nachtelefonieren oder eine deutliche E-Mail schreiben. Ich persönlich habe mich bereits vor vielen Jahren in die Liste eingetragen. Seitdem ist mein Briefkasten frei von Werbung.

Die kleinen Routinen funktionierten bei Frau G. bereits einwandfrei, daher vereinbarten wir weitere für die Küche, das Wohnzimmer und das Bad. Es handelte sich um Kleinigkeiten wie:

- Leere Flaschen und Dosen werden gleich im Einkaufskorb gelagert und vor dem Einkaufen entsorgt.
- Vor dem Schlafengehen wird das Wohnzimmer aufgeräumt – Tassen und Gläser kommen in die Spülmaschine, die Kissen auf dem Sofa werden aufgeschüttelt und die Decke zusammengelegt. Um dafür noch ausreichend Energie zu haben, soll Frau G. nicht warten, bis sie vor dem Fernseher einschläft, sondern sich rechtzeitig bettfertig machen.
- Nach dem Zähneputzen wird das Waschbecken mit einem Mikrofasertuch abgewischt.

Solche Mini-Routinen, die nur einige wenige Minuten dauern, sollten Frau G. helfen, ihre Räume in einem angenehm aufgeräumten Zustand zu halten.

Zum Schluss dieser Beratung ging es wieder um das Kaufverhalten der Kundin. Ich brachte ihr einen Fragebogen mit, einmal als A4-Blatt für die Wand über dem PC-Bildschirm und einmal klein für den Geldbeutel. Sie sollte vor jedem Kauf diese Fragen beantworten:

- Welches Bedürfnis habe ich gerade?
- Wer entscheidet über meinen Bedarf?
- Hat der Verkäufer mein Wohl oder seinen Umsatz vor Augen?
- Wer möchte mich hier wie beeinflussen?
- Würde ich das auch zum vollen Preis kaufen?
- Wozu genau brauche ich es?
- Gefällt es mir auch in fünf Jahren noch?
- Ginge es mir schlechter, wenn ich von diesem Angebot nie erfahren hätte?
- Lohnt sich die Pflege und Aufbewahrung dieses Gegenstandes wirklich?

- Hilft mir dieses Teil wirklich, oder belastet es mich später, wenn ich es aufräumen und entrümpeln muss?
- Wovon trenne ich mich stattdessen?

Nachdem Frau G. die Fragen durchlas, wurde sie nachdenklich. »Ich fühle mich gerade wie eine Marionette«, meinte sie. »Ok, bleiben Sie bei diesem Bild, und beschreiben Sie genau, was Sie sehen und wie es sich anfühlt«, bat ich sie. »Voll bescheuert. Ich bin ganz klein, an meinen Händen und Füßen sind Schnüre befestigt. Über mir steht so ein Werbefuzzi, so ein junger unsympathischer Typ. Er zieht an den Fäden und ich bewege mich so, wie er es will.« Ich wies sie an, die Augen zu schließen und noch bei diesem Bild und Gefühl zu bleiben. »Aber das will ich nicht, das ist entsetzlich!«, rief sie aus. »Gut. Dann nehmen Sie jetzt eine große Schere und schneiden Sie die Schnüre durch. Wenn Sie fertig sind, spüren Sie nochmal nach. Dann dürfen Sie die Augen öffnen.« Jetzt passierte das, was ich im Coaching den magischen Moment nenne. Das ist der Augenblick, an dem etwas Wichtiges passiert, wie wenn man einen Schalter umlegt. Die Kundin war in einem Zustand zwischen Lachen und Weinen und schüttelte den Kopf: »Wie konnte ich nur so dumm sein. Keine Marionette, nein, ich bin keine Marionette«, wiederholte sie. In diesem Augenblick wusste ich, dass mein Auftrag erfüllt war.

ETAPPE 4 – ANDERE IN DIE PROZESSE INTEGRIEREN. Diese Etappe konnte Frau G. erst nach weiteren drei Monaten angehen. Sie schämte sich nämlich für ihr ehemaliges Verhalten so sehr, dass sie davon nicht einmal ihren Freundinnen erzählt hatte. Nun war sie so weit. Sie berichtete zuerst nur im engsten Freundeskreis von ihrem Thema und den Aktivitäten der letzten Zeit, später auch guten Kollegen auf der Arbeit. Und sie bat um künftige Unterstützung. Sie wollte wieder mehr unternehmen, Wandern, Sport treiben, ins Kino oder in Ausstellungen gehen. Allein fiel es ihr jedoch schwer.

Die Umgebung reagierte mit Verständnis und Bewunderung statt mit der befürchteten Verachtung. »Klar nehmen wir dich mit!«, war die Reaktion. Ab jetzt verbrachte Frau G. immer mehr Zeit mit anderen Menschen anstatt allein in ihrer Wohnung.

Vor ein paar Wochen hat sie beim Wandern einen netten Mann kennengelernt.

Ist das jetzt ein Happy End? Ich habe keine Ahnung. Ob daraus eine glückliche Partnerschaft wird, weiß ich nicht. Sie treffen sich oft am Wochenende zum Wandern oder Radfahren und haben schon einmal gemeinsam in – Achtung! – der Wohnung von Frau G. gekocht. Bei meinem letzten Besuch war die Wohnung super aufgeräumt und im Schlafzimmer standen frische Blumen.

Dieses Kapitel erinnert mich an einen wunderbaren Text von Portia Nelson, »Autobiographie in 5 Kapiteln«.

Er handelt von einer Person, die immer wieder dieselbe Straße mit einem tiefen Loch im Gehsteig entlanggeht. Zu Anfang fällt sie in das Loch hinein. Ohnmacht und Hoffnungslosigkeit machen sich breit, und es dauert lange, bis sie aus dem Loch herauskommt. Obwohl sie davon weiß, fällt sie auch beim zweiten Mal in das Loch und kommt lange nicht heraus. Beim dritten Mal wird ihr bewusst, dass sie aus einer Gewohnheit in das Loch fällt, die sie selbst zu verantworten hat. Sie kommt sofort aus dem Loch heraus. Schlussendlich geht sie um das Loch herum. Geschafft? Scheinbar schon. Aber für mich ist erst das fünfte Kapitel entscheidend. Es besteht nur aus einem Satz: »Ich gehe eine andere Straße entlang.«

Was für eine Wucht! Lesen Sie die Originalfassung im Internet und überlegen Sie selbst, was Sie daraus in Bezug auf Ordnung lernen können. Geht es um Erfahrungen des Scheiterns und um die Fähigkeit, nach einem Misserfolg wieder aufzustehen und es nochmals zu versuchen? Oder um die Trägheit der alten Gewohnheiten? Um die Erkenntnis, dass es keine »Schuld« gibt? Darum, sich der eigenen Verantwortung bewusst zu werden?

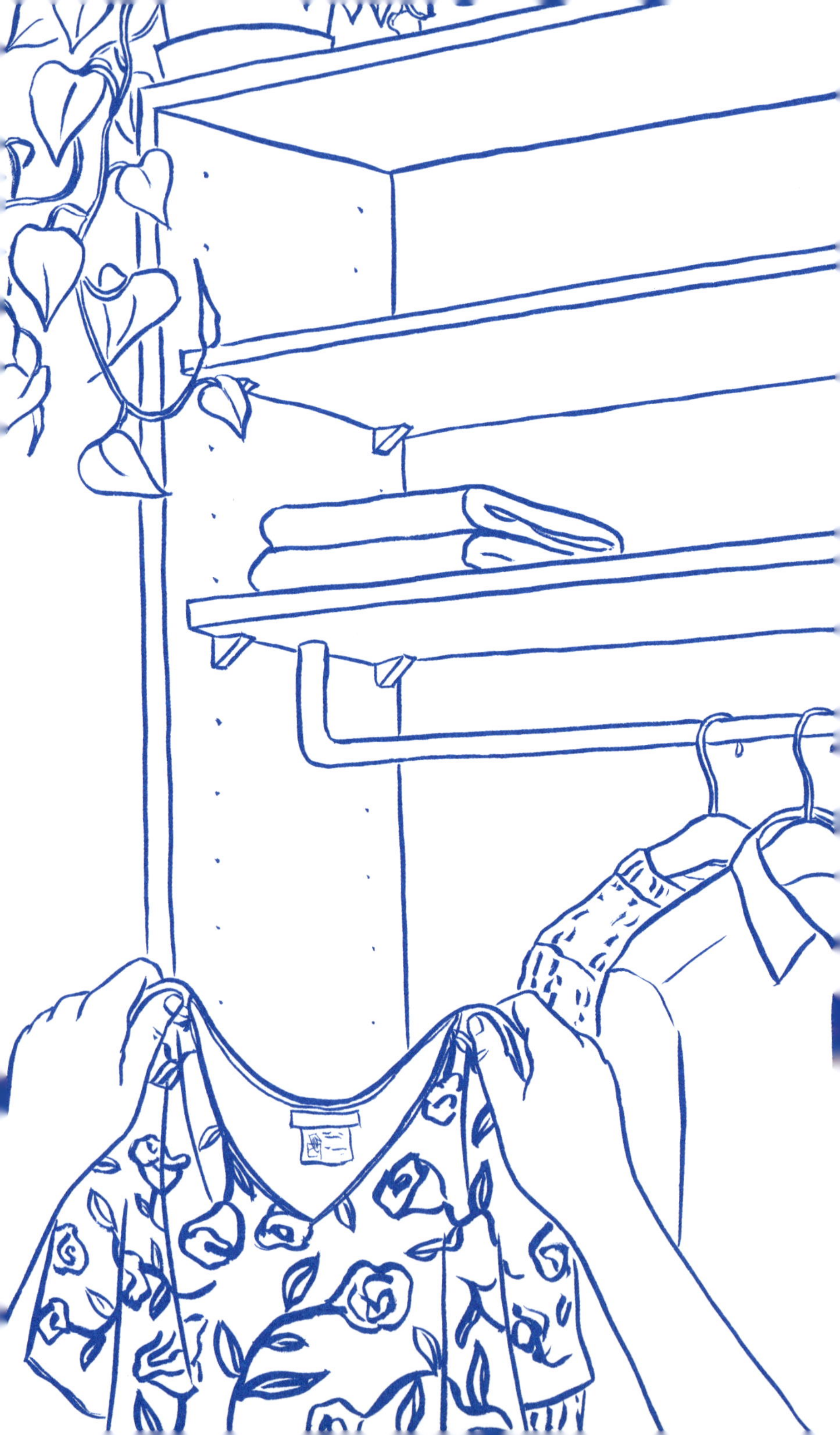

MINI-
MALISMUS
TEIL 6
UND
NACHHALTIG-
KEIT

Als Erstes stellt sich die Frage, wie Nachhaltigkeit und Minimalismus in Zusammenhang stehen. Bedeuten die Begriffe im Grunde genommen dasselbe, oder sind es zwei unabhängige Konzepte?

DEFINITIONEN

Im Duden finden Sie zu den Begriffen folgende Definitionen:

NACHHALTIGKEIT

- längere Zeit anhaltende Wirkung
- forstwirtschaftliches Prinzip, nach dem nicht mehr Holz gefällt werden darf, als jeweils nachwachsen kann
- Prinzip, nach dem nicht mehr verbraucht werden darf, als jeweils nachwachsen, sich regenerieren, künftig wieder bereitgestellt werden kann

MINIMALISMUS

- bewusste Beschränkung auf ein Minimum, auf das Nötigste

Abgesehen davon, dass die Begriffe »längere Zeit«, »Minimum« und »das Nötigste« sehr schwammig sind, sieht man sofort, dass man Minimalismus nicht automatisch mit einer nachhaltigen Lebensweise gleichsetzen kann. Beides bringt Menschen dazu, Konsum zu hinterfragen, jedoch geschieht es unter Umständen aus unterschiedlichen Gründen.

UNTERSCHIEDE ZWISCHEN MINIMALISTISCHEM UND NACHHALTIGEM LEBENSSTIL

Für den minimalistischen Lebensstil entscheiden sich die meisten Menschen zuerst aus persönlichen Motiven. Sie möchten weniger Geld für Dinge ausgeben, Zeit sparen, sich von Ballast befreien, Raum schaffen, reisen, kreativ sein, zwischenmenschliche Beziehungen pflegen, frühzeitig in Rente gehen. Oder sie lieben die schlichte Ästhetik minimalistischer Räume. Und natürlich gibt es auch diejenigen, die von vornherein ihren Besitz und Konsum auf das Nötigste reduzieren, um Ressourcen zu sparen. Das eine kann aus dem anderen hervorgehen, beide Konzepte können Hand in Hand gehen oder aber das Gegenteil voneinander sein. Was aus minimalistischer Sicht gut ist, muss noch lange nicht der Nachhaltigkeit dienen und umgekehrt.

Wer als digitaler Nomade oder Reiseblogger mit leichtem Gepäck von Ort zu Ort pilgert, lebt minimalistisch. Genauso wie jemand, der allein in einem 300 Quadratmeter großen, sparsam eingerichteten Loft wohnt. In meinen Augen hat beides mit Nachhaltigkeit wenig zu tun. Im Umkehrschluss müssen nachhaltig lebende Menschen nicht gleichzeitig Minimalisten sein.

Ich habe einmal in einem Null-Energie-Haus aufgeräumt, das nach den neuesten Umweltstandards gebaut wurde. Die Schränke waren vollgestopft mit Kleidung (Secondhand und Fair Trade), in der Küche fand man fast nur Bio-Lebensmittel. Die Kinder malten mit Wachsmalkreiden aus Bienenwachs und spielten mit Holzspielzeug, Tüchern und selbstgemachten Puppen aus Wolle und Stoff. Alles war sehr nachhaltig und wenig minimalistisch.

MINIMALISMUS – EIN NEUER LIFESTYLE?

Minimalismus ist seit einigen Jahren ein Thema in den Medien. Dabei ist der Trend keine Neuschöpfung des 21. Jahrhunderts. Bereits in der Antike hatte der Philosoph Diogenes seine innere Freiheit in der Gleichgültigkeit gegenüber materiellen Gütern gefunden. Glücklich und ohne Besitz soll er in einem Weinfass (beziehungsweise einer Amphore) gelebt haben. Laut Überlieferung antwortete Diogenes Alexander dem Großen auf das Angebot, ihm jeden Wunsch zu erfüllen: »Geh mir aus der Sonne!«

Als Gegenbewegung zum Konsumwahn der letzten Jahre wurde »Weniger ist mehr« für viele das neue Lebensmotto. Es ist verständlich, denn etliche Menschen entdecken, dass Kaufen und Besitzen nicht alle unsere Bedürfnisse deckt.

Geben Sie einmal in eine Suchmaschine den Begriff »Minimalismus« ein und klicken Sie dann auf »Bilder«. Sie werden beeindruckt sein von lichtdurchfluteten Räumen in hellen Farben, sparsam eingerichtet mit ausgesuchten Designermöbeln. Oder von den trendigen Tiny Häusern mit Panoramafenstern, in denen sich Berge, Seen oder liebliche Landschaften spiegeln. All diese Bilder erzeugen eine große Sehnsucht, und so wundert es nicht, dass manch ein Jäger und Sammler genau nach diesem Glück strebt.

Viele Minimalisten berichten von früherem Kauf- und Sammelwahn. Ständig auf der Suche nach Neuem, Besserem, Trendigem oder nach Sonderangeboten. Und wie immer, wenn das Pendel auf einer Seite zu weit ausschlägt, kommt es zu einer genauso starken Gegenbewegung. Irgendwann stießen sie auf den Kult vom Ausmisten und Minimieren und fingen an, mit der gleichen Leidenschaft Dinge wegzuwerfen. Das Konsumopfer, das sie früher selbst waren, bekehren sie mit der gleichen Energie, mit der ein ehemaliger Raucher für das Rauchverbot kämpft.

So wurde beispielsweise der Minimalist, Netflix-Filmemacher und Youtuber Matt D'Avella von seiner Community hart angegriffen, weil er »zu viele Gabeln« und 24 T-Shirts besitzt. Gabeln hat er übrigens 8 Stück: 4 große und 4 kleine.

Alle Extreme bringen in meinen Augen mehr Schaden als Nutzen. Ein radikaler Minimalismus, bei dem rücksichtslos Dinge entsorgt werden, ist weder sinnvoll noch nachhaltig. Setzen Sie sich bewusst mit Ihren Bedürfnissen und Ihrer Realität auseinander. Und vor allem: Seien Sie bitte freundlich zu sich selbst und zu den anderen. Machen Sie sich kein schlechtes Gewissen, falls Sie immer noch 20 Paar Schuhe und fünf Handtaschen besitzen, während Ihre geliebte Bloggerin mit zwei Paar Schuhen und einem Rucksack auskommt.

DIE EXTREMMINIMALISTEN

Unser Flugzeug hatte Verspätung, und so war es bereits dunkel, als mein Freund und ich in Neu Delhi landeten. Obwohl man uns ermahnt hatte, nachts die Straßen der indischen Hauptstadt zu meiden, war die Neugier stärker als die Furcht. »Nur einmal um den Block«, beschlossen wir, warfen die Rucksäcke aufs Bett und verließen das Hotelzimmer. Doch es kam anders …

Einmal rechts abgebogen, dann wieder rechts, und plötzlich befanden wir uns im Wirrwarr der engen Gassen von Old Delhi. Was für ein Kontrast zu den breiten, großzügigen Straßen des modernen Teils! Anstatt der Straßenbeleuchtung brannten an jeder Ecke offene Feuer, Frauen rührten in den Töpfen und Pfannen, alte Männer saßen auf dem Boden und rauchten Bidis.

Kinder rannten zwischen Hunden und langohrigen Ziegen herum. Magere Kühe kauten mitten auf dem Weg an Abfällen und Pappkarton. Es roch nach Gewürzen, Räucherstäbchen und Dreck.

Wir wanderten tiefer und tiefer in die nächtliche Altstadt, wurden neugierig beäugt und freundlich begrüßt. Nach einer knappen Stunde drehten wir um. Viele Feuer waren inzwischen erloschen, und in der Dunkelheit verloren wir schnell die Orientierung.

Erst morgens um zwei Uhr fanden wir den Weg zurück. Erschöpft marschierten wir eine leere breite Straße entlang. Und da sahen wir sie – die Extremminimalisten. Sie lagen auf dem Gehsteig, zugedeckt mit löchrigen Stofffetzen. Sie kauerten unter der Leitplanke zwischen zwei Fahrbahnen. Die Rikscha-Fahrer lagen mit dem Oberkörper auf dem Sitz und mit den Füßen auf dem Lenker. Nackte Kinder schliefen in den Armen der Mütter, manche allein auf einem Stück Pappkarton. Alle waren bewegungslos. Die, die in eine Decke gehüllt waren, sahen aus wie Leichen. Es war sehr still.

Diese Bilder tauchen bei mir auf, wenn die Medien über Extremminimalisten berichten. Sie erzählen vom großen Glück, nur ganz wenige Dinge zu besitzen. Mobil zu sein. Nicht so viel oder gar nicht arbeiten zu müssen, sich dem zu widmen, was Spaß macht. Einige haben ihr Hab und Gut von 10 000 auf 100 Gegenstände reduziert. Andere berichten, dass sie nur einen Koffer oder eine Tasche mit Kleidung besitzen. Es klingt wie ein stiller Wettbewerb, bei dem der gewinnt, der am Ende am wenigsten besitzt.

Der Schweizer Start-up-Unternehmer und Multimillionär Cédric Waldburger nennt nur noch gerade 55 Gegenstände sein Eigen. Sogar die Wohnung hat der moderne Nomade 2018 aufgegeben. Laut eigener Angaben im HZ, dem Schweizer Wirtschaftsportal von Handelszeitung und BILANZ, ist der Start-up-Investor fast 300 Tage im Jahr auf Reisen. Seine jährlichen 285 000 Flugkilometer kompensiert er, indem er keinen eigenen Wohnraum braucht, keine überflüssigen Kleider besitzt und den öffentlichen Verkehr nutzt.

Und ich muss immer an die stillen Gestalten auf Indiens Straßen denken. Ein Sari und ein Stück Pappe. Sind das jetzt zwei Gegenstände? Ein Lendentuch und eine Rikscha. Wenn sie dem Mann nicht gehört, was meistens der Fall ist, besitzt er nur einen Gegenstand und ist dazu noch mobil.

EIN LEBEN OHNE GELD

Manche Menschen verzichten nicht nur auf Besitz, sondern auch auf Geld. Die Pionierin und Verfechterin eines Lebens ohne Besitz, die 2016 verstorbene Heidemarie Schwermer, habe ich persönlich kennengelernt. Auf einer Veranstaltung referierte die Dame über ihr Glück, ohne Geld zu leben. Ihr Leben bestand aus einer Pilgerfahrt von Haus zu Haus. Sie kam bei Freunden unter, für ihr »Da-sein« gab es Kost und Logis sowie das eine oder andere Kleidungsstück. Es war interessant zu beobachten, wie die Zuschauer, größtenteils sehr erfolgreiche Geschäftsleute, auf die Idee einer geld- und besitzlosen Gesellschaft reagierten.

FRUGALISMUS

Was Schwaben und Schotten seit eh und je praktizieren, haben Amerikaner infolge der letzten Finanzkrise für sich entdeckt – die Sparsamkeit. Aus der Fähigkeit, sich einzuschränken, ist ein neuer Trend entstanden: der Frugalismus. Die Idee ist, kurz gesagt, arbeiten, sehr minimalistisch leben und so viel Geld wie möglich sparen, um im Alter von 30 oder 40 Jahren nicht mehr arbeiten zu müssen. Die Lebensweise der Frugalisten und Minimalisten ist ähnlich, die Ziele jedoch unterschiedlich. Während Frugalisten vorrangig schnell Vermögen aufbauen möchten, legen Minimalisten Wert auf Konsumverzicht und ein möglichst einfaches, glückliches Leben.

NACHHALTIGKEIT

Das Thema Nachhaltigkeit ist zu komplex, um es hier ausführlich zu behandeln. Ich werde mich nur auf die Punkte konzentrieren, die unmittelbar mit Ordnung und Minimalisieren zusammenhängen.

DREI SÄULEN DER NACHHALTIGKEIT

Das ursprüngliche Verständnis von Nachhaltigkeit hat sich unter den globalen und gesellschaftlichen Entwicklungen der letzten Jahre geweitet. Zum ökonomischen Aspekt kamen auch der ökologische sowie der soziale hinzu. Vereinfacht kann man die einzelnen Bereiche so erklären:

- Die **ÖKONOMISCHE NACHHALTIGKEIT** strebt eine wirtschaftliche Stabilität an. Das bedeutet, dass das Wirtschaftssystem dauerhaft betrieben werden kann.
- Bei der **ÖKOLOGISCHEN NACHHALTIGKEIT** geht es um den Schutz der Umwelt und der Ressourcen. Nachhaltige Produkte sollen langlebig sein und sowohl bei der Herstellung als auch bei der Entsorgung die Umwelt möglichst wenig belasten. Die notwendigen Ressourcen dürfen nur in dem Ausmaß verbraucht werden, wie es die Regeneration der Natur erlaubt.

- Das Ziel der **SOZIALEN NACHHALTIGKEIT** ist es, die menschliche Würde sowie die Arbeits- und Menschenrechte für alle zu gewährleisten. Das gilt nicht nur für die Gegenwart, sondern auch für zukünftige Generationen.

Verständlicherweise ist eine echte Nachhaltigkeit nur dann gegeben, wenn alle Bereiche gleichermaßen berücksichtigt und weiterentwickelt werden. Und gewiss ist es einzelnen Menschen nicht immer möglich, bei ihren Handlungs- und Kaufentscheidungen alle Aspekte zu berücksichtigen. Trotzdem finde ich es wichtig, in diesem Buch auf das Thema hinzuweisen.

ÜBERNEHMEN SIE DIE VERANTWORTUNG

Es ist verlockend, die Verantwortung für Nachhaltigkeit an die Industrie, Wirtschaft und Politik abzuwälzen oder andere für ihr Verhalten zu kritisieren. Wichtig ist aber auch zu verstehen, dass sich jeder im eigenen Tempo entwickelt und dass manches in der Realität nicht (oder nicht sofort) umsetzbar ist.

Ich verstehe, dass es manche Mitmenschen besonders gut meinen. Ich verstehe auch den Ärger über die Missstände, die einem immer wieder begegnen. Und ich möchte jeden und jede ermutigen, die Verantwortung dort zu übernehmen, wo sie können, anstatt zu kritisieren und zu verlangen, dass andere sich ändern sollen.

Im Folgenden möchte ich Ihnen wieder einige Beispiele aufzeigen. Bitte vergessen Sie nicht, dass ich diesmal die Situationen durch die »Nachhaltigkeitsbrille« betrachten werde. Überlegen Sie selbst, was davon Sie umsetzen können und wollen.

BEHALTEN ODER WEGWERFEN? Alles, was Sie bereits besitzen, muss nicht neu produziert werden. Deshalb steht in puncto Nachhaltigkeit »Behalten« an der ersten Stelle. *Das gilt aber nur für Dinge, die Sie tatsächlich benutzen.* Nachhaltigkeit wird nämlich gerne als Ausrede für die Unfähigkeit verwendet, sich vom Überflüssigen zu trennen und zwischen Wichtigem, Wertvollem und Unnützem zu unterscheiden. Wie oft habe ich schon Argumente wie »Es gibt Menschen, die nichts haben/Kinder in der dritten Welt müssen hungern/es ist nicht nachhaltig, es wegzuwerfen« und Ähnliches gehört! Falls Sie die Dinge tatsächlich nutzen, sollten Sie sie auch behalten. Am reinen Lagern ist jedoch gar nichts Nachhaltiges. Bücher, Kleider, Haushaltsgegenstände und sonstiger Kram, der nur in Schränken, auf Dachböden, in Kellern und in Scheunen verstaubt, bringt weder der Umwelt noch bedürftigen Menschen etwas. Wenn es Ihnen nicht gelingt, die überflüssigen Gegenstände durch Verkauf oder Verschenken in einen Kreislauf zu bringen, können Sie zumindest dafür sorgen, dass sie der Rohstoffgewinnung dienen. Trennen Sie den Abfall sorgfältig, und bringen Sie alles Verwertbare zum Wertstoffhof.

NACHHALTIG REDUZIEREN. Aber auch der Versuch, mit möglichst wenigen Dingen durchs Leben zu kommen, ist nicht immer sinnvoll.

Wenn Sie beispielsweise Kleidungsstücke bis auf das Nötigste reduzieren, müssen Sie sie umso öfter waschen. Dadurch werden sie schneller abgenutzt und müssen früher ersetzt werden. Die Lösung: Tragen Sie alles auf, was möglich ist, also so lange, bis es wirklich abgenutzt ist. Was kaputtgeht, kann entsorgt werden und wird auch nicht mehr ersetzt. So dauert die Minimalisierung zwar länger, ist aber umso nachhaltiger.

Das Gleiche gilt auch für Putzmittel und Pflegeprodukte. Auch wenn Sie zukünftig für Körperpflege nur verpackungsfreie Seifen benutzen möchten, hilft es der Natur nicht, alle kunststoffverpackten Duschgels und Shampoos wegzuwerfen.

ZUERST TESTEN, DANN WEGWERFEN. Die nächste minimalistische Empfehlung lautet: Alles, was nur einem Zweck dient, sollte man durch ein Multitool ersetzen und so die Anzahl an Dingen verringern. Statt der Knoblauchpresse kann man beispielsweise ein Messer benutzen, toasten soll in der Pfanne genauso gut gehen. Doch manchmal stellt man fest, dass es mit dem Multitool doch nicht so gut funktioniert. Um einem wiederholten Kauf vorzubeugen, praktizieren Sie »Wegwerfen auf Probe«. Packen Sie diese Gegenstände auf die Seite (zum Beispiel in eine Kiste im Keller) und testen Sie, wie Sie ohne sie klarkommen. Sollte sich die Multitoollösung als unpraktisch erweisen, können Sie die Dinge wieder rausholen. Erst wenn Sie sich sicher sind, dass Sie das Aussortierte nicht brauchen, entsorgen sie es endgültig.

NACHHALTIG SELBST MACHEN. DIY (Do it yourself) ist der Trend der letzten Jahre, und während der coronabedingten Lockdowns platzte das Internet aus allen Nähten vor lauter Basteltipps und Lifehacks. Ich habe rein gar nichts gegen Werkeln und Basteln. Doch bevor Sie anfangen, fragen Sie sich, WOZU das Ganze gut sein soll. Natürlich kann man aus alten CDs und DVDs zum Beispiel Schälchen, Discokugeln oder Weihnachtsbaumschmuck herstellen. Plastikflaschen können Sie in Gießkannen, Orangenpressen, Handyhalterungen, Lampen und wahrscheinlich hundert weitere Objekte umwandeln. Und dann? Wer Freude an einem Stück geschmolzenen Polycarbonats hat, kann gerne so ein CD-Schälchen als Seifen- oder Schmuckschale benutzen. Oh, Sie haben bereits eine Seifenschale und bewahren Ihren Schmuck in einer Schublade auf? An Gießkannen mangelt es Ihnen ebenso wenig wie an Handyhalterungen? Tja, dann kann das gute Stück zurück in den Müll oder den Recyclingsack wandern. Schlimmer ist es, wenn Sie weitere Materialien kaufen müssen, um Müll in etwas anderes zu verwandeln. Kleber, Farben, Styroporkugeln, Glitzerstifte, Lacke und so weiter. Dann haben Sie im besten Fall ein wenig Abfall gerettet und viel mehr Ressourcen verbraucht. Und falls die mit CD-Splittern beklebte Styroporkugel ihren Charme verliert, wird alles in den Müll wandern. Diesmal aber nicht recycelbar, weil fest verklebt.

Zugegeben, an dieser Stelle darf ich mich an der eigenen Nase fassen. Nicht nur für Upcycling, sondern auch für selbstgemachte Pflegemittel kann ich mich nämlich immer noch schnell begeistern. Bereits vor 25 Jahren war ich dabei, mein eigenes Parfum zu kreieren. Ich kaufte jede Menge Zutaten, panschte ätherische Öle und Kosmetikalkohol zusammen, füllte kleine braune Fläschchen ab. Ich kam mir vor wie der Parfümeur Baldini in Patrick Süskinds Roman – es wollte und wollte nichts werden. Auch die selbstgemachte Zahnpasta aus Kokosöl und Kurkuma war eine Katastrophe. Das fettige Gemisch schmeckte ziemlich eklig, und die gelben Flecke bekam ich aus dem T-Shirt nie wieder heraus. Und nein, meine Zähne sind davon nicht weißer geworden. Vielleicht stelle ich mich besonders ungeschickt an, aber mit solchen Beispielen könnte ich eine kleine Broschüre füllen.

NACHHALTIG AUFBEWAHREN. Was dagegen super funktioniert und mit keinem weiteren Aufwand verbunden ist, ist die Nutzung von bereits bestehenden Verpackungen. An erster Stelle stehen bei mir Schraubgläser, die ich als Behälter für alles Mögliche benutze. Auch Einfrieren funktioniert einwandfrei. Ab besten eignen sich dazu stabile Gläser mit einer breiten Öffnung. Damit sie nicht platzen, dürfen Sie bei Flüssigkeiten nur etwa dreiviertel des Glases füllen, und Sie müssen es stehend einfrieren lassen.

Des Weiteren nutze ich Schachteln, Kartons und Verkaufsdisplays zum Organisieren der Schubladen und Regale. Schauen Sie sich beim nächsten Einkaufen um: Süßigkeiten, Zahnpasta, Seifen, Augentropfen, … Viele Waren werden in schönen Aufstelldisplays aus festem Karton präsentiert. Sie können einige mit nach Hause nehmen und testen, wie sie in Ihre Schubladen passen, beziehungsweise ob sie für Ihren Zweck geeignet sind. Was nicht passt, kann im Altpapiercontainer entsorgt werden, dort wäre es so oder so gelandet. Ich habe auf diese Weise alle Schubladen unterteilt und perfekte Aufbewahrungsmöglichkeiten für CDs, Stifte, Socken und so weiter gefunden. Und wenn Sie Lust auf Basteln haben, können Sie die Kartons mit Geschenkpapier bekleben und so einen einheitlichen Look kreieren.

NACHHALTIG EINKAUFEN. Nachhaltig einkaufen bedeutet, darauf zu achten, wie viel man kauft und wo man was erwirbt. Das Material der Produkte ist dabei genauso wichtig wie die Bedingungen, unter denen sie produziert wurden.

Was mir in diesem Zusammenhang auffällt, ist eine Verschiebung vom Gebrauch zum Verbrauch. Was meine ich damit? Es gibt zwei Arten von Gütern: *Gebrauchsgüter* und *Verbrauchsgüter*. Gebrauchsgüter sind Dinge, die man im optimalen Fall viele Jahre oder sogar Jahrzehnte nutzt, wie zum Beispiel Möbel, Haushaltsgeräte, Elektronik, Werkzeug und Kleidung. Verbrauchsgüter wie Lebensmittel und Hygieneprodukte verbrauchen wir dagegen kontinuierlich und müssen sie immer aufs Neue nachkaufen. Leider werden Gebrauchsgüter heute immer schneller ausgetauscht und mutieren so zu Verbrauchsgütern. Ich kann mich noch gut an das entsetzte Gesicht einer Bekannten erinnern, als sie hörte, dass ich mir auf einem Töpfermarkt eine Kaffeetasse für 23 Euro kaufte. »Was, bist du verrückt?«, rief sie aus. »Dafür kaufe ich mir ein ganzes Service und kann mir ein neues kaufen, wenn mir das alte nicht mehr gefällt.« Mit dieser Mentalität werden billige Sachen schnell gekauft und schnell wieder ausgetauscht. Die Wertschätzung für ein T-Shirt, das genauso viel kostet wie ein Milchkaffee, kann nicht sehr hoch sein. Durch geschickte Marketingstrategien wird der Verbrauch angekurbelt, und Dinge wie Kleidung und Elektronik werden immer schneller ersetzt.

Setzen Sie beim Kauf auf Qualität und gute Verarbeitung. Das bedeutet nicht, dass Sie immer auf teure Produkte zurückgreifen müssen. Wichtig ist, die Sachen noch vor dem Kauf zu prüfen. Ich gebe Ihnen wieder ein paar Beispiele:

KLEIDUNG. Werfen Sie einen Blick auf das Etikett. Sie finden dort Angaben zum Material sowie Pflegehinweise. Wollen Sie wirklich ein Teil haben, das man nur chemisch reinigen kann? Wenn nicht, verzichten Sie auf den Kauf. Das Gleiche gilt für Handwäsche. Die modernen Waschmaschinen verfügen in der Regel über ein sehr sanftes Handwasch-Programm bei kalten Temperaturen. So darf das Kleidungsstück auch in der Waschmaschine gewaschen werden. Hat Ihre Waschmaschine kein solches Programm, überlegen Sie, ob Sie wirklich Zeit und Lust auf Handwäsche haben.

Auch manche Farben können zum Problem werden. Vielleicht kennen Sie auch das Schwarz-Weiß-Dilemma bei T-Shirts: Waschen Sie ein zweifarbiges Shirt mit der dunklen Wäsche, werden die weißen Teile mit der Zeit ergrauen. Im Umkehrschluss verblasst in der weißen Wäsche die schwarze Farbe, oder, was noch schlimmer ist, sie verfärbt die ganze Waschladung. Ich habe bereits beides erlebt. Seitdem verzichte ich auf zu kontrastreiche Kleidungsstücke.

Als nächstes nehmen Sie die Materialzusammensetzung unter die Lupe. Naturfasern wie Baumwolle, Wolle, Leinen, Kaschmir und Seide sind atmungsaktiv und angenehm zu tragen. Viskose, Lyocel und Modal werden aus Cellulose (Holz, Baumwolle oder auch Hanf) hergestellt und zählen auch zu den natürlichen Materialien.

Synthetische Fasern wie Polyester, Polyamid (Nylon) oder Acryl (Polyacryl) sind recht widerstandsfähig und knittern kaum. Sie nehmen keine Feuchtigkeit auf, was bei spezieller Sportkleidung vorteilhaft sein kann. Für die normalen Alltagskleider ist diese Eigenschaft eher von Nachteil. Man schwitzt darin mehr, der Schweiß bleibt an der Oberfläche der Faser haften und wird dort von Bakterien zersetzt. Deswegen riechen verschwitzte Shirts und Hemden aus Synthetik so unangenehm. Pullover aus Polyacryl sehen ähnlich aus wie solche aus Wolle. Sie sind oft weich und flauschig, wärmen aber nicht so gut. Das Material ist sehr anfällig für Pilling (Knötchenbildung) und lädt sich leicht elektrostatisch auf. Fliegende Haare und häufige Stromschläge sind die Folgen. Ähnliches gilt für Textilien aus Acetat.

Kleider aus dieser Kunstfaser sehen aus wie Seide, nehmen jedoch kaum Feuchtigkeit auf und elektrisieren stark.

Oft werden Natur- und Kunstfasern vermischt, um zum Beispiel die Widerstandsfähigkeit der Kleidung zu erhöhen. Der Anteil an synthetischem Material sollte aber nur geringfügig ausfallen. Ein klares Täuschungsmanöver ist dagegen ein »Kaschmirpullover«, der bei näherem Betrachten aus 90 Prozent Polyacryl, 5 Prozent Wolle und 5 Prozent Kaschmir besteht, oder eine »Seidenbluse« aus 90 Prozent Polyester und 10 Prozent Seide.

Sind Sie mit dem Material zufrieden, betrachten Sie als Nächstes die Verarbeitung. Alle Nähte sollten glatt und gerade verlaufen, Knopflöcher und Taschen müssen gut verarbeitet und die Knöpfe sauber vernäht sein. Die Reißverschlüsse sollten einen stabilen Eindruck machen und sich leicht öffnen und schließen lassen.

Kleider auf Schaufensterpuppen oder Kleiderbügeln sehen immer anders aus als am eigenen Körper. Deshalb gilt: Vor dem Kauf unbedingt anprobieren. Und zwar nicht nur kurz vor dem Spiegel stehend. Wenn Ihnen beim Hinsetzen der halbe Hintern aus der Hose rutscht, werden Sie sich darin wahrscheinlich nicht wohlfühlen. Gehen Sie ein paar Schritte, heben Sie die Arme hoch, setzen Sie sich hin. Erst dann zeigt sich, ob das Kleidungsstück für Sie die optimale Passform hat.

SCHUHE. Beim Schuhkauf sind weder die Marke noch der Preis zuverlässige Indikatoren für eine gute Qualität. Achten Sie lieber auf das Material und die Verarbeitung.

Die am häufigsten verwendeten Materialien für Schuhe sind Leder, Textil und Kunststoff. In jedem Schuh befindet sich ein Hinweis auf seine Zusammensetzung. So kann beispielsweise das Obermaterial aus Rauleder (Suede, Velours, Nubuk) bestehen, das Innenfutter aus feinem Glattleder und die Sohle aus Gummi oder Kunststoff. Gutes Leder ist flexibel, atmungsaktiv und sorgt für ein angenehmes Fußklima. Bei guter Pflege können Lederschuhe jahrzehntelang schön aussehen. Kleine Kratzer lassen sich mit farbiger Schuhcreme gut auspolieren. Leder ist biologisch abbaubar. Es dauert etwa 50 Jahre, bis sich Leder zersetzt, bei Polyurethan, dem am häufigsten für die Schuhherstellung verwendeten Kunststoff, sind es 500 Jahre. Polyurethan (PU) ist wesentlich günstiger als Leder, deshalb wird es auch gerne zum Herstellen von Billigschuhen benutzt. Das Material ist nicht atmungsaktiv, deshalb riechen die Füße in »Plastikschuhen« so streng. »Veganes Leder« wird entweder aus Kunststoffen (PVC, PU) oder aus pflanzlichen Rohstoffen hergestellt. Es können Fasern aus Ananas, Kakteen, Pilzen, Teakblättern oder sogar Äpfeln sein. Auch dünne Korkplatten werden als Ledererersatz benutzt. Die Qualität dieser Produkte ist noch nicht immer überzeugend, wird aber ständig verbessert und ist vor allem für Veganer sicherlich eine wichtige Alternative zu tierischen Produkten.

Jeder Schuh besteht aus zwei Hauptteilen: dem sogenannten Schaft (das ist der obere Teil) und der Sohle. Diese können miteinander vernäht oder verklebt werden. Betrachten Sie genau die Verbindung: Sichtbarer Kleber in der Naht ist ein zuverlässiges Merkmal für eine billige Produktion. Eine dünne Gummisohle gewährleistet, dass der Schuh nicht rutschen wird, und schützt gleichzeitig die Ledersohle vor Abnutzung. Sie lässt sich leicht und kostengünstig anbringen und erneuern, genauso wie die meisten Absätze.

Auch der schönste Schuh aus bestem Material nutzt Ihnen nichts, wenn er unbequem ist. Es sei denn, dass Ihr Motto »Wer schön sein will, muss leiden« heißt. Für einen guten Stand ist die Platzierung des Absatzes in der Mitte der Ferse wichtig. Die Zehen müssen genügend Platz haben. Manche Hersteller produzieren Schuhe in zwei bis drei verschiedenen Breiten. Ein Tipp zum Schluss: Probieren Sie Schuhe immer am späten Nachmittag an. Die Füße können während des Tages bis zu einer halben Größe anschwellen.

HANDTASCHEN. Für viele Menschen sind sie ein täglicher Begleiter, für andere ein Prestige und Sammelobjekt, für manche sogar eine spekulative Investition. Die Preisspanne für eine Handtasche ist riesig. Im Jahr 2019 entwarf die Promi-Modeschöpferin Debbie

Wingham für einen anonymen amerikanischen Kunden ein Täschchen im Wert von 6,7 Millionen US-Dollar. Eine zehn Jahre alte Handtasche aus dem Hause Hermès, die Birkin »Himalaya Niloticus« aus Nilkrokodil-Leder, wurde für knapp 380 000 US-Dollar versteigert. Eine »normale« Birkin kostet je nach Material und Ausführung zwischen 9000 und 150 000 US-Dollar. Aber auch wenn Sie gerade Geld übrighätten, Luxushandtaschen dieser Kategorie kann man nicht einfach so kaufen. Einige Tausend Euro anzahlen, sich auf die Warteliste setzen lassen und drei bis fünf Jahre warten – so läuft es ab. Deshalb verlassen wir die Welt der Reichen und Schönen und widmen uns der Frage: Woran erkennt man die Qualität einer Handtasche?

Die Antwort ist: Am Material, an der Verarbeitung und am Tragekomfort. Außer Leder kommen bei der Handtaschenherstellung auch Textilgewebe, Filz, Kork und sogenanntes Kunstleder aus Kunststoff oder Naturfasern zum Einsatz. Leder ist vergleichsweise teuer, dafür aber robust, langlebig und widerstandsfähig. Taschen aus hochwertigem Leder altern schön und können bei guter Pflege jahrzehntelang ihren Dienst tun. Lederimitat sieht auf den ersten Blick dem Original ähnlich, nutzt sich aber unschön ab, vor allem an den beanspruchten Stellen wie Ecken, Kanten, Henkeln und Trageriemen. Echtes Leder erkennen Sie schnell am typischen angenehmen Geruch. Auch tragen die meisten Produkte die Bezeichnung »Echtes Leder«, *Genuine Leather* oder *Vera Pelle* sowie ein Symbol, das eine stilisierte Tierhaut darstellt. Achten Sie darauf, dass alle Teile aus Leder bestehen: Um Kosten zu sparen, ersetzen manche Hersteller an bestimmten Stellen wie Boden oder Henkel Leder durch billiges Polyurethan oder Weich-PVC-beschichtetes Gewebe.

Wer tierische Produkte ablehnt, sollte lieber auf Taschen aus Canvas oder anderen pflanzlichen Materialien zurückgreifen, denn die Herstellung und Entsorgung von Kunstleder ist problematisch. PVC-haltiger Lederersatz ist umweltschädlicher Plastikmüll, dessen Mikroteile teilweise im Meer landen und über die Meeresbewohner wieder in die Nahrungskette des Menschen gelangen.

Alltagstaschen werden mitunter stark beansprucht: Sie tragen einiges an Gewicht, werden auf dem Boden abgestellt, schrammen auch mal an einer Wand. Um das alles ohne Schaden zu überstehen, müssen sie gut verarbeitet sein. Betrachten Sie vor dem Kauf alle Nähte. Sie müssen innen wie außen sauber und gerade verlaufen, das Garn sollte dick und hochwertig sein. Die Einstiche dürfen nicht zu groß sein, denn unter der Belastung werden sie noch größer und können irgendwann einreißen. Reißverschlüsse müssen stabil sein und sich leicht öffnen und schließen lassen. Achten Sie auch auf die Griffe und Trageriemen. Sie sollten stabil und breit genug sein, um das Gewicht des Inhalts gut zu verteilen. Das Innenleben kann ebenfalls Aufschluss über Qualität und Langlebigkeit einer Tasche geben. Das Innenfutter sollte am Boden vernäht sein, damit es nicht samt Inhalt nach außen gestülpt werden kann, und der Innenstoff sollte sich stabil und wertig anfühlen.

Noch ein Hinweis zum Schluss: Seien Sie achtsam beim Kauf von vermeintlichen Designertaschen in Urlaubsländern. Die Freude über ein Schnäppchen kann nur kurz dauern. Ein sehr niedriger Preis weist auf eine Fälschung hin. Die Plagiate werden meistens aus minderwertigem Material hergestellt und sind schlecht verarbeitet. Falls Sie versuchen sollten, mehrere Taschen durch den Zoll zu bringen, besteht die Möglichkeit, dass Sie wegen Handels angezeigt werden. Die Ware wird aus dem Verkehr gezogen und vernichtet, und Sie werden womöglich bestraft.

DINGE GUT BEHANDELN UND PFLEGEN. Nachhaltige Ordnung bedeutet für mich nicht nur mit Bedacht auszumisten, sondern auch seine Besitztümer zu schätzen, gut zu behandeln und zu pflegen.

Fangen wir mit Textilien an: Mit richtigem Waschen, Trocknen und Lagern können Sie die Lebensdauer Ihrer Kleidung deutlich erhöhen. Als Erstes sollten Sie den Blick auf das Pflegeetikett werfen. Die Symbole verraten Ihnen, bei welcher Temperatur Sie die Sachen waschen können, ob sie in die Waschmaschine oder in den Trockner dürfen oder ob eine spezielle Reinigung erforderlich ist. Sortieren Sie die Wäsche nach Farben beziehungsweise in helle (weiße) und dunkle Kleider und nach Waschtemperatur. Das nächste Kriterium ist der Waschgang: Handwäsche, Feinwäsche, Normalwäsche und »Stark verschmutzt«. Hier sehen Sie, dass es manchmal problematisch sein kann, als Einzelperson mit minimalistischem Kleiderschrank eine vernünftige Wäscheladung zusammenzubekommen. Aber auch zu viel auf einmal zu waschen, kann zu einem unerwünschten Ergebnis führen. Die modernen Waschmaschinen arbeiten mit so wenig Wasser, dass bei zu voller Waschmaschine Rückstände aus Schmutz und Waschmittel nicht komplett ausgespült werden und die Wäsche anfängt zu »muffeln«. Aus dem gleichen Grund sollte auch das Waschmittel nicht überdosiert werden. Auch zu niedrige Temperaturen und zu kurze Waschprogramme können verursachen, dass die frisch gewaschene Wäsche stinkt. Die unangenehmen Gerüche entstehen durch Bakterien, die in der Wäsche überleben. In diesem Fall nutzen weder hochdosierte Weichspüler noch Wäscheparfüms. Lassen Sie stattdessen einmal die Waschmaschine leer bei 95 Grad durchlaufen und fügen Sie dem Waschgang einen speziellen Reiniger oder einen Schuss Haushaltsessig hinzu. Waschen Sie danach die Wäsche bei höherer Temperatur durch.

Damit sich nichts verhaken kann oder durch Reibung beschädigt wird, sollten Kleidungsstücke mit Pailletten oder Verschlüssen, wie zum Beispiel BHs, in Wäschebeuteln oder in geschlossenen Kopfkissenbezügen gewaschen werden.

Der Wäschetrockner macht zwar die Wäsche schön weich, ist aber ein extremer Energiefresser und schadet dem Material. Vor allem T-Shirts aus Baumwolle können im Wäschetrockner einlaufen. Am besten trocknen Sie Ihre Kleidung an der frischen Luft. Wenn sich der Trockner nicht vermeiden lässt, stellen Sie ihn auf eine möglichst niedrige Temperatur ein.

Während unsere Kleidung regelmäßig in die Waschmaschine oder Reinigung wandert, bleiben Schuhe oft auf der Strecke.

SHINE YOUR SHOES. Ich bin schon oft gefragt worden, ob ich regelmäßig meditiere. Die Antwort ist: Nein, ich poliere stattdessen meine Schuhe. Schuhe aus Glattleder zu pflegen, ist wie eine Meditation – gönnen Sie sich selbst und Ihrer Fußbekleidung diese kleine Auszeit. Was Sie dafür brauchen, sind eine feste Schmutzbürste, eine Glanzbürste (am besten mit Rosshaar besetzt) sowie Lappen zum Auftragen von Schuhcreme und zum Auspolieren des Schuhwachses.

Entfernen Sie als Erstes mit der groben Bürste Schmutz und Staub. Tragen Sie anschließend mit kreisenden Bewegungen farbige oder farblose Schuhcreme auf. Diese sollte etwa 10 Minuten einziehen, bevor Sie mit dem Polieren beginnen. Arbeiten Sie ohne Druck mit lockeren, langen Bewegungen der Rosshaarbürste, bis der Schuh gleichmäßig glänzt.

Etwas für Fortgeschrittene ist die sogenannte Wasserglanzpolitur. Dabei werden nur die Schuhspitzen auf Hochglanz gebracht. Umwickeln Sie den Zeige- und Mittelfinger mit einem weichen Tuch (alte T-Shirts oder andere ausgewaschene und fusselfreie Baumwollstoffe sind dafür optimal), nehmen Sie ein wenig Schuhwachs auf und tragen Sie ihn mit sehr leichtem Druck auf. Befeuchten Sie nun die gewachste Stelle mit einem Tropfen Wasser und polieren Sie weiter. Nach einiger Zeit werden Sie merken, dass das Leder unter der befeuchteten Stelle ganz besonders glänzt. Profis wiederholen diese Prozedur so lange, bis sie sich im Schuh wie in einem Spiegel betrachten können.

Für Schuhe aus Wild-, Velours-, oder Nubukleder ist das A und O der Pflege ein vorsichtiges Ausbürsten der Oberfläche. Für Flecken und speckige Stellen gibt es einen Lederradiergummi. Schneeränder entfernen Sie mit lauwarmem Wasser und einem Schuss Essigessenz. Tupfen Sie die Mischung mit einem Baumwolltuch auf, danach entfernen Sie die Rückstände mit einem feuchten Schwamm. Stopfen Sie die Schuhe mit Zeitungspapier aus und lassen Sie sie gut trocknen, bevor Sie die Oberfläche wieder aufbürsten. Anschließend tragen Sie ein geeignetes Pflegemittel auf und imprägnieren den Schuh.

Nach dem Tragen sollten Sie in die noch fußwarmen Schuhe Schuhspanner einlegen. Am besten geeignet sind Modelle aus unbehandeltem Zedernholz. Sie nehmen die Feuchtigkeit und die Gerüche auf, glätten die Gehfalten und erhalten die Passform.

MESSER SCHLEIFEN – VERSTAND SCHÄRFEN. Eine weitere meditative Angelegenheit ist das Schärfen von Messern auf nassem Schleifstein. Sie erfordert Aufmerksamkeit, Konzentration, Genauigkeit und Geduld. Das sind Eigenschaften, die mir im Alltag oft abhandenkommen. Wenn ich mich auf die Arbeit einlasse und die Klinge ohne Hast und Druck unzählige Male über den Stein vor und zurück ziehe, werde ich nach und nach ruhiger und entspannter. Die Gedanken hören auf hin- und herzuspringen, plötzlich geht es nur um Ziehen, Drehen, Prüfen, Ziehen, Drehen, Prüfen … Und als ob man mit dem Messer auch den Verstand geschärft hätte, fallen mir anschließend oft neue Ideen oder Lösungen ein.

Dies sind nur einige wenige Beispiele, aber ich glaube, dass das Prinzip klar ist: Das Gefühl, etwas Schönes und Wertvolles zu besitzen und es anständig zu behandeln, ist ein Gegenpol zum Kauf-und-Wegwerf-Wahnsinn.

REPARIEREN STATT WEGWERFEN. Auch bei der besten Pflege kann man nicht vermeiden, dass sich unser Besitz abnutzt oder defekt wird. Doch viele Dinge kann man reparieren. Das schont die Umwelt und Ihren Geldbeutel.

Am einfachsten geht das bei der Bekleidung: Um ein kleines Loch oder ein Stück aufgegangener Naht zu schließen, brauchen Sie nur Nadel, Faden und ein paar Minuten Zeit. Auch einen lockeren Knopf kann man mit minimalem Aufwand wieder befestigen. Wenn Sie diese Kleinigkeiten vernachlässigen, werden die Löcher mit der Zeit größer, die Knöpfe fallen ab, und das Teil landet im Müll.

Mit der Reparatur anderer Alltagsgegenstände können Sie sich an eines der zahlreichen Repair-Cafés wenden. Bei diesen Cafés handelt es sich meistens um regelmäßige Veranstaltungen, bei denen sich Menschen treffen, um defekte Sachen zu reparieren. Sie finden dort Unterstützung etwa beim Richten von Fahrrädern und Elektrogeräten, manchmal auch von Möbeln und Textilien. Neben der Reparaturhilfe gibt es dazu Kaffee, Kuchen oder auch andere Speisen. Das Ziel der Repair-Cafés ist es, zur Reduzierung der Müllberge beizutragen. Darüber hinaus bringt die gemeinsame Arbeit Menschen aus der Nachbarschaft auf neue Art und Weise miteinander in Kontakt.

Zum Schluss möchte ich noch auf eine weitere wichtige Institution hinweisen: den Schuster. Selbst wenn Sie Ihre Schuhe bestmöglich pflegen – irgendwann laufen sich die Absätze und die Laufsohlen ab. Doch so ein Schuh ist deswegen noch lange nicht ein Fall für die Tonne. Wenn die Schuhe nicht löchrig sind, kann ein guter Schuster wahre Wunder vollbringen. Sohlen erneuern, wackelige Absätze wieder befestigen, aufgegangene Steppnähte schließen, Reißverschlüsse auswechseln. Die Reparatur eines hochwertigen Schuhs ist immer günstiger als der Neuerwerb.

Aber auch zum Reparieren von Handtaschen können Sie einen Schuster aufsuchen. Schnallen, Verschlüsse, Druckknöpfe oder Reißverschlüsse können recht schnell ausgewechselt werden. Manche Meister sind in der Lage, alte Taschen, Rucksäcke, Koffer und andere Ledererzeugnisse komplett zu erneuern und ihnen neues Leben einzuhauchen.

Der deutsche Schriftsteller Joachim Ringelnatz widmete seinen Schuhsohlen und seinem Schuster ein Gedicht:

MEINE SCHUHSOHLEN
Sie waren mir immer nah,
Obwohl ich sie selten sah,
Die Sohlen meiner Schuhe.
Sie waren meinen Fußsohlen hold.
An ihnen klebt ewige Unruhe,
Und Dreck und Blut und vielleicht sogar Gold.
Sie haben sich aufgerieben
Für mich und sahen so selten das Licht.
Wer seine Sohlen nicht lieben
Kann, liebt auch die Seelen nicht.
Mir ist seit einigen Tagen
Das Herz so schwer.
Ich muß meine Sohlen zum Schuster tragen,
Sonst tragen sie mich nicht mehr.[3]

FAST FASHION – SLOW FASHION

Diese Begriffe haben Sie wahrscheinlich bereits gehört. *Fast Fashion* ist ein Businessmodell, bei dem die Modeindustrie versucht, möglichst viele Kleidungskollektionen in einer kurzen Zeit auf den Markt zu bringen. So schaffen es manche Modelabels inzwischen, 24 Kollektionen im Jahr herzustellen und auf den Markt zu werfen. Warum ist das so, und wie ist das in einer so kurzen Zeit überhaupt möglich? Nun, wie so oft ist hier die Profitgier am Werk. Während es früher eine Frühjahr-/Sommerkollektion und eine Herbst-/Winterkollektion gab, kreieren heutzutage etliche Modedesigner neue Trends im

Wochentakt. Stars, Sternchen, Celebritys und Influencer präsentieren der Welt ihre aktuellen Looks, und die Welt (vor allem die westliche) will sie sofort haben. Die Designs werden kopiert und in einer billigen Version hergestellt. Der Zyklus dauert zwischen zwei und vier Wochen. Das bedeutet, dass Trends auch nur so kurz aktuell bleiben. Was letzte Woche noch »in« war, ist diese Woche bereits »out«. Im Durchschnitt werden Billigkleider nur viermal getragen, bevor sie im Altkleidercontainer oder im Müll landen. Zusätzlichen Abfall verursacht die Überproduktion. Weil der Herstellungs- und Vertriebs-Zyklus so schnell ist, können die Händler nichts nachbestellen. Deshalb werden die einzelnen Chargen im Wissen, dass nicht alles verkauft werden kann, überproduziert. Wenn dann die neue Ware eintrifft, muss die alte weichen, denn die Ladenflächen sind begrenzt und teuer. Die überschüssige Kleidung landet im Müll. Diese irre Geschwindigkeit ist aus drei Gründen möglich:

- Die großen Modemarken vereinen Herstellung, Vertrieb und Einzelhandel unter einem Dach und haben so die Kontrolle über den ganzen Prozess.
- Die Kleidung wird in Ländern produziert, in denen Arbeitsschutz und gerechte Bezahlung keine Rolle spielen. Das ist vor allem in Asien und Lateinamerika der Fall.
- Der Weg zwischen dem ersten Entwurf und dem Eintreffen der Ware im Einzelhandel wird permanent »optimiert«. Im Klartext bedeutet das, dass vor allem Menschen, die diese Kleidung herstellen, zu immer höherer Leistung angetrieben werden.

Die Menschen in den Fabriken arbeiten zu Niedriglöhnen unter prekären Arbeitsbedingungen. Sie bezahlen für die schnelle Mode nicht nur mit ihrer Gesundheit, sondern immer wieder auch mit ihrem Leben. Können Sie sich noch an die Unfälle in Bangladesch erinnern?

Im Jahr 2012 zum Beispiel? Damals verbrannten in einer Textilfabrik über 100 Menschen bei lebendigem Leibe, weil die Notausgänge versperrt waren. Weitere 200 erlitten zum Teil schwere Verbrennungen. Oder an den Einsturz von Rana Plaza nur einige Monate später? Als das marode Fabrikgebäude am 24. April 2013 einstürzte, starben an einem einzigen Tag über tausend Menschen, und weitere zweitausend wurden verletzt.

Im Internet finden Sie eine offizielle Liste von Marken, die im Rana-Plaza-Komplex Kleider nähen ließen. Viele Unternehmen bestritten das, bis aus den Trümmern die Teile mit den entsprechenden Logos gezogen wurden. Schauen Sie nach, ob Ihr Lieblings-Label dabei war …

Das Fast-Fashion-Business ist ein Desaster für die Menschen und für die Umwelt. Die billige Produktion wird teuer bezahlt – die Emissionen verpesten die Luft, giftige Chemikalien und Mikroplastik verunreinigen das Wasser.

Diesem Trend steht die Slow-Fashion-Bewegung gegenüber. *Slow Fashion (Fair Fashion)* steht für nachhaltige, langlebige und faire Mode. Der Fokus liegt auf umweltschonender Produktion sowie gerechten Löhnen und guten Arbeitsbedingungen. Die Kleidung wird überwiegend aus natürlichen Fasern wie Baumwolle, Leinen, Hanf und Wolle oder aus recycelten Kunststofffasern hergestellt.

Aber auch die nachhaltige Textilproduktion verbraucht Ressourcen. Zudem versuchen Kleiderproduzenten durch *Greenwashing* ihr Image zu verbessern. Ein typisches Beispiel dafür sind Mode-Ketten, die einige Teile oder eine kleine Kollektion aus Biobaumwolle anbieten, während die restlichen 95 Prozent des Sortiments nicht nachhaltig produziert werden. Die Verbraucher werden gezielt durch Bilder, Symbole und diverse Siegel in die Irre geführt. Viele Begriffe sind nicht geschützt und nicht definiert. So können beispielsweise Unternehmen das Wort »nachhaltig« beliebig verwenden. Auch »klimafreundlich« oder »klimaneutral« sagt rein gar nichts über die Herstellung oder den CO_2-Ausstoß aus und ist genauso wie »umweltschonend« eine Behauptung ohne Nachweis. Auch beliebt ist die Bezeichnung »regional«, bei dem nicht definiert werden muss, wo genau die genannte Region aufhört. Frei verwenden kann man auch die Begriffe »biologisch« und »ökologisch«. »Bio« und »Öko« sind dagegen geschützt — achten sie daher genau auf das Wording.

Bevor Sie jetzt verzweifeln oder auf die Idee kommen, dass das einzig Nachhaltige wäre, nackt herumzulaufen, möchte ich Ihnen einige Ideen zum Kauf von Kleidung geben:

- Secondhand ist immer besser als ein Neukauf. Neben typischen Geschäften wie etwa Diakonieläden gibt es auch edle Secondhand-Boutiquen mit hochwertiger Markenware. Auch auf Internetplattformen können Sie sowohl neue als auch gebrauchte Kleidung aus zweiter Hand kaufen.
- Achten Sie beim Neukauf auf den Hersteller sowie die Materialherkunft. Unterstützen Sie keine Marken, die Menschen ausbeuten.
- Der Preis allein ist kein Kriterium für die faire Produktion. Teure Modelabel lassen ihre Produkte in den gleichen Fabriken unter ebenso schlechten Bedingungen fertigen wie Billiganbieter. Nur verdienen sie an den Produkten viel mehr Geld.
- Hinterfragen Sie gezielt Produkte und Unternehmen. Achten Sie darauf, wie transparent und glaubwürdig über die Herkunft der Rohstoffe sowie über die ganze Produktion berichtet wird.
- Vorsicht! Wenn auf dem Etikett »Made in XY« steht, bedeutet es lediglich, dass der letzte Schritt (beispielsweise das Annähen eben dieses Etiketts) im genannten Land erfolgt ist. Woher das Material kommt, wo die Stoffe veredelt, die Kleider genäht, bedruckt, bestickt (…) wurden, erfahren Sie nicht.

- Achten Sie auf die Qualität der Materialien. Dünne Fairtrade T-Shirts aus Biobaumwolle müssen nicht langlebig sein.
- Auch die Verarbeitung soll passen. Ich habe selbst erlebt, dass ein Mantel, der alle nachhaltigen Kriterien erfüllt hat, so primitiv und unförmig genäht war, dass ich ihn schweren Herzens zurückschicken musste.
- Ebenso dürfen die Form und Farbe nicht nach paarmal Waschen verloren gehen. Lesen Sie vor dem Kauf die Bewertungen im Internet.
- Kaufen Sie keine »trendige« Kleidung, sondern nur solche, die Ihnen steht und die Sie auch in zehn Jahren noch tragen können.
- Investieren Sie in gute, qualitativ hochwertige Basics.
- Achten Sie darauf, dass viele Teile miteinander kombinierbar sind. So überfüllen Sie nicht den Kleiderschrak und werden immer etwas zum Anziehen haben.

Wir alle können durch unsere Kaufentscheidungen die Entwicklung der Textilindustrie beeinflussen. Warum wurde sie noch nicht in größerem Stil verändert? Die Gründe dafür sind unterschiedlich. Überlegen Sie, welcher auf Sie zutrifft:

- Sie wussten nichts über die Produktion. (Nun, jetzt wissen Sie es.)
- Sie wissen nicht, was Sie dagegen tun können. (Siehe weiter oben.)
- Sie glauben nicht, dass Ihr Verhalten etwas verändern kann. (Als Einzelperson vielleicht nicht viel, aber eine Gruppe aus Hunderttausenden oder

gar Millionen von Einzelpersonen hat eine ungeheure Macht.)

- Sie können sich faire Mode nicht leisten. (Siehe weiter unten Cost per wear.)
- Sie wissen es, es interessiert Sie aber (noch) nicht.

EIN BISSCHEN MATHEMATIK: COST PER WEAR. Ich hoffe, dass Ihnen diese kleine Mathematikübung hilft, in Zukunft bessere Entscheidungen zu treffen. Der *Cost per Wear* entspricht den Gesamtkosten eines Kleidungsstücks geteilt durch die Häufigkeit des Tragens.

Nehmen wir an, eine Person A kauft sich ein T-Shirt für 7,99 Euro, mit trendiger Farbe, aus billigem Material. Nach viermal Anziehen und Waschen verliert das Kleidungsstück seine Form und Farbe genauso schnell, wie A das Interesse daran. Das Shirt wird noch zweimal angezogen und landet schließlich in der Kleidersammlung. Für rund 8 Euro wurde es gekauft, dann sechsmal angezogen; das bedeutet, dass einmal Tragen 1,33 Euro gekostet hat (8 : 6 = 1,33).

Im zweiten Fall kauft Person B ein T-Shirt für 39 Euro. Sie hat gut recherchiert und lange gezögert, schließlich ist das teuer für ein Basic-Shirt. Das Teil wurde entsprechend gut behandelt und oft getragen, etwa zweimal in der Woche. Nach einem Jahr ist das T-Shirt noch gut in Schuss, obwohl es in 52 Wochen 104-mal getragen wurde. Der Cost per Wear (gerundet) entspricht 39 : 104 = 0,38 Euro. Je länger wir Kleider tragen, desto günstiger wird es für uns.

Denken Sie beim nächsten Kauf auch darüber nach, wie häufig Sie das Kleidungsstück oder ein Paar Schuhe wohl tragen werden. Es kann sich schnell zeigen, dass ein günstiges Fast-Fashion-Produkt keine so gute Investition ist. Die Cost-per-Wear-Berechnung können Sie natürlich auch für alle anderen Gegenstände nutzen.

Mir ist klar, dass es nicht immer möglich ist, alles auf einmal zu verändern. Versuchen Sie nicht gleich die Welt aus den Angeln zu heben. Kleine, aber stete Veränderungen tun es auch.

DIGITALISIERUNG UND NACHHALTIGKEIT

Was versteht man überhaupt unter »Digitalisierung«? Die Definition des Begriffs ist nicht eindeutig. Im deutschsprachigen Raum versteht man darunter (simpel gesagt) die Umwandlung von analogen Inhalten und Prozessen in eine digitale Form. Wenn Sie etwa Bilder und Unterlagen einscannen und auf der Festplatte Ihres Computers oder gleich in der Cloud ablegen, Streaming-Plattformen benutzen, um Filme anzuschauen und Musik zu hören, oder Meetings virtuell abhalten, machen Sie genau das. Doch die digitale Welt bietet noch mehr: Geräte von Familienmitgliedern oder Mitarbeiterinnen können miteinander verbunden werden, sodass die Daten jederzeit allen zur Verfügung stehen. In einem Smart Home können Sie unterschiedliche Haushaltsgeräte, von der Lampe über die Heizung, den Kühlschrank oder den Fernseher bis hin zum Mähroboter über Applikationen oder Sprachassistenten steuern. So können Sie beispielsweise Ihrem Heizkörperthermostat einfach über die App Bescheid sagen, dass Sie unterwegs nach Hause sind und er die Heizung hochdrehen soll oder sogar den Kühlschrank mit dem Speiseplan auf Ihrem Smartphone verknüpfen und ihn fehlende Lebensmittel bestellen lassen.

Digitalisierung gilt als besonders wirtschaftlich, effizient und nachhaltig. Digitale Post verbraucht im Gegensatz zu Briefen kein Papier. Sie muss nicht transportiert werden, die Ablage braucht weder Ordner noch Regale oder Schränke. Das Gleiche gilt für die Unterhaltung: Streaming-Dienste bieten Zugriff auf Musik und Filme, ohne dass man den wertvollen Raum in den eigenen vier Wänden mit CDs und DVDs belegen muss. Fotos und Bücher in der Cloud nehmen auch keinen Platz weg und sind von überall auf der ganzen Welt einsehbar. Falls Sie eine Information brauchen oder einen Begriff nachschlagen wollen, müssen Sie nicht zum dicken Lexikon greifen, sondern können kurz eine Anfrage an eine der Suchmaschinen im Internet stellen.

Diese Veränderungen stellen die Menschen vor neue Herausforderungen und werfen frische Fragen auf. »Soll ich eine Google-Anfrage starten oder mir eine Tasse Tee kochen?«, überlegt sinngemäß das Känguru im Buch »Die Känguru-Chroniken« von Marc-Uwe Kling.

Seine Frage zielt auf die Tatsache, dass jede Google-Suchanfrage durch mehrere Server geleitet wird. Diese Geräte laufen nicht einfach so: Hinter dem nicht greifbaren und unsichtbaren Internet stehen riesige Hochleistungsserver, die rund um die Uhr Daten verarbeiten und speichern. Und jeder Datenaustausch verbraucht unweigerlich Energie.

Es ist kompliziert, den Energieverbrauch und die Umweltbelastung, die einzelne Internet-Anfragen verursachen, exakt zu berechnen und das in Zusammenhang mit Wasserkochen zu setzen. Eines ist aber sicher – bei jeder Internet-Aktivität verbrauchen nicht nur Ihr Smartphone oder Ihr Notebook Strom.

Der Energiebedarf der Technologie-Unternehmen entspricht inzwischen dem Bedarf des gesamten Luftverkehrs. Davon wird etwa die Hälfte zum Kühlen der Server benutzt. Aus diesem Grund entstehen rund um den Polarkreis riesige Rechenzentren, die das kalte Meerwasser zum Kühlen der Anlagen nutzen.

KAPITÄN NEMO LÄSST GRÜSSEN. Aber das ist noch nicht alles: Im Jahr 2014 entwickelten die Mitarbeiterinnen und Mitarbeiter von Microsoft die Idee für ein Unterwasser-Rechenzentrum. Das Ziel war, die Zuverlässigkeit der Server zu verbessern, die kostenlose Kühlung der auf dem Meeresboden liegenden Anlage kam hinzu. Da die ersten Tests gut verliefen, versenkte Microsoft im Frühjahr 2018 einen versiegelten Container mit 864 Servern an Bord auf dem Meeresboden vor den schottischen Orkney-Inseln[4].

Zwei Jahre später wurde die Kapsel aus der knapp 40 Meter großen Tiefe geborgen und untersucht. Ben Cutler, der Leiter des unter dem Namen »Natick« bekannten Projekts, ist mit den gewonnenen Erkenntnissen zufrieden. »Unsere Ausfallrate ist achtmal geringer als an Land«, berichtete der Projektleiter.[5]

Im nächsten Schritt will Microsoft eine Reihe von kleinen Unterwasser-Datenzentren rund um Küsten installieren. Da mehr als die Hälfte der Weltbevölkerung innerhalb eines 200-Kilometer-Radius um Küstengebiete lebt, müssten die Daten in Zukunft nur eine kurze Strecke bis zu den Nutzern zurücklegen. Surfen im Internet, Video-Streaming und Spielen ginge so schneller und zuverlässiger. Auch könnte man künftig Unterwasser-Rechenzentren mit Offshore-Windparks verbinden und daraus die benötigte Elektrizität beziehen.

Was Fische, Delfine, Wale und andere Meeresbewohner dazu meinen, ist noch unbekannt.

DIE NEUE EISENZEIT. Problematisch sind nicht nur der Energieverbrauch, sondern auch die Materialien, die in den Geräten verbaut sind. Auch wenn wir die digitale Welt als entmaterialisiert wahrnehmen und aus diesem Grund als besonders umweltfreundlich betrachten, ist es nicht so einfach. Damit die Algorithmen laufen, braucht es eine enorme und durchaus materielle Infrastruktur. Für die Produktion von Smartphones, Tablets, Notebooks, PCs, Spielkonsolen und so weiter braucht es viele Rohstoffe. Die gesamte Technologie verbraucht so viel Metall, dass manche Wissenschaftler vor der zweiten Eisenzeit in der Menschheitsgeschichte sprechen. Eisen, Edelmetalle und Seltene Erden fallen nicht vom Himmel, sondern werden mitunter in Entwicklungsländern und Krisenregionen unter schlimmsten Arbeitsbedingungen abgebaut. Sklaverei und Kinderarbeit gehören zum Geschäft genauso wie oft tödliche Unfälle und folgenschwere Krankheiten. In Krisengebieten in Afrika werden viele Erlöse aus den Minen zur Finanzierung von Bürgerkriegen benutzt.

Eines ist klar: Die Digitalisierung lässt sich nicht aufhalten. Gerade deswegen ist es wichtig, sich mit ihr auch aus der Sicht der Nachhaltigkeit auseinanderzusetzen. Was können Sie unter diesem Aspekt in den eigenen vier Wänden tun? Diese Entscheidung müssen Sie selbst treffen. Ich hoffe, dass Ihnen die folgenden Informationen, Vergleiche und Tipps dabei helfen werden.

NACHHALTIGER UMGANG MIT DEM INTERNET

FILME UND MUSIK MIT BEDACHT STREAMEN. Einen Film *on demand* (per Streaming direkt) anzuschauen, verbraucht sehr viel Strom. Das Gleiche gilt für Musik, Hörbücher, Podcasts und Ähnliches, vor allem wenn Sie unterwegs sind und auf das mobile Internet zurückgreifen müssen. Und wie sieht es aus mit CDs, DVDs, Blu-Rays? Es kommt, wie so oft, darauf an. Verschiedene Forscher kommen zu unterschiedlichen Ergebnissen, je nachdem, was alles in die Ökobilanz eingerechnet wurde. Der Energieverbrauch der Geräte, CO_2-Emissionen bei Transport, Onlinekauf und Zustellung durch die Post oder die Fahrt zum Händler – das alles spielt eine Rolle. Was man aber mit Sicherheit sagen kann ist: Falls Sie die DVDs und entsprechende Abspielgeräte bereits (oder besser gesagt noch) besitzen, macht es durchaus Sinn, sie zu nutzen. Eine DVD mit Ihrem Lieblingsfilm wegzuwerfen und ihn in Zukunft immer wieder zu streamen, ist aus der »Weniger-ist-mehr-Sicht« auf jeden Fall sinnvoll. Ökologisch ist es nicht. Zudem können Sie einmal hergestellte Träger ausleihen, tauschen oder verkaufen.

Falls Sie entsprechende Geräte nicht (mehr) besitzen, können Sie mit folgenden Tipps umweltfreundlicher Filme streamen:

- Laden Sie die Inhalte von einem legalen Onlinedienst herunter, und schauen Sie sie im Offline-Modus an.
- Lassen Sie Filme nicht »einfach so« als Geräuschkulisse laufen.

- Seien Sie wählerisch – wenn Ihnen ein Film oder eine Serie nicht gefallen, schalten Sie ab.
- Bleiben Sie fokussiert. Vermeiden Sie es, zeitgleich im Internet zu surfen und einen Film anzuschauen.

NACHHALTIG LESEN. Was ist besser: E-Books oder Bücher lesen? Auch hier ist der Vergleich bedauerlicherweise schwierig. Für gedruckte Bücher müssen Bäume gefällt werden, denn nur etwa 20 Prozent des Papiers entsteht durch Recycling. Die Papierherstellung erfordert Wasser und Energie, trägt zur Abholzung der Wälder, zur Pflanzung von Monokulturen und zur Vernichtung der Biodiversität bei.

Für die Herstellung von Lesegeräten bedarf es unterschiedlicher Materialien – Kunststoffen, Metallen sowie Seltener Erden. Wasser- und Energieverbrauch kommen hinzu. Der Abbau von Mineralien für E-Book-Reader und Tablets setzt Schwermetalle und Gifte frei, verschmutzt die Umwelt, versklavt Menschen und macht sie krank. Für den Download, also für die Übermittlung von Inhalten auf PCs und Lesegeräte sowie für die Verwaltung von elektronischen Büchern auf den Servern wird weitere Energie benötigt. Der Stromverbrauch beim Lesen von E-Book-Readern ist dagegen sehr gering.

Ist ein gedrucktes Buch einmal produziert, kann es immer wieder gelesen werden. Sie können Bücher problemlos verleihen, tauschen, verschenken, verkaufen oder vererben.

In der digitalen Welt erwerben Sie kein Buch, sondern ein Nutzungsrecht. Elektronische Bücher sind mit Ihrem Konto und Ihrer Person verbunden. Der Tausch oder Verkauf von »gebrauchten« E-Books ist normalerweise nicht gestattet (es sei denn, die Urheber oder Rechteinhaber erlauben es). Ihre digitale Bibliothek können Sie auch nicht den Erben überlassen, der juristische Anspruch auf die Dateien ist schwer durchsetzbar. Außerdem gibt es geschlossene Systeme wie beispielweise Amazon Kindle, die nur eigene Formate unterstützen. Wenn Sie eine digitale Bibliothek in diesem System anlegen, können Sie Ihre kopiergeschützten Bücher nicht auf ein anderes Lesegerät übertragen. Auch das Ausleihen von E-Books aus der öffentlichen Bibliothek funktioniert mit Amazon Kindle nicht.

TIPPS FÜR UMWELTFREUNDLICHES E-BOOK-LESEN

- Überlegen Sie vor dem Kauf eines E-Book-Readers, auf welches System Sie sich einlassen wollen und welches Unternehmen Sie mit Ihrem Geld unterstützen möchten.
- Zum Lesen von E-Books brauchen Sie nicht zwingend einen E-Book-Reader. Vor allem wenn Sie nur wenig digital lesen, können Sie dazu auch ein Tablet oder Smartphone verwenden, das Sie bereits besitzen.
- Leihen Sie sich die digitale Lektüre bei Ihrer Bibliothek aus.
- Benutzen Sie zum Downloaden Kabel oder WiFi statt das Handynetz.

DIGITALE KOMMUNIKATION

Eine E-Mail anstatt einen Brief zu verschicken, ist sicherlich umweltfreundlicher. Problematisch sind aus der Sicht der Nachhaltigkeit die Unmengen von Daten, die hin- und hergeschickt und auf Servern gespeichert werden. Was vielen Menschen nicht klar ist: Jede E-Mail, die in unserem Posteingang oder auch im digitalen Papierkorb liegt, wird auf den Servern gespeichert und verbraucht ununterbrochen Strom. Noch schlimmer ist es, wenn man bedenkt, dass 60 bis 90 Prozent aller verschickten E-Mails aus Spam (also aus unerwünschtem und manchmal auch gefährlichem Datenmüll) bestehen. Es lohnt sich also unbedingt, unnötige Mails zu vermeiden, Spamnachrichten einzudämmen und seinen Posteingang regelmäßig zu pflegen.

TIPPS FÜR UMWELTFREUNDLICHE DIGITALE KOMMUNIKATION

- Löschen Sie uninteressante und inhaltslose Nachrichten sofort.
- Auch den Inhalt des Junk-Mail-Ordners sollten Sie in einem möglich kurzen Zeitraum (zum Beispiel nach 7 Tagen) automatisch oder per Hand löschen.
- Sorgen Sie für Ordnung und einen guten Überblick in Ihrem Posteingang. Entscheiden Sie, welche Nachrichten Sie archivieren möchten und was regelmäßig, beispielsweise einmal im Monat, in den Papierkorb wandern kann.

- Leeren Sie den Papierkorb. Bei den meisten E-Mail-Programmen können Sie einstellen, nach welchem Zeitraum der Papierkorb automatisch geleert werden soll. Ist das bei Ihnen nicht möglich, leeren Sie den Papierkorb regelmäßig selbst.
- Schalten Sie Benachrichtigungs-E-Mails ab. Bekommen Sie Benachrichtigungen von sozialen Netzwerken und anderen Plattformen wie Facebook, LinkedIn, Instagram, Twitter, Vinted … über E-Mail und die entsprechende App? Das ist doppelt gemoppelt. Deaktivieren Sie in diesem Fall die unnötigen Benachrichtigungs-E-Mails.
- Verschlanken Sie Ihre Newsletter-Abonnements. Lesen Sie wirklich alle Newsletter, die in Ihrem Posteingang landen? Bestellen Sie alles ab, was Sie nicht wirklich lesen oder was Ihnen keinen Mehrwert bringt.
- Wählen Sie gezielt den Anbieter. Manche E-Mail-Dienste versprechen einen guten Schutz vor Spam, einen erweiterten Datenschutz und die Nutzung von Ökostrom. Für diese Dienste müssen Sie einen kleinen Monatsbeitrag bezahlen, da sie nicht über Werbung finanziert werden.
- Produzieren Sie keinen Datenmüll. Fragen Sie sich, ob Sie wirklich alle Bilder und Videos in die Welt senden müssen. Teilen Sie nicht unreflektiert alles, was Sie erhalten. Ignorieren Sie Kettennachrichten, die Sie an Freunde oder Gruppen weiterleiten sollen.

VIRTUELLE ABLAGE

Die Cloud ist keine digitale Wolke und kein mystischer Platz im Himmel, sondern ein Anteil an realer Hardware und Software großer Technologieunternehmer. Die Preise sind im Laufe der Jahre günstiger geworden und somit auch für private Nutzer immer interessanter. Aber weil wir im Gegenteil zu den Dokumenten in Papierform die virtuellen Unterlagen nicht sehen, haben wir kein Bedürfnis, die Cloud auszumisten. Und so werden viele Dokumente eingescannt, abgespeichert und meistens nie wieder angeschaut. Aber auch diese virtuellen Dokument-Leichen verbrauchen Energie.

TIPPS FÜR EINE UMWELTFREUNDLICHE CLOUD

- Wählen Sie zertifizierte Anbieter, die ihren Strom aus erneuerbaren Energien beziehen.
- Überlegen Sie, was Sie wie lange aufheben wollen. Erstellen Sie ein virtuelles Archiv – dorthin verschieben Sie alle Dateien, die Sie »für immer« speichern wollen.
- Löschen Sie im Gegenzug regelmäßig Dokumente, die Sie nicht mehr brauchen.

NACHHALTIGER UMGANG MIT GERÄTEN

GERÄTE LANGE NUTZEN. Das nachhaltigste Gerät ist das Gerät, das nicht gekauft wird. Leider basieren viele Geschäftsmodelle von Elektronikherstellern auf einem schnellen Wechsel. Kaufen Sie keine neue Technik, nur weil es ein neues Modell auf dem Markt gibt. Oder eines in neuer Farbe. Sie müssen nicht alle zwei Jahre ein neues Smartphone kaufen, nur weil es Ihnen das aufdringliche Marketing suggeriert oder Sie mit Sonderangeboten oder Aktionen rund um den Black Friday dazu getrieben werden.

BEDARF ERMITTELN UND RECHERCHIEREN. Prüfen Sie vor jedem Kauf, ob das Gerät Ihrem Bedarf entspricht. Welche Funktionen erwarten Sie? Welche Kriterien soll es erfüllen, und auf was können Sie verzichten? Müssen Sie eventuell weitere Produkte kaufen oder austauschen, weil sie mit dem neuen Utensil nicht kompatibel sind? Wie lange wird es für dieses Modell noch Software-Updates geben? Ist diese Marke dafür bekannt, dass die Produkte ihren Wert lange behalten? Nehmen Sie sich Zeit, lesen Sie Testergebnisse und Kundenbewertungen und lassen Sie sich von Fachleuten beraten. So können Sie Fehlkäufe und wiederholte Neukäufe vermeiden.

ENERGIEEFFIZIENZ RICHTIG BEWERTEN. Wir als Kundinnen und Nutzer werden immer wieder angehalten, alte Elektrogeräte gegen neue, energiesparende, auszutauschen. Doch diese Rechnung geht nicht immer auf. Ich selbst war vor einigen Jahren auch so weit, meine alte Kühl-Gefrier-Kombination gegen ein modernes Gerät mit A+++ Energieeffizienz auszutauschen. Nach einem ausführlichen Beratungsgespräch im Elektrofachhandel stellte sich heraus, dass ich mit der Erneuerung im Jahr 49 Euro an Stromkosten hätte sparen können. Für das Gerät hätte ich 1129 Euro ausgeben müssen.

Das bedeutet, dass sich die Anschaffungskosten erst nach 23 Jahren amortisiert hätten. Dafür hätte aber auch mit viel Energieaufwand ein neues Gerät hergestellt und das alte, funktionierende, entsorgt werden müssen. Ich entschied mich dagegen.

REFURBISHTE GERÄTE KAUFEN. Damit sind generalüberholte Geräte gemeint, die zurückgegeben, geprüft und teilweise erneuert oder repariert wurden. Refurbishte Waren sind voll funktionsfähig und sehen meistens so gut wie neu aus. Wenn Ihnen der Händler oder die Händlerin ein Rückgaberecht einräumt und eine Garantie verspricht, können Sie mit dem Kauf nichts falsch machen. Sie sparen Geld und schonen die Umwelt.

GERÄTE MIT LANGER NUTZUNGSDAUER WÄHLEN. Falls Sie neue Geräte kaufen, wählen Sie diejenigen mit langer Nutzungsdauer. Achten Sie darauf, dass einzelne Bestandteile wie beispielsweise Akkus ausgetauscht werden können. Leider gibt es immer noch Hersteller, die gezielt Verschleißteile einbauen, um eine verkürzte Nutzungsdauer von Produkten voranzutreiben.

HERSTELLER BEWUSST WÄHLEN. Manche Hersteller wie etwa der niederländische *Fairphone* sind darauf spezialisiert, reparaturfähige Produkte mit langer Lebensdauer zu entwickeln. Sie gehen verantwortungsbewusst mit Ressourcen um, reduzieren Verschwendung und engagieren sich für das Wohlergehen der Arbeitskräfte. Machen Sie sich klar, dass Sie als Konsument mit Ihrem Geld die Macht haben, Firmen erfolgreich zu machen oder eben nicht.

SOFORT VERKAUFEN/VERSCHENKEN. Ich beobachte bei meinen Kunden immer wieder folgende Vorgehensweise: Ein neues Elektrogerät wird angeschafft, das alte, noch intakte kommt zuerst in die Schublade oder in den Schrank. Erst viel später wird entschieden, sich davon zu trennen. Doch dann ist es unter Umständen zu spät: Die Software ist veraltet, die Speicherkapazität zu klein, die Kompatibilität nicht mehr gegeben. Trennen Sie sich von Aussortiertem, solange man es noch gut nutzen kann. Später wird es nur zum Elektromüll.

Recyceln. Werfen Sie ausgediente Elektrogeräte nicht in den Hausmüll. Geben Sie sie bei der örtlichen Wertstoffsammelstelle ab oder bringen Sie sie dorthin, wo Sie das Gerät gekauft haben.

ACHTUNG! RECYCLING IST NUR DER DRITTBESTE WEG. Ressourcenkonsum reduzieren und Reparieren oder Wiederverwenden gehen vor. Obwohl in aussortierten Elektrogeräten viele Rohstoffe stecken, funktioniert die Kreislaufwirtschaft noch nicht so gut. Gerade bei Mobiltelefonen, die sehr klein und verklebt sind, ist das Auseinanderbauen besonders schwierig. Hinzu kommt, dass die wichtigen Metalle in Verbindungen vorkommen und es aufwendig ist, sie in sortenreines Material zu verwandeln.

Außerdem wird der europäische Elektroschrott trotz Verboten nach wie vor ausgeführt. Zwar müssen die Exporteure nachweisen, dass Mobiltelefone, Computer und weiteres noch funktionieren. Die Kontrollen werden aber nur stichprobenartig durchgeführt, und wenn ein Bildschirm nur ein verschwommenes Bild zeigt, stellt sich die Frage: Ist das noch ein Secondhandgerät oder schon Schrott? So landen jährlich zigtausend Tonnen Elektroschrott auf illegalen Mülldeponien in Afrika und Asien, wo sie unter unsäglichen Bedingungen zerlegt werden.

Ich habe selbst gesehen, wie Tonerkartuschen von Laserdruckern »recycelt« wurden. Das war 2012 in Myanmar: Ein junger, barfüßiger Mann saß am Straßenrand, neben sich einen Haufen alter Kartuschen. Er öffnete eine nach der anderen und klopfte den giftigen, krebserregenden Toner vor sich aus. Feiner farbiger Staub mischte sich mit dem Staub der Straße, wurde weggeweht, von Menschen und Tieren eingeatmet und schließlich vom Regen weggespült …

HILFE,

TEIL 7

DIE ANDEREN MACHEN NICHT MIT!

Auf eines kann ich wetten – nach jedem Seminar oder Vortrag meldet sich mindestens eine Person mit folgender Aufforderung: »Alles schön und gut. Und jetzt erklären Sie das bitte meinem Mann (Frau/Kind/Mitarbeiter/Chefin/Nachbarn ...).« Denn es ist leider so, dass Personen, die zusammen leben oder arbeiten, viel öfter unterschiedliche Meinungen zum Thema Ordnung haben, als dass sie sich an dieser Stelle einig sind.

Das Problem wird meistens nach einem Muster angegangen. Die Person, die sich mehr Ordnung wünscht, versucht mit Hilfe der »fünf B« die andere Person zum Ordnunghalten zu motivieren.

DIE FÜNF B STEHEN FÜR
- Belobigung
- Belohnung
- Bestechung
- Bedrohung
- Bestrafung

Je nachdem, was für den anderen auf dem Spiel steht, kann man mit dieser manipulativen Methode tatsächlich eine Verhaltensänderung erzielen. In anderen Fällen bleibt der Punkt »Ordnung« ein ewiges Leidens- und Streitthema. Zuweilen kommt es deshalb sogar zur Trennung von Partnern oder zu Kündigungen von Mitarbeitenden.

Doch warum haben wir so unterschiedliche Meinungen, und warum ist es so schwer, sich zu einigen? Um die Problematik zu verstehen, müssen wir einen Ausflug in die Vergangenheit der Menschheit machen.

KOOPERATION UND EGOISMUS

Die Spezies Mensch ist vielen Tieren unterlegen. Wir können nicht besonders schnell laufen, klettern oder schwimmen, vom Fliegen aus eigener Kraft ganz zu schweigen. Auch Sehen, Hören oder Riechen gehört nicht zu unseren Stärken. Womit wir aber alle Tiere übertreffen, ist unsere Flexibilität im Denken und Handeln sowie unsere Kooperationsfähigkeit. Die Kunst, zu kooperieren und als Gruppe eine große Stärke zu entwickeln, ist dem Menschen sozusagen in die genetische Wiege gelegt worden. Das andere Prinzip, das den Menschen auszeichnet, ist der Egoismus. Auch der ist wichtig für unser Überleben. Ich persönlich kenne beides gut: Die Zusammenarbeit und den Wunsch zu geben genauso wie die Haltung »Jetzt geht es um mich«. Damit der Egoismus die Kooperation und die Stärke der Gruppe nicht zerstört, haben Menschen feine Antennen für Gerechtigkeit entwickelt und das Prinzip der Bestrafung von unsolidarischem Verhalten eingeführt. Jeder kann es bei sich selbst am besten beobachten – wenn das Verhalten des anderen eine bestimmte Grenze überschreitet, ärgern wir uns und fangen an, ihn zu korrigieren oder zu bestrafen. Und jetzt kommt der Haken: Die Grenze, ab der wir das Verhalten unseres Gegenübers als egoistisch und inakzeptabel bewerten, liegt bei jedem Menschen an einer anderen Stelle. *Denn was wir als richtig oder falsch betrachten, hängt von unserer Sozialisierung ab, und diese verläuft meistens unterschiedlich.* Wir gehen jedoch irrtümlicherweise davon aus, dass die Grenzlinien des richtigen Verhaltens bei allen gleich verlaufen und kommen so aus dem ursprünglichen

Wunsch nach Kooperation in einen Konflikt. Sätze wie »Es ist doch klar, dass …« sind Beweise für diesen Irrtum. Nein, dem anderen ist es nicht klar, für ihn wurde keine Linie überschritten, oder etwas stellt für ihn kein Problem dar. Wenn Sie Unstimmigkeiten in der Familie, am Arbeitsplatz oder in einer Wohngemeinschaft beseitigen möchten, klären Sie zuerst untereinander, welches Verhalten Sie als angemessen, akzeptabel oder inakzeptabel betrachten.

Machen Sie sich klar, dass es kein Richtig oder Falsch gibt, sondern nur verschiedene Bedürfnisse. Wenn Sie beispielsweise eine schöne, aufgeräumte Umgebung mögen, Ihr Partner oder Ihre Partnerin aber keinen Wert darauf legt, müssen Sie zuerst lernen, Ihre Bedürfnisse und die Bedürfnisse des anderen zu verstehen, anstatt sich zu ärgern, zu meckern, zu drohen oder zu strafen.

DOCH WAS IST ÜBERHAUPT EIN BEDÜRFNIS?

Bedürfnisse sind etwas Universelles, was alle Menschen unabhängig von Geschlecht, Alter, Nationalität, Bildung und weiteren Kriterien verbindet. Es sind Lebensnotwendigkeiten, die sich bei jedem Einzelnen je nach aktueller Situation unterschiedlich stark zeigen. Wir alle kennen das Bedürfnis nach Nahrung, Trinken und Schlafen. Auch hat jeder Mensch ein Sicherheitsbedürfnis oder soziale Bedürfnisse wie Freundschaft, Verbundenheit, Zugehörigkeit und Liebe. Ob unsere Bedürfnisse erfüllt sind oder nicht, merken wir an unseren Gefühlen. Wenn das Bedürfnis nach Nahrung nicht erfüllt ist, spüren wir Hunger. Dieses unangenehme Gefühl hat uns früher auf die Jagd getrieben, heute steuern wir den Kühlschrank oder den nächsten Lebensmittelladen an.

An diesem einfachen Beispiel sehen Sie den Zusammenhang zwischen einem *Bedürfnis* (Nahrung), einem *Gefühl* (Hunger) und einer *Strategie* (Jagen, Einkaufen, ins Restaurant gehen). Es ist wichtig zu verstehen, dass uns niemand Bedürfnisse und Gefühle »machen«

kann und dass jeder Mensch eigene Strategien hat, um seine Bedürfnisse zu befriedigen. Und gerade die Strategien, also die Art und Weise, wie wir versuchen unsere Bedürfnisse zu stillen, sind die Ursachen für Konflikte. Meistens haben wir nämlich eine klare Vorstellung davon, wie etwas geschehen soll, und wenn die andere Person nicht mitspielt, wird es kritisch. Nun, wie sieht es in diesem Zusammenhang mit Ordnung und Aufräumen aus?

IST ORDNUNG EIN BEDÜRFNIS?

Ich sage Nein. Für diese Erkenntnis habe ich viele Jahre gebraucht, daher verstehe ich gut, wenn Sie nicht gleich mit mir einverstanden sind. Natürlich können Sie ein Bedürfnis nach mehr Ordnung verspüren, jedoch aus unterschiedlichen Gründen. Und je klarer Sie erkennen, was sich dahinter verbirgt, desto bessere Lösungen werden Ihnen einfallen. Stellen Sie sich folgende Fragen, und lassen Sie sich Zeit, um sie zu beantworten:

- Was für ein Gefühl haben Sie in einem aufgeräumten Raum?
- Welches Gefühl haben Sie, wenn es um Sie herum unordentlich ist?

Wenn Sie mit »gut« und »schlecht« oder »angenehm« und »unangenehm« geantwortet haben, gehen Sie weiter in die Tiefe.

Hinter dem guten Gefühl kann so etwas wie Ruhe, Überblick, Kontrolle, Ästhetik stehen. Ruhe hängt mit dem Bedürfnis nach Erholung zusammen. Wenn ich den Überblick habe, kontrolliere ich gleichzeitig meine Umgebung, und das gibt mir Sicherheit.

Das negative Gefühl in einem chaotischen Raum kann für mich bedeuten, dass ich mich nicht zurechtfinde, keine Orientierung habe, überfordert bin. Das bedeutet Stress, dem ich entkommen möchte.

Aber es kann auch aus einem ganz anderen Bereich kommen. Wenn Sie als Kind für ein ordentlich aufgeräumtes Zimmer gelobt wurden, haben Sie eine Verbundenheit mit Ihren Eltern empfunden. »Wenn ich aufräume, ist meine Mama glücklich und hat mich lieb«, diese Verbindung entsteht in jungen Jahren, und irgendwann räumen Sie auf, weil Sie das Gefühl nach Liebe und Verbundenheit spüren möchten. Im Umkehrschluss kann aus den Strafen in der Kindheit das Gefühl »Wenn ich nicht aufgeräumt habe, bin ich ein schlechtes Kind beziehungsweise ein schlechter Mensch« entstehen. Diesem negativen Gefühl möchten Sie entkommen, Ihre Strategie ist aufzuräumen.

Fatal wird das Ganze, wenn Sie zu dem Schluss kommen, dass für die Erfüllung Ihrer Bedürfnisse die anderen zuständig sind, und Sie das in einem Befehlston einfordern. Simpel gesagt: »Damit *mein* Bedürfnis nach Erholung erfüllt wird, musst *du* aufräumen!«

Jetzt stellen Sie sich vor, dass Ihr Gegenüber auch ein Bedürfnis nach Erholung hat. Seine Strategie ist »Fünf gerade sein lassen und auf dem Sofa lesen«.

Die Bedürfnisse sind gleich, die Strategien, um sie zu erfüllen, jedoch unterschiedlich. Und schon beginnt der Kampf der Argumente. So lange wir in der Überzeugung bleiben, dass der andere etwas falsch gemacht hat, kommen wir aus diesem Konflikt nicht heraus.

DER WEG AUS DER FALLE

Nach der ersten Erkenntnis, worum es Ihnen in Wirklichkeit geht, kommt die Frage »Worum geht es dir?« Dazu müssen Sie miteinander reden. Erst dann, wenn Sie miteinander in einen Dialog kommen, richtig zuhören und die Bedürfnisse Ihres Gegenübers verstehen, wird der Weg zu einer guten Lösung frei. Das bedeutet nicht, dass Sie die Bedürfnisse der anderen erfüllen müssen oder dass Sie einer Strategie, die der andere für sich gewählt hat, immer zustimmen müssen.

An folgendem Beispiel wird deutlich, was ich meine:

Frau H., eine 60-jährige Kundin, bat mich um Unterstützung beim Umräumen des Hauses. Ihre zwei Kinder waren vier Jahre zuvor ausgezogen. Der 30-jährige Sohn lebt im Ausland, die drei Jahre ältere Tochter wohnte mit ihrem Freund in einer 200 Kilometer entfernten Großstadt. Frau H. wollte eines der ehemaligen Kinderzimmer in einen Hobbyraum umfunktionieren. Sie wollte wieder malen und töpfern, zwei Hobbys, die sie früher gepflegt hatte. Das Problem war, dass beide Zimmer richtig voll waren. Sportsachen, Instrumente, Kleidung, Bücher, das alles wurde bei den Eltern gelagert. Auf die Aufforderung, die Zimmer zu räumen, reagierten beide Kinder mit heftigem Protest. Sie hätten gar keinen Platz, um alles unterzubringen, es sei schließlich ihr Zuhause, sie wollten Sport treiben und Musik machen, wenn sie wieder vor Ort seien, und so weiter. Die Mutter fühlte sich schlecht. »Bin ich egoistisch?«, fragte sie mich nach meiner Meinung. Natürlich war sie es nicht. Sie hatte ein Bedürfnis nach Entfaltung und Weiterentwicklung. Aus dem gleichen Grund hatte ihr Sohn einen besonderen Job im Ausland angenommen. Die Tochter brauchte Platz für Sportsachen und Instrumente, Frau H. brauchte Platz für Staffelei und Töpferscheibe. Erst als alle aufhörten, mit Argumenten um sich zu schlagen, kam es zu einer Lösung. Das eine Kinderzimmer wurde leergeräumt, das andere durfte vorübergehend noch als Lager dienen. Das Wichtigste aber war, dass die erwachsenen Kinder ihre Mutter das erste Mal als einen Menschen mit eigenen Bedürfnissen wahrgenommen hatten. Denn jahrzehntelang war sie bloß die Mama gewesen, die sich wunschlos um die Familie kümmerte.

BEDÜRFNISSE RICHTIG KOMMUNIZIEREN

»Wie soll ich meiner Familie sagen, dass mir etwas nicht passt?« Auch das fragen die Teilnehmerinnen und Teilnehmer meiner Kurse oft. Nun, es ist viel wichtiger, aus einer wohlwollenden Haltung zu sprechen, als irgendwelche Sätze aus Kommunikationsratgebern einzuüben. In diese Haltung können Sie sich bringen, indem Sie für sich Folgendes klären:

- Möchte ich mit diesem Menschen in eine gute Beziehung kommen?
- Möchte ich eine gute Lösung für uns alle finden?

Natürlich müssen Sie nicht immer und mit allen Menschen eine gute Beziehung anstreben. Manchmal ist es sinnvoll, den Kontakt zu beschränken oder ganz zu beenden.

Falls Sie die ersten zwei Fragen bejaht haben, lassen Sie sich durch die nächsten Tipps inspirieren.

SPRECHEN SIE IN DER »ICH-FORM«. Wie fühlen Sie sich, wenn man zu Ihnen sagt: »Du hast schon wieder nicht …«, oder »Dir ist es egal, dass …«? Vermutlich angegriffen oder verletzt, stimmts? Und sehr wahrscheinlich wird so ein Satz bei Ihnen den Wunsch nach Verteidigung oder Gegenwehr auslösen. Diese sogenannten »Du-Botschaften« werden meistens als Kritik aufgefasst, und sie sind es im Grunde genommen auch.

Daher ist bei Schwierigkeiten und Konflikten wichtig, bei sich zu bleiben und in »Ich-Botschaften« zu kommunizieren, also über das zu berichten, was in Ihnen vorgeht.

»Ich ärgere mich über …« oder »Mir ist aufgefallen, dass …« sind Beispiele für solche Sätze. Merken Sie den Unterschied? Durch das Ich in Ihrer Aussage wird klar, dass es sich um Ihre subjektive Wahrnehmung handelt und nicht um eine in Stein gemeißelte Wahrheit. Aber Vorsicht: »Ich finde, dass du ungerecht bist« oder »Ich habe das Gefühl, dass ich dir egal bin«, sind versteckte »Du-Botschaften«, auf die Ihr Gegenüber sehr wahrscheinlich mit Unmut, Gegenangriff oder mit Rache reagieren wird.

Machen Sie sich klar, dass auch eine gelungene »Ich-Botschaft« nicht garantiert, dass Sie immer das bekommen, was Sie wollen. Sie macht aber die Tür für eine mögliche Kooperation auf.

WÄHLEN SIE EINEN GUTEN ZEITPUNKT. Fangen Sie keine Grundsatzdiskussion an, wenn Sie oder die andere Person unter Zeitdruck stehen, gestresst oder hungrig sind. Warten Sie auch nicht zu lange. Je länger ein Problem besteht, desto schwieriger wird es, das Thema anzusprechen.

VERMEIDEN SIE STÖRUNGEN. Diskutieren Sie bitte nie in Anwesenheit von anderen. Eine Ausnahme bilden Paarcoachings oder Gespräche mit einer Mediatorin oder einem Mediator. Ein Schlagabtausch vor Verwandtschaft oder Freunden ist dagegen nicht zielführend und für alle Beteiligten unangenehm. Ziehen Sie nie Kinder in Auseinandersetzungen hinein, die nur Sie als Paar betreffen. Sie müssen auch nicht alles in den eigenen vier Wänden besprechen – machen Sie zur Abwechslung einen Gesprächs-Spaziergang, am besten in der Natur.

HÖREN SIE GUT ZU. Fragen Sie auch Ihr Gegenüber nach seiner Meinung und respektieren Sie seine Bedürfnisse. Setzen Sie Ihren Wunsch in Bezug zur Gesamtsituation, wägen Sie ihn mit den Interessen anderer ab. Fragen Sie nach, wenn Sie etwas nicht verstanden haben.

SPRECHEN SIE KLARTEXT. Machen Sie keine Andeutungen. Wenn Sie sich etwas wünschen, sagen Sie es direkt. »Man müsste wiedermal die Hasen ausmisten«, wirft genervt Franz, Vater von zwei 10 und 13 Jahre alten Töchtern, in den Raum. Nichts geschieht. Die Töchterchen sitzen am Küchentisch, laden gerade die neuesten Bilder von Schnuppi und Hoppel auf Instagram hoch, während die Nager im Käfig vor sich hinstinken. »Wer ist man?«, frage ich Franz, der sich in einem Coaching über seine Töchter beschwert. Er versteht.

ACHTUNG, WEICHMACHER! Die sogenannten Weichmacher sind Wörter oder Sätze, die irgendwie nett klingen sollen, aber Ihre Aussage verwässern. Dazu gehören Konjunktive (möchte, könnte, wollte, sollte, müsste, hätte), Ausdrücke wie »eigentlich«, »vielleicht«, »im Prinzip«, »nicht so ganz glücklich« oder komische Entschuldigungen wie »Ich meine ja nur …« oder »Wenn ich es so sagen darf« oder Ähnliche. Weichmacher schwächen Ihre Glaubwürdigkeit, weil dann vielleicht unter Umständen möglicherweise Ihr Anliegen ein wenig unklar wird.

BLEIBEN SIE AUTHENTISCH. Spielen Sie kein Theater – wenn Sie sich ärgern, sagen Sie es. Sie müssen dabei nicht mit den Türen knallen oder Geschirr zerschlagen. Passen Sie Ihre Gestik, Mimik und Stimme dem gesprochenen Inhalt an. Wenn Sie über etwas, was Sie nervt, sprechen und dabei beschwichtigend lächeln, werden Sie nicht ernst genommen. Rasten Sie im Umkehrschluss nicht wegen Kleinigkeiten aus. Behandeln Sie alle mit Respekt.

SUCHEN SIE GEMEINSAM NACH LÖSUNGEN. In Partnerschaft und Familie geht es nicht um »Ich oder Du«, sondern um Kooperation. Suchen Sie gemeinsam nach Lösungen, die für alle umsetzbar und tragbar sind.

ÜBERLEGEN SIE GENAU, WAS SIE ERREICHEN WOLLEN.

Frau D., Mutter des 16-jährigen Lukas, schleppte mich ins Kinderzimmer: »Jetzt schauen Sie sich das an, es ist schrecklich, ich weiß nicht, wie ich ihn zum Aufräumen bewegen soll!«, beklagte sie sich. »Ich habe heute extra nichts gemacht, damit Sie sich ein Bild von meinem Sohn machen können«, fuhr sie fort. Es war ein ganz normales Kinderzimmer: Das Bett war zerwühlt, auf dem Boden lagen Kleider, auf dem Schreibtisch mischten sich Schulsachen mit Zeitschiften und CDs. »Und wo genau ist das Problem?«, versuchte ich den Wunsch der Mutter einzugrenzen. »Ich kann hier nicht staubsaugen, außerdem zieht Lukas die zerknitterten Sachen in die Schule an.« »Und wieso sollen Sie in seinem Zimmer staubsaugen, das kann er doch selber machen«, werfe ich ein. »Das macht er aber nie!«, regte sich Frau D. auf. »Ja und, es ist doch sein Zimmer, er wird schon noch aufräumen und staubsaugen, wenn es ihm wichtig ist. Und wenn es Lukas nicht peinlich ist, mit zerknitterten Kleidern in die Schule zu gehen, wieso machen Sie es zu Ihrem Problem?«, insistiere ich weiter. Frau D. schnappt nach Luft: »Ja, aber was wird dann die Lehrerin von mir denken?« – »Das können Sie nicht wissen, aber es kann Ihnen auch egal sein.« – »Ist es aber nicht!«, schnellte die Stimme von Frau D. in die Höhe.

An diesem Beispiel wird deutlich, dass uns die wahren Beweggründe oft nicht bewusst sind oder dass wir sie verstecken. Frau D. hatte den Wunsch, als eine gute Mutter dazustehen. Deswegen sollte ihr Sohn immer tadellos gekleidet sein. Die Forderung »Ich will, dass deine Lehrerin von mir denkt, dass ich eine gute Mutter bin, deswegen sollst du deine Kleider aufhängen«, ist absurd. Wer was tatsächlich denkt oder denken wird, wird sie ohnehin nicht erfahren. Frau D. könnte aber noch etwas machen: ihren Sohn um seine Unterstützung bitten.

LERNEN SIE ZU BITTEN. Es ist schon komisch: »Bitte« und »Danke« gehören zu den ersten Wörtern, die wir unseren Kindern beibringen. Und irgendwann verlieren wir die Fähigkeit, andere um etwas zu bitten. Wir trauen es uns nicht, wollen den anderen nicht zur Last fallen, nehmen an, dass es doch klar sein muss, was wir uns wünschen, oder möchten die schmerzhafte Erfahrung von unerfüllten Wünschen nicht wiederholen. Warum auch immer es Ihnen schwerfällt, es ist an der Zeit, das wieder zu erlernen. Einfach ruhig und freundlich um Unterstützung, Hilfe, Aufräumen und was auch immer Sie brauchen zu bitten. Das bedeutet nicht, dass die andere Person Macht über Sie erlangt, zumindest nicht in einer Partnerschaft auf Augenhöhe. Wenn Ihre Bitte nicht erhört wird, dürfen Sie das erstmal akzeptieren und nach einer anderen Strategie zur Bedürfniserfüllung suchen.

Vorsicht: Eine Bitte ist keine Forderung. »Jetzt räum endlich auf! Bitte!« – dieses Manöver können Sie sich sparen. Menschen können eine echte Bitte gut von einem Befehl unterscheiden.

WOMIT SIE DIE KOMMUNIKATION ERFOLGREICH VERDERBEN KÖNNEN

VERALLGEMEINERN UND GENERALISIEREN. »Das macht man nicht«, »Jeder weiß, dass …«, »Niemand will, dass …«, »Wie schaut es hier aus?« sind typische Verallgemeinerungen. Es ist eine feige Art, die eigene Meinung als etwas Allgemeines darzustellen. Auch Generalisierungen wie »immer«, »nie«, »ständig«, »jedes Mal«, »überall« und Ähnliches gehören in die gleiche Kategorie. Diese Äußerungen führen leider dazu, dass der Empfänger solcher Nachrichten sich schnell angegriffen fühlt und die Kooperation verweigert. Trauen Sie sich, zu dem zu stehen, was Sie stört oder was Sie sich wünschen. Bevor Sie einer Person »Immer liegen überall deine Sachen herum!« an den Kopf werfen, halten Sie kurz inne. Schauen Sie sich um: Liegen wirklich immer und überall Dinge herum? Vielleicht werden Sie feststellen, dass Ihnen vor allem die Tasche mit schmutzigen Trainingssachen, die seit drei Tagen im Gang liegt, tierisch auf die Nerven geht.

PERSON STATT SACHE KRITISIEREN. Bleiben wir beim vorherigen Beispiel: Ihnen geht die Sporttasche, die seit drei Tagen im Gang liegt, auf die Nerven. Anstatt bei der Sache zu bleiben, fangen Sie an, die Person und ihren Charakter zu kritisieren: »Du bist so unordentlich!«. Noch schlimmer wird es, wenn Sie Vergleiche anstellen. »Du bist genauso schlampig wie deine Mutter!« oder »Schau, deine Schwester ist drei Jahre jünger und schafft es problemlos!« – solche Sätze sind der sichere Tod eines vernünftigen Gesprächs.

IRONISIEREN. Für manche Menschen gehören ironische Bemerkungen zum Umgangston. Auch wenn es sich angeblich nur um einen Scherz handelt, stellt Ironie eine gewisse Herabsetzung des anderen dar und kann ganz schön schmerzen. Ironie gehört in die gleiche Kategorie wie Beleidigen oder Beschämen und verhindert ein offenes Gespräch. Sagen Sie lieber das, was Sie wirklich meinen.

ABWERTEN UND VERACHTEN. »Meine Mutter ist ein Messie«, erklärte mir einmal eine Dame mittleren Alters, die sich nach einem Aufräumcoaching für ihre Mutter erkundigte. Aus dieser Anfrage wurde nichts, daher kann ich die Unordnung bei der Mutter nicht beurteilen. Was ich aber schlimm fand, war die Verachtung, mit der die Tochter über ihre Mutter sprach. Lösen Sie die Probleme, wenn Sie merken, dass Sie negativ über andere Menschen denken. Werten Sie Ihre Partner oder andere Ihnen nahestehende Menschen nie ab, und schon gar nicht in Anwesenheit von anderen.

BELEIDIGT SEIN, RÜCKZUG UND SCHWEIGEN. Sich zurückzuziehen und beleidigt zu schweigen, ist auch eine Art, Problemen aus dem Weg zu gehen. Auf den ersten Blick kann diese Taktik weniger heftig wirken als ein offener Streit. Dahinter verbirgt sich jedoch eine passive Aggressivität und zur Schau getragene Gleichgültigkeit dem anderen gegenüber. Die andere Person weiß meistens nicht genau, um was es geht, und reagiert mit Frust oder Zorn.

UMGANG MIT KRITIK

Was ist aber, wenn Sie selbst kritisiert werden? Sie können unterschiedlich reagieren: sich ärgern, zurückschießen, die Kritik ignorieren oder daraus lernen.

Wenn Sie mit Kritik souverän umgehen wollen, müssen Sie zwei Dinge verstehen:

- Kritik ist immer *eine Meinung Ihres Gegenübers.* Sie mag stimmen, muss aber nicht. Oft gibt es nicht nur eine Sicht auf die Dinge, sondern zwei oder gar mehrere.

- Wer etwas oder jemanden kritisiert, hat immer eine Absicht. Das Motiv muss nicht auf den ersten Blick klar sein, manchmal weiß der Kritiker selbst nicht, was er will. Es gibt Menschen, die ihr kritisches Verhalten als Ausdruck von Zuneigung ansehen. Sie meinen, dass sie zu Ihrem Besten agieren und mit der Kritik wohlwollende Ziele verfolgen. Aber wie so oft: Gut gemeint ist selten gut. Ich weiß nicht, wie es Ihnen geht, wenn Sie kritisiert werden – ich persönlich bin je nach Situation beschämt, betrübt oder aggressiv.

WAS ALSO KÖNNEN SIE TUN, UM AUS DER KRITIK ZU LERNEN?

Lassen Sie zuerst Ihr Gegenüber ausreden und hören Sie gut zu. Kritisiert der andere etwas Konkretes, einen Vorfall, ein bestimmtes Verhalten? Oder zeigt er Ihnen auf, dass etwas mit Ihnen nicht stimmt, nicht in Ordnung ist?

Sollten Sie unsicher sein, was genau bemängelt wurde, oder wirft man Ihnen allgemeine Vorwürfe an den Kopf, fragen Sie nach. Zum Beispiel »Wie oft ist das vorgekommen?« oder »Ist es wirklich *immer* so?« Ermitteln Sie, was sich der andere wünscht. Vor allem bei Personen, die sich gerne in Rage reden, können Sie beispielsweise sagen: »Ich verstehe, und was wünschst du dir jetzt konkret von mir?«

Finden Sie die Kritik nicht berechtigt, müssen Sie sie nicht hinnehmen. Stehen Sie zu Ihrer Meinung, ohne in Streit zu geraten. Vermeiden Sie abfällige Körpersignale wie Augenverdrehen, Schnaufen oder zynisches Lachen.

UMGANG MIT »KILLERPHRASEN«

Killerphrasen sind pauschalisierende, abwertende Angriffe, die den Gesprächspartner verunsichern, herabsetzen, ihn aus der Bahn werfen sollen. Es geht hier nicht um eine Sache, sondern um Macht und Konfrontation auf der persönlichen Ebene. Es sind Aussagen, die man sich oft im Streit an den Kopf wirft, wie:

- »Typisch Mann!«
- »Du bist genauso pingelig wie deine Mutter!«
- »Du hast gar keine Ahnung!«
- »Du wieder mit deinen Ideen!«
- »Denk mal nach, auch wenn es schwerfällt.«
- »Was laberst du schon wieder für einen Unsinn?«
- »Du mit deinen Theorien!«
- …

Schießen Sie in solchen Situationen nicht zurück, auch wenn es verlockend ist. Diskutieren Sie nicht, und rechtfertigen Sie sich nicht. Wer argumentiert, verliert! Fragen Sie stattdessen: »Warum sagst du das jetzt?«, »Was genau willst du erreichen?«, »Was meinst du damit konkret?«

Wenn Sie beschimpft und beleidigt werden, zeigen Sie klar und deutlich, dass Ihre Grenze verletzt wurde. Beschäftigen Sie sich nicht weiter mit dem Inhalt, sondern mit der Art und Weise, wie Sie das Gespräch führen wollen. Vergreift sich der andere im Ton, versuchen Sie nicht, sich mit Hilfe von steigender Lautstärke Gehör zu verschaffen. Achten Sie zuerst auf Ihren Atem und auf die Körperhaltung. Atmen Sie tief durch, machen Sie sich gerade und sprechen Sie die Situation an: »Ich will nicht, dass du in diesem Ton mit mir redest.« oder »Ich bin bereit, das Problem zu lösen, aber nicht, mich von dir beleidigen zu lassen.« Droht das Gespräch zu eskalieren, verlassen Sie die Situation.

Nach einem Konflikt ist man meistens wütend, beleidigt oder traurig und deprimiert. Bleiben Sie nicht in dieser Stimmung, bauen Sie aktiv die negative Energie ab. Intensive körperliche Betätigung hilft am besten: Gehen Sie zügig spazieren, joggen Sie um den Block, boxen Sie kräftig in die Luft oder nutzen Sie den Energieüberschuss, um den Keller auszumisten, das Bad zu putzen oder den Garten umzugraben. Probieren Sie es aus: Es ist ziemlich schwierig, sich auf negative Gedanken zu konzentrieren, wenn Sie schwitzend nach Luft schnappen. Und am Ende einer anstrengenden Tätigkeit werden Sie zusätzlich vom körpereigenen Drogenlabor mit Glückshormonen wie Endorphin, Dopamin und Serotonin belohnt.

WIE MAN SICH SELBST MOTIVIEREN KANN

TEIL 8

> Der Mensch verändert sich aus zwei Gründen:
> Entweder hat er große Ziele oder große Schmerzen.
>
> MARC PLETZER

MOTIVATION ist sozusagen der Motor unseres Handelns. Es ist die Energie, die Sie zu einem bestimmten Verhalten bewegt. Eine echte Motivation kann nur aus Ihrem Inneren kommen. Niemand kann Sie motivieren, wenn er nicht Ihre Werte, Ziele und Bedürfnisse anspricht. Auch Sie können keine anderen Menschen motivieren. Sie können sie inspirieren, begeistern, und natürlich können Sie sie mit Anreizen zu einem bestimmten Verhalten bewegen. Wir alle kennen das aus dem Arbeitsleben, aus der Schule oder aus der Familie. Es sind diese »Wenn/dann-Angebote«: »Wenn du nicht dein Zimmer aufräumst, werde ich dich nicht zu deinem Freund fahren.« Oder: »Wenn du schön aufräumst, bekommst du ein Eis.« Das Problem mit diesem System von Belohnung oder Bedrohung ist, dass die Motivation verschwindet, sobald die Anreize wegfallen oder uninteressant werden.

Was ist aber, wenn Sie sich selbst etwas vornehmen und es dann doch nicht tun? Haben Sie auch schon erlebt, dass der wichtigste Punkt auf Ihrer To-do-Liste am Ende des Tages offen geblieben ist? Oder, dass Sie an der Umsetzung guter Vorsätze gescheitert sind?

Dieses Verhalten hat einen Grund, und um ihn zu verstehen, müssen wir einen Blick in unseren Kopf werfen. Dort befindet sich die Steuerzentrale für alle Handlungen – das Gehirn. Und nicht nur eines. Wir haben, bildlich gesprochen, mehrere Gehirne, die unterschiedlich arbeiten, bewerten und entscheiden. Für die Motivation sind zwei Systeme entscheidend: Ich nenne sie Mr. Logo und das Krokodil.

MR. LOGO UND DAS KROKODIL

DAS KROKODIL IN MIR

Bereits vor 500 Millionen Jahren entwickelte sich der älteste Teil unseres Gehirns, der Hirnstamm. Er steuert die wichtigsten Lebensbereiche wie Atmung, Herztätigkeit, Nahrungsaufnahme und Verdauung sowie ein uraltes Antriebsprogramm, das allen Lebewesen zur Selbst- und Arterhaltung dient. Bei den ältesten Wirbeltieren macht dieser Bereich fast das gesamte Gehirn aus und wird daher auch als »Reptiliengehirn« bezeichnet.

ES KENNT NUR ZWEI RICHTUNGEN

- **HIN ZU** (Annäherung) = alles, was unserem Überleben dient und vom Gehirn als positiv, angenehm und lustvoll bewertet wird.
- **WEG VON** (Vermeidung) = alles, was wir als bedrohlich, negativ, unangenehm oder schmerzvoll empfinden.

Während der Evolution kamen weitere Hirnregionen hinzu und bildeten einen Komplex aus, den ich hier das Krokodil nennen werde. In diesem Zusammenschluss mehrerer Gehirnregionen sitzt auch die Intuition, das berühmte Bauchgefühl. Sicherlich haben Sie auch schon in bestimmten Situationen gespürt, dass etwas nicht stimmt, oder auf den ersten Blick erkannt, ob ein Mensch gerade wütend, traurig oder glücklich ist.

Das Krokodil ist immer im Einsatz und lenkt uns weitgehend unbewusst durch den Tag. Wenn Sie mit dem Auto die alltägliche Strecke zur Arbeit fahren, dabei Musik hören oder über das bevorstehende Meeting nachdenken, was denken Sie, wer drückt auf Gas und Kupplung, wer schaltet in den richtigen Gang und bremst, wenn eine Ampel rot aufleuchtet? Richtig, das Krokodil. Auch alle anderen Tätigkeiten, die Sie mühelos, intuitiv und unbewusst durchführen, werden von diesem Teil des Gehirns übernommen.

Die bildgebenden Ergebnisse der Gehirnforschung belegen, dass in diesem System auch ein Belohnungszentrum existiert, das wie ein Kind »Mag ich!« und »Mag ich nicht!« schreit. Wenn wir uns vorstellen, dass dieses Belohnungszentrum schon einige Millionen Jahre alt ist, wird verständlich, welche Macht es hat. Das Krokodil in uns ist irrational, bewertet blitzschnell, kennt weder richtig noch falsch, und Prinzipien oder Moral interessieren es nicht die Bohne. Es kann nicht warten – wenn es etwas begehrt, verlangt es sofort danach.

MR. LOGO

Mr. Logo ist ein evolutionärer Jüngling. Er repräsentiert die Großhirnrinde, den Sitz der Vernunft, des Verstandes, der Logik. Wenn wir über etwas bewusst nachdenken, eine schwierige Berechnung durchführen oder Zukunftspläne schmieden, ist Mr. Logo am Werk. Er arbeitet langsam, braucht viel Energie und wird schnell erschöpft. Das ist unter anderem mit ein Grund, weshalb es während einer stressigen Arbeit schwierig ist, auf Süßigkeiten oder andere Suchtmittel zu verzichten. Unter Störungen kann Mr. Logo nur sehr begrenzt arbeiten. Um etwas zu entscheiden, braucht er Daten, Zahlen und Fakten, die er unter dem Aspekt »Ist es richtig oder falsch, was spricht dafür und was dagegen?« hin und herbewertet. Entsprechend lange kann es dauern, bis Mr. Logo, also der Kopf, zu einem Ergebnis kommt. In unserem Schul-, Studiums- und Berufssystem wird vorrangig das logische Denken trainiert und entwickelt. Auf die Gefühle nimmt das System keine große Rücksicht. Die Aufforderungen »Jetzt sei nicht so emotional« oder »Denk logisch nach«, sind Ihnen wahrscheinlich vertrauter als die Frage »Was sagt dein Bauchgefühl dazu?« In der westlichen Welt glauben immer noch viele Menschen, dass unsere Handlungen und Entscheidungen hauptsächlich durch Rationalität und Vernunft geprägt sind. Wenn das der Fall wäre, würde sich kein Mensch der Welt für 300 000 Euro ein kleines rotes Auto mit 600 PS kaufen, um damit von A nach B zu kommen oder im Stau auf der Autobahn zu stehen. Auch die sündhaft teuren Pumps mit roter Sohle und abenteuerlich hohen Absätzen kauft frau sich wahrscheinlich nicht, weil sie damit ach so gut und bequem laufen kann.

WIE HÄNGEN NUN DIESE ZWEI SYSTEME MIT DER MOTIVATION ZUSAMMEN?

Solange Kopf und Bauch eine Situation gleich bewerten, ist alles einfach. Wenn beispielsweise Mr. Logo Ordnung und Struktur für richtig hält und das Krokodil Aufräumen oder das Endergebnis mit angenehmen Gefühlen verbindet, haben Sie kein Problem. Sie räumen einfach auf. Bei der anderen Variante gibt es auch eine Einigung. Das Krokodil hat keine Lust zum Aufräumen, und Mr. Logo sieht die Tätigkeit als unsinnigen Zeitverlust. Sie fühlen sich inmitten vom Chaos wohl, und eine Suchaktion ist für Sie ein Abenteuer, bei dem Sie verschiedene Schätze, von denen Sie keine Ahnung hatten, in Ihrem Haus entdecken. Das ist auch okay, vor allem, wenn Sie allein leben. Was ist aber zu tun, wenn Mr. Logo und das Krokodil zu verschiedenen Ergebnissen kommen? Dann entsteht ein innerer Dialog, wie beispielsweise folgender:

MR. LOGO Wir müssen dringend aufräumen, hier schaut es aus wie im Schweinestall.

KROKODIL Ach nee, wir gehen lieber raus, die Sonne scheint, und wir brauchen frische Luft.

MR. LOGO Außerdem verlieren wir mit der ewigen Sucherei viel zu viel Zeit.

KROKODIL Ist doch ganz lustig. Letzte Woche haben wir nicht nur die Steuererklärung gefunden, sondern auch drei ungelesene Bücher, die roten Kopfhörer und den vermissten Briefkastenschlüssel.

MR. LOGO Ja, das stimmt, aber Mutter will zu Besuch kommen, das hier darf sie nicht sehen.

KROKODIL Sie war doch vor Ostern hier, das ist erst zwei Monate her. Wir rufen sie an und sagen ab.

Wer gewinnt, also ob Sie nun aufräumen oder an die frische Luft gehen, hängt von mehreren Faktoren ab. Unerfüllte Grundbedürfnisse wie Schlaf, gute Ernährung und soziale Kontakte spielen genauso eine Rolle wie Gründe, die hinter dem Wunsch aufzuräumen stehen. Deswegen bringt es wenig zu sagen, dass Sie nur einen starken Willen entwickeln und mehr Energie aufbringen müssen, damit es funktioniert. Wenn Ihnen die Energie fehlt, wird das starke Krokodil die Regie übernehmen, To-do-Liste hin oder her. Ist es also ein Zufall, ob wir unsere angestrebten Ziele erreichen oder nicht?

Zum Glück haben wir zwei Möglichkeiten, um das gewünschte Ergebnis zu erreichen. Wir können uns gegen das Bauchgefühl stellen, eine bewusste Kopfentscheidung treffen und durchziehen, oder eine Einigung der beiden erzielen.

Die Logik über den Bauch zu stellen, ist eine Maßnahme, die sich gut für einzelne Situationen eignet. Nur wenige Menschen gehen gerne zum Zahnarzt. An dieser Stelle ist es durchaus richtig, die Logik zu benutzen und trotz Angst und ungutem Gefühl zweimal im Jahr eine Zahnarztpraxis aufzusuchen.

Für langfristige Verhaltensänderungen ist diese Methode weniger geeignet. Entweder Sie unterdrücken Ihre Emotionen und Körperempfindungen so lange, bis Sie zuerst zu einer funktionierenden Maschine und später wahrscheinlich krank werden, oder Sie führen einen lebenslangen Kampf, schleppen das Krokodil von einem Projekt zum nächsten und erleben immer wieder Niederlagen. Besser ist es, beide – Kopf und Bauch – zu berücksichtigen. Denn für gute Entscheidungen brauchen wir sowohl einen klar denkenden Kopf als auch einen guten Zugang zu den Informationen des Bauchs.

ZIEL DEFINIEREN UND ÜBERPRÜFEN. Im ersten Schritt definieren und prüfen Sie Ihr Vorhaben. Fragen Sie sich:

- Was genau will ich erreichen? Was ist mein Ziel?
- Habe ich für dieses Vorhaben einen guten, eigenen Grund? Welchen?
- Bin ich in der Lage, mein Ziel allein, aus eigener Kraft zu erreichen?
- Ist mein Vorhaben die einzige Möglichkeit, dieses Ziel zu erreichen?
- Wer ist noch von meinem Tun oder Nicht-Tun betroffen? Was muss ich zusätzlich berücksichtigen?

Die Antworten helfen Ihnen, mögliche Hindernisse zu entdecken. Wenn Sie beispielsweise aus Gründen, die nicht Ihre eigenen sind, etwas machen sollen, werden Sie immer dagegen ankämpfen. Wenn Sie das Ziel nicht aus eigener Kraft erreichen können, müssen Sie nicht nur sich selbst motivieren, sondern auch jemand anderen zum Handeln bewegen, was manchmal mühsam oder sogar unmöglich ist. In diesen Fällen dürfen Sie Ihr Ziel nochmals neu definieren oder auch das ganze Vorhaben fallen lassen.

Hier wieder ein Beispiel. Abnehmen ist bei vielen Menschen ein Dauerthema. Fragt man gezielt nach dem Grund für diesen Wunsch, gibt es eine Reihe von Antworten: »Ich möchte attraktiv sein, um die aktuelle Mode tragen zu können«, »Weil ich beim letzten Flug die Gurtverlängerung gebraucht habe«, »Weil ich das Risiko, an Diabetes zu erkranken, senken möchte«, »Weil mir der süße Junge aus der 8A gesagt hat, dass ich einen Hintern wie ein Brauereipferd habe« oder »Weil ich die Magersucht-Challenge auf TikTok gewinnen will«. Sie können nicht schwer erkennen, dass es sich bei manchen Gründen um Hirngespinste handelt, die von Medien verbreitet werden, welche vor allem Frauen unnatürliche, operierte oder Photoshop-manipulierte Idealfiguren vorsetzen. Noch schlimmer ist das perverse Zurschaustellen und Verherrlichen von Magersucht und anderen Essstörungen in den sozialen Medien. Ist jemand gekränkt, weil eine andere Person einen dummen Spruch losgelassen hat, heißt das Thema nicht »Abnehmen«, sondern »Kränkungen in Zukunft vermeiden« oder »Selbstbewusst werden«. Fühlt sich ein Mädchen beim »Skinny Check« abgehängt, weil ihre Ärmchen und Beinchen noch nicht dünn genug sind, sollte sie eher eine Fachperson für Psychiatrie aufsuchen, als sich zum weiteren Abnehmen zu motivieren.

MIT DEM KROKODIL INS GESPRÄCH KOMMEN. Während Mr. Logo eine klare Sprache benutzt (Dialoge im Kopf oder Selbstgespräche, die man manchmal laut führt), kommuniziert das Krokodil über Gefühle und Bilder. Der nächste Schritt besteht also aus bewusstem Wahrnehmen der vom Bauch gesendeten Signale. Wie fühlt es sich an, wenn Sie an Ihr Vorhaben denken? Die positive Bewertung kann beispielsweise als Freude, Lust, Leichtigkeit, Freiheit, Kraft und Glück zum Ausdruck kommen. Falls Sie eine große Unlust empfinden oder sich überfordert, verzweifelt, verwirrt oder unsicher fühlen, untersuchen Sie weitere Handlungsmöglichkeiten. Können Sie das Ziel verändern? Es umformulieren, sodass Sie sich wohl und motiviert fühlen? Oder können Sie für die Erreichung des Ziels einen anderen Weg wählen? Hier sind beide Partner gefragt: Der Kopf liefert die Vorschläge, der Bauch überprüft die Gefühle. Nehmen Sie sich ruhig Zeit, und wiederholen Sie die Schleife so lange, bis Ihr Vorhaben ein gutes Gefühl erzeugt. Manchmal ergibt es Sinn, auch andere Menschen um einen Lösungsvorschlag zu bitten.

»HIN ZU«- UND »WEG VON«-MOTIVATIONSMUSTER

Wenn es um Verhaltensänderung geht, haben Menschen zwei unterschiedlich ausgeprägte Motivationsmuster. Entweder sie bewegen sich lieber auf etwas zu, oder sie versuchen, etwas zu vermeiden. Wenn Sie verstehen, was Sie motiviert, können Sie Ihr Muster nutzen, um leichter Ziele zu erreichen. Es kann sein, dass Sie in unterschiedlichen Kontexten unterschiedlich motiviert sind, und auch die Kombination beider Muster ist möglich. Um herauszufinden, zu welchem Typ Sie gehören, schauen Sie in Ihrer Vergangenheit nach. Wodurch haben Sie sich früher zu einer Leistung oder Verhaltensänderung motivieren können? Warum war es die Mühe wert? War die damalige Situation unerträglich? Ging es

- darum, etwas zu erreichen, zu bekommen, zu gewinnen, zu haben oder zu ermöglichen?
- um einen Nutzen, um Vorteile, um Möglichkeiten?
- um ein besseres, schöneres, größeres, weiteres Ergebnis?

oder darum,

- etwas zu verhindern, zu vermeiden oder loszuwerden, etwas nicht tun, ertragen oder erleiden zu müssen?

Beachten Sie, dass es hier kein Richtig oder Falsch gibt, denn beide Muster haben ihre Vor- und Nachteile. Es geht lediglich um die Erkenntnis, was Sie zum Handeln veranlasst.

Ich habe vor einigen Jahren während einer Weiterbildung viele Übungen zum Thema Motivation gemacht und dabei Überaschendes festgestellt: Wenn es um Reisen und Abenteuer geht, bin ich ausgesprochen zielorientiert. Wie oft habe ich mich mit einer fast fahrlässigen Sorglosigkeit in brenzlige Situationen gebracht und alle Hindernisse überwunden oder einfach ignoriert! Geprägt durch diese Erfahrungen war ich der Meinung, dass ich immer zielorientiert handeln würde. Dem ist aber nicht so. Ich habe studiert, weil ich nicht gleich nach dem Abitur arbeiten wollte. Ich habe mich selbstständig gemacht, weil ich nicht mehr von Vorgesetzten schikaniert werden wollte. Ich habe eine Wohnung gewechselt, weil die neuen Nachbarn nachts laut Musik hörten. Meine Motivation zum Handeln war die Vermeidung von Unerwünschtem.

Die Kenntnis über Ihr Motivationsmuster hilft Ihnen, die inneren Bilder zu beeinflussen.

DIE MACHT DER INNEREN BILDER

Wir nehmen die Welt durch unsere fünf Sinne wahr und speichern sie meistens auch in derselben Art ab. Die Wahrnehmungen eines Erlebnisses verschmelzen zu einem inneren Bild, das diese Situation repräsentiert. Aus diesem Grund können wir oft auch die entsprechenden Töne und Gerüche, den Geschmack und das Körpergefühl abrufen, wenn wir uns an etwas erinnern. Das Verrückte ist, dass unser Gehirn und unser Körper auf die inneren Bilder genauso reagieren wie auf die gegenwärtig erlebte Situation. In den Bildern sind nämlich nicht nur Informationen abgespeichert, sondern auch die entsprechenden Emotionen. Wenn ich beispielsweise »Urlaub« sage, entstehen in Ihrem Kopf ein Bild und ein Gefühl. Es kann sein, dass Sie sich am Meer sehen: Es ist angenehm warm, der Rotwein schmeckt ausgesprochen gut, Sie liegen bequem in der Hängematte und lesen ein spannendes Buch – Freude, Ruhe, Erholung pur. Oder Sie denken an verschneite Berge, an Touren und Abfahrten im frischen Schnee, an Tee mit Rum in einer Berghütte, an Bewegung und Abende mit Gleichgesinnten – Spaß, Abenteuer, Power, Freundschaft. Es kann aber auch sein, dass Ihnen Verreisen widerstrebt, dass Sie sich im Urlaub langweilen und mit der Aussicht auf zwei Wochen am Pool keine guten Gefühle verbinden.

Es sind die Gefühle, die uns eine Handlung als erstrebenswert erscheinen lassen. Lernen Sie daher, zuerst auf die inneren Bilder und auf die entsprechenden Gefühle und Körperempfindungen zu achten. Im nächsten Schritt bringe ich Ihnen bei, sie zu beeinflussen.

BILDER IM KOPF IDENTIFIZIEREN

Denken Sie zuerst an eine Situation in Ihrem Leben, in der Sie wirklich motiviert waren. Ein Erlebnis, bei dem Sie in Gedanken daran anfangen zu grinsen und mit den Hufen zu scharren. Welche Bilder hatten Sie gerade im Kopf? Was haben Sie davor zu sich selbst gesagt? Vielleicht haben Sie auch etwas gerochen, geschmeckt oder auf der Haut gespürt. Merken Sie sich alle Aspekte, oder noch besser, schreiben Sie sie auf.

Ich war 50 Jahre alt, übergewichtig und untrainiert, als die Polizei meinen Führerschein kassierte. Es war im August, und ich hatte plötzlich vier Wochen frei. Am ersten Tag meines »Urlaubs« war ich niedergeschlagen und sehr beschämt. Am zweiten Tag fing ich an zu überlegen, wie ich das Beste aus der Situation machen könnte. Und am dritten Tag fiel mein Blick auf mein altes Fahrrad. Der Gedanke »Ich werde mit dem Fahrrad zu meiner Mutter nach Brünn fahren!« traf mich wie ein Blitz. Um diese glorreiche Idee richtig zu verstehen, müssen Sie wissen, dass meine Mutter in der Tschechischen Republik lebt, während ich im Allgäu wohne. Ungeachtet der Tatsache, dass ich bereits bei jeder »Radtour« zum Bäcker in unserem Dorf jammerte, schlug ich den alten Schulatlas auf. Der Plan stand nach fünf Minuten fest: Nicht weit von unserem Dorf fließt ein Fluss namens Iller, der bei Ulm in die Donau mündet. An der Donau entlang kommt man nach Wien, von da aus sind es »nur« noch 200 Kilometer. Ich war aufgeregt wie schon lange nicht. Vor meinem inneren Auge hatte ich nur ein einziges Bild – ich sah mich im Ziel, vor dem Haus meiner Mutter. Ich spürte die Kraft, den Stolz, die Freiheit. Die Vorfreude war überwältigend. Gleich am nächsten Tag montierte ich das Körbchen vom Gepäckträger ab und schnallte stattdessen ein kleines Zelt und eine Isomatte darauf. In die Satteltaschen packte ich meinen Schlafsack, einen kleinen Gaskocher, ein Kilo Haferflocken und Regenklamotten und fuhr los. Ich verfuhr mich unzählige Male, schlief allein im Wald, wusch mich in Flüssen und Tümpeln, schob an jedem Hügel das Fahrrad, verfluchte den Gegenwind und den Sattel, wurde von der Sonne verbrannt und strampelte weiter. Ganze 1150 Kilometer. Die treibende Kraft war das eine Bild des Ziels, das ich wie die Karotte vor einem störrischen Esel vor mir hertrug.

FAZIT: Um mich zu motivieren, brauche ich ein starkes positives Bild des Endergebnisses.

Ich hoffe, dass Sie sich mit Ihrer eigenen Geschichte die Klarheit über *Ihre* Motivation verschafft haben.

Nehmen Sie jetzt eine weitere Situation, in der Sie sich nicht motivieren können, und untersuchen Sie auf ein Neues Ihre inneren Bilder und Gefühle.

Mein Beispiel ist die Steuererklärung. Unabhängig davon, wie viel Steuern ich zahlen sollte, war für mich die Vorstellung, die Steuererklärung auszufüllen, immer mit maximaler Unlust verbunden. Sogar in einem Jahr, in dem ich eine relativ hohe Rückzahlung erwartete, hatte ich die Arbeit lange aufgeschoben. Als ich meine inneren Bilder untersuchte, stellte ich fest: Ich sah mich selbst vor dem Formular. Ich spürte Verzweiflung und Wut. Warum ist das Formular jedes Jahr anders? Was genau soll ich hier eintragen? Wie ist der Punkt XY zu verstehen? Das Ganze dauerte gefühlt eine Ewigkeit.

FAZIT: Die Ursache für meine Demotivation ist die Vorstellung, in einem ewig langen Prozess gefangen zu sein.

Die mentale Vorstellung entspricht jedoch nicht immer der Realität. Sicher haben Sie auch schon erlebt, dass bestimmte Angelegenheiten nicht annähernd so schlimm und mühsam waren wie ursprünglich befürchtet. Es sind nur Bilder und Vorstellungen in unseren Köpfen, die diese Aufgabe erschweren. Wenn logische Argumente nicht helfen, müssen Sie diese Bilder verändern.

BILDER IM KOPF VERÄNDERN

Zuerst müssen Sie den Unterschied zwischen motivierenden und demotivieren Bildern im Kopf ausmachen. In meinem Fall war es das positive Endergebnis versus Mitten-im-Prozess-Stecken. Schließen Sie jetzt die Augen und verändern Sie die Bilder in Ihrem Kopf, machen Sie daraus etwas Verlockendes. In meinem Beispiel war es das Bild, wie ich die fertige Steuererklärung abgebe. Freude, Jubel, das Gefühl »Ich habe mein Leben im Griff!«

Spielen Sie mit den Bildern und Vorstellungen: Machen Sie sie groß, bunt, fügen Sie einen motivierenden Satz oder Musik hinzu. Sie können statische Bilder in kleine Videosequenzen verwandeln oder im Gegenteil unerwünschte »Filme« zu kleinen Standbildchen schrumpfen lassen. Probieren Sie alles aus, was Ihnen einfällt, bis bei Ihrem Vorhaben die positiven Gefühle überwiegen.

Falls Sie sich beispielsweise angesichts eines überfüllten Dachbodens mickrig fühlen, verkleinern Sie in Ihrer Vorstellung den Raum und vergrößern Sie sich selbst. Verpassen Sie sich große, zupackende Hände, stellen Sie sich vor, wie der Dachboden nach dem Ausräumen aussehen wird, wie die Sonnenstrahlen den Raum erhellen und wie die saubere Luft hineinströmt.

Manchmal sind es innere Stimmen, welche die Motivation blockieren. Sätze wie »Das schaffst du ohnehin nicht«, »Das ist zu viel« oder »Es macht keinen Sinn« sind wie Säure, die unsere Willenskraft zersetzt. Verändern Sie in Ihrem Kopf die Tonlage und die Geschwindigkeit. Lassen Sie die Stimme wie die von Micky Maus klingen oder ganz tief und langsam, wie die von einem Riesen, ertönen. Wiederholen Sie die hinderlichen Sätze laut mit veränderter Stimme. Bis jetzt haben alle, mit denen ich diese Übung gemacht habe, losgelacht und konnten danach die Stimme in ihrem Kopf nicht mehr ernst nehmen.

Hier können Sie auch das Wissen über Ihre Motivationsmuster einsetzen. Fall Sie »Hin zu« motiviert sind, machen Sie das Ziel groß, erstrebenswert, schön und sexy. Sind Sie eher ein »Weg von«-Typ, vergrößern Sie in Ihrer Vorstellung die Katastrophe und widmen sich dann der Abwendung vom Unheil.

Manchmal hilft auch eine kleine Provokation – Sie können sich beispielsweise fragen: »Fühlst du dich schon schlecht genug, um dein Leben endlich aufzuräumen, oder möchtest du warten, bis es noch schlimmer wird?«

LIEBEN SIE HERAUSFORDERUNGEN?

CHALLENGES FÜR VERSCHIEDENE GELEGENHEITEN

Für alle, die sich durch Herausforderungen angespornt fühlen, habe ich hier einige Challenges vorbereitet. Diese klar definierten Aufgaben und ganz konkreten Schritte können Ihnen helfen, größere Ziele zu erreichen. Es ist eine spielerische Herangehensweise, die das menschliche Gehirn liebt und gerne verfolgt.

Versuchen Sie nicht alles auf einmal zu machen, suchen Sie sich die Herausforderung aus, die Ihnen am leichtesten fällt oder auf die Sie am meisten Lust haben.

Sie können sich auch mit einer oder mehreren Personen zusammenschließen und sich regelmäßig über den Stand der Dinge austauschen. Es soll nicht um einen Wettbewerb gehen, sondern um gegenseitige Unterstützung und Motivation.

ZU-ENDE-VERBRAUCHEN-CHALLENGE. Kosmetika, Reinigungsmittel, Gewürze … sehr oft horten wir eine Menge angebrochener Packungen, Dosen, Flaschen und Tuben von gleichen oder sehr ähnlichen Produkten. Diese werden mit der Zeit nicht besser. Das Ziel dieser Aufgabe ist es, die Vorräte zu minimieren. Suchen Sie sich einen kleinen, klar definierten Produktbereich – beispielsweise Duschgels, Seifen, Deos, Konserven, Schrauben, Stifte, Gefrierbeutel und so weiter. Verbrauchen Sie konsequent diese Vorräte, bevor Sie etwas Neues aus der gleichen Kategorie kaufen.

3 × 5-MINUTEN-CHALLENGE. Klingt harmlos, ist aber sehr wirksam: Jeden Tag vor dem Schlafengehen 15 Minuten der Ordnung widmen. Räumen Sie auf:

- Fünf Minuten die Küche
- Fünf Minuten das Wohnzimmer
- Fünf Minuten Kleider, die irgendwo herumliegen

SONNTÄGLICHE 30-MINUTEN-PLANUNGS-CHALLENGE. Wenn Sie nicht genau wissen, wohin Sie gehen, bleibt es dem Zufall überlassen, wo Sie landen. Im beruflichen Kontext sind Abläufe meistens vorgegeben. Im privaten Bereich müssen Sie dafür selbst sorgen: Nehmen Sie sich jeden Sonntag 30 Minuten Zeit, um die vergangene Woche zu reflektieren und die neue zu planen. Sie können dafür ein Dokument am PC anlegen, eine Planungs-App im Handy benutzen oder, wenn Sie gerne mit der Hand schreiben, ein schönes Notizbuch kaufen. Halten Sie darin fest, was in Bezug auf Ordnung gut gelaufen ist, was Sie bereits erreicht haben. Gibt es Räume, in welchen schon die gewünschte Ordnung herrscht? Womit haben Sie diesen Erfolg erreicht, und lässt sich die Vorgehensweise auch auf andere Bereiche übertragen? Wenn etwas nicht geklappt hat, suchen Sie nach Ursachen und Lösungsansätzen (siehe Teil 5).

Planen Sie nun konkret die nächsten kleinen Ziele für die kommende Woche und die Schritte, die Sie unternehmen werden, um diese Ziele zu erreichen. Sie können sich den ganzen Prozess wie eine Kette aus Dominosteinen vorstellen. Welche Aufgabe bringt den ersten Stein zum Umfallen? Was muss als Erstes getan werden, damit der nächste Stein ins rollen kommt?

Machen Sie nun Ihre Do-dos sichtbar: Wann werden Sie was tun? Sie können die Aufgaben in einen Kalender eintragen, als Liste zum Abhaken aufhängen, auf Post-It Zettel schreiben und an den Kühlschrank kleben, auf Karteikarten notieren und diese an eine Pinnwand heften.

Als Familie mit einem gemeinsamen Ziel sollen sie auch gemeinsam planen und alle Beteiligten miteinbeziehen.

WÖCHENTLICHE 30-MINUTEN-PFLEGE-UND-REPARATUR-CHALLENGE. Reservieren Sie sich an einem geeigneten Tag in der Woche 30 Minuten Zeit, um etwas zu pflegen oder zu reparieren. Beispielsweise Messer schärfen, Schuhe putzen, Kleider flicken, quietschende Türen ölen, Schranktüre nachjustieren, Leuchtmittel auswechseln, Schubladen gängig machen, lockere Schrauben nachziehen usw. Es sind oft Kleinigkeiten, die aber meistens wochen- oder gar monatelang unerledigt bleiben.

30-TAGE-AUSMIST-CHALLENGE. Das ist die Herausforderung für einen Monat. Am ersten Tag entsorgen Sie eine Sache, am nächsten zwei, am dritten drei usw. bis Sie am dreißigsten Tag dreißig Sachen verschenkt / verkauft / weggeworfen oder wie auch immer losgeworden sind. Insgesamt werden es 465 Teile sein. Kommt es Ihnen viel vor? Lassen Sie sich überraschen, wie viel Überflüssiges Sie in Ihrem Haushalt finden. Je nachdem, wie überfüllt Ihre Wohnung ist, können Sie einzelne Stücke zählen (beispielsweise vier alte Haargummis) oder eine Packung als eine Sache betrachten (eine Schachtel mit alten Haargummis).

12-MONATE-CHALLENGE. Entfernen Sie jeden Monat eine unerwünschte Situation aus Ihrem Leben. Es können sein: Pflichtbesuche bei Menschen, die Sie weder inspirieren noch interessieren, Veranstaltungen, die Sie aus einem diffusen Pflichtbewusstsein besuchen, alte Mitgliedschaften in Vereinen oder Abonnements von

Zeitschriften, die Sie nie wirklich lesen, abonnierte Newsletter, die Ihnen keinen Mehrwert bringen, und so weiter.

KONTAKT-CHALLENGE. Kennen Sie Menschen, die Ihnen nicht gut tun? Psycho-Vampire und Energieräuber, Nörgler, die jedem die gute Laune verderben, die ewig Negativen, Unzuverlässigen und Langweiligen? Vielleicht hatten Sie bis jetzt nicht den Mut oder die Gelegenheit; etwas dagegen zu unternehmen. Machen Sie den ersten Schritt: Gehen Sie alle Kontakte durch – im Handy, im E-Mail-Verzeichnis, im Adressbuch und so weiter und löschen Sie die Daten von den Personen, mit welchen Sie in Zukunft keine Beziehung pflegen möchten. So schaffen Sie Platz für neue, lebendige und inspirierende Begegnungen.

12-MONATE-KAUF-NIX-CHALLENGE. Auf diese Idee hat mich vor einigen Jahren eine kaufsüchtige Kursteilnehmerin gebracht. Wie sie selbst berichtete, war ihr Kleiderschrank so voll, dass sie jeden einzelnen Tag des Jahres ein neues Outfit anziehen könnte. »Dann kauf halt nix mehr!«, rief spontan eine andere Frau aus. »Es wäre ein cooles Experiment«, meinte die dritte, und gleich machten sich alle auf, die Regeln zu definieren:

Verbrauchsgüter wie Lebensmittel, Drogerieartikel und Ähnliches nachzukaufen, ist erlaubt.

Sachen, die kaputt gehen und die man nicht reparieren kann, darf man ersetzen. Funktioniert beispielsweise das Fahrradlicht nicht mehr, darf man ein neues kaufen. Dasselbe gilt auch für ein kaputtes Handy usw.

Sich ein neues Handy »einfach so« zu kaufen, ist dagegen verboten. Dasselbe gilt für Kleidung, Accessoires, Deko-Artikel usw.

Sie können sich eigene Regeln aufstellen, die sollen aber nicht während der Laufzeit verändert werden. So können beispielsweise ein bis drei »Joker« für einen Lust-Kauf eingelöst werden, oder Sie probieren es zuerst sechs Monate aus. Ein kürzerer Zeitraum macht dagegen keinen Sinn. Das Ziel ist es, sich mit dem eigenen Kaufverhalten bewusst auseinanderzusetzen und das Kaufverhalten zu verändern. Dazu muss das Gehirn das neue Verhalten gut verarbeiten und abspeichern.

DREI KLEINE PROJEKTE FÜR ZWISCHENDURCH

GELDBEUTEL AUSMISTEN. Ziehen Sie sich an einen ungestörten Ort zurück und leeren Sie Ihren Geldbeutel komplett aus. Es ist schon erstaunlich, was sich im Laufe der Zeit dort ansammelt: Verblichene Kassenzettel, Papierfetzen mit Notizen, die keiner mehr entziffern kann, Kundenkarten von Läden, die es nicht mehr gibt, Stempelkarten von diversen Cafés, Bäckereien und Dönerläden … Brauchen Sie sie wirklich alle?

Damit sich das Geld bei Ihnen »wohlfühlt«, braucht es ein schönes Zuhause. Reinigen Sie die leere Geldbörse mit einem feuchten Tuch. Bei Flecken helfen ein Schwamm, milde Seife (bei einer Lederbörse am besten spezielle Lederseife). Benutzen Sie auf gar keinen Fall Fleckenentferner, Nagellackentferner oder sonstige aggressive Reiniger. Wischen Sie die Oberfläche anschließend feucht ab und lassen Sie das Portemonnaie trocknen. Schützen Sie Leder vor dem weiteren Gebrauch mit einem geeigneten Pflegeprodukt — mit Lederbalsam, Lederfett oder einem Wildlederspray. Zum Schluss ordnen Sie den Inhalt wieder ein.

KOSMETIKTÄSCHCHEN AUSMISTEN. Viele Frauen tragen in den Handtaschen ein oder mehrere Make-up-Täschchen und Beauty-Bags. Oft befindet sich darin ein buntes Sammelsurium an verschiedenen Produkten und kleinen Alltagshelfern: Creme, Lippenpflege und -stift, Make-up, Puder, Mascara, Lidschatten, Pinsel, Pinzette,

Nagelfeile, Hygieneartikel, Tabletten, Feuerzeug, Pflaster und so weiter. Wenn das Täschchen zu voll geworden ist und Sie den Überblick über den Inhalt verloren haben, ist es an der Zeit, alles wieder in Ordnung zu bringen.

Auch hier gilt: Zuerst muss alles raus. Schauen Sie sich nun die Kosmetikprodukte genau an und riechen Sie daran. Alles, was komisch riecht und seltsam ausschaut, muss weg. Je mehr Wasser ein Kosmetikprodukt enthält, desto schneller verdirbt es. Fettige Cremes werden irgendwann ranzig, manche Parfüms kippen um, wenn sie bei hohen Temperaturen mitgeschleppt werden. Werfen Sie auch alle alten Tabletten, Augentropfen und Pflaster weg.

Reinigen Sie anschließend Pinsel und Schwämme mit warmem Wasser und Haarshampoo, und machen Sie auch das Täschchen innen und außen sauber. Räumen Sie nach dem Trocknen alles wieder ein.

HANDY ENTRÜMPELN. Je länger man ein Handy besitzt, desto mehr Datenmüll sammelt sich dort an. Das wertvolle Stück wird immer langsamer, bis irgendwann nichts mehr geht.

App-Abschied: Deinstallieren Sie alle Apps, die Sie nicht regelmäßig nutzen und die Ihr Leben nicht wirklich leichter machen.

Schauen Sie bei der Gelegenheit auch die Kontakte durch, und entfernen Sie die Daten von Menschen, mit welchen Sie in Zukunft keine Beziehungen pflegen wollen.

Löschen Sie alte Nachrichten. Vor allem Videos und Sprachnachrichten, die viel Speicherplatz benötigen.

Gehen Sie die gespeicherten Fotos durch. Markieren Sie die Favoriten und löschen Sie den Rest.

LITERATUR

Allen, David: Wie ich die Dinge geregelt kriege – Selbstmanagement für den Alltag, Piper Verlag, München 2009

Bandler, Richard: Leitfaden zu persönlicher Veränderung – Die Geheimnisse schneller und bleibender Lebensveränderung mir Neurolinguistischem Programmieren, Bookmark NLP, Welver 2009

Dobelli, Rolf: Die Kunst des klaren Denkens – 52 Denkfehler, die Sie besser anderen überlassen, Carl Hanser Verlag, München 2011

Felton, Sandra: Das Chaos ist besiegt – Mit Kreativität und Pfiff den Alltag im Griff, Brendow Verlag, Moers 1998

Fröhling, Thomas / Martin, Katrin: Feng Shui heute – Das Kernwissen für Einsteiger und Fortgeschrittene, Wilhelm Goldmann Verlag, München 2003

Kahneman, Daniel: Schnelles denken, langsames denken, Siedler Verlag, München 2011

Kelby, Scott: Lightroom 5 für digitale Fotografie, Vierfarben, Bonn 2014

Kingston, Karen: Feng Shui gegen das Gerümpel des Alltags, Rowohlt Taschenbuch Verlag, Reinbek bei Hamburg 2000

Knoblauch, Jörg / Hüger, Johannes / Mockler Marcus: Ein Meer an Zeit – Die neue Dimension des Zeitmanagements, Campus Verlag, Frankfurt/Main 2005

Küstenmacher, Werner Tiki: Simplify your life – Einfacher und glücklicher Leben, Campus Verlag GmbH, Frankfurt/Main 2004

Kurz, Jürgen: Für immer aufgeräumt – Zwanzig Prozent mehr Effizienz im Büro, GABAL Verlag GmbH, Offenbach 2009

Langhof, Christof: Ich lasse los – Das Erfahrungsbuch für innere Heilung und spirituelles Wachstum, Verlag Hermann Bauer, Freiburg i. Br. 2001

Rädemachers, Rita: Ablagemanagement – So finden Sie ein funktionierendes System für Ihr Büro, Orgenda Verlag 2011

Rock, David: Brain at Work – Intelligenter arbeiten, mehr erreichen, Campus Verlag, Frankfurt/Main 2011

Rogge, Jan-Uwe: Kinder brauchen Grenzen, Rowohlt Taschenbuch Verlag, Reinbek bei Hamburg 1993

Rogge, Jan-Uwe: Ohne Chaos geht es nicht – 13 Überlebenstipps für Familien, Rowohlt Taschenbuch Verlag, Reinbek bei Hamburg 2001

Pohle, Rita: Weg damit! – Entrümpeln befreit und bringt neue Energie, Heinrich Hugendubel Verlag, Kreuzlingen/München 2001

Schröter, Veronika: Messie-Welten – Das komplexe Störungsbild verstehen und behandeln, Klett-Cotta 2017

Storch, Maja: Das Geheimnis kluger Entscheidungen, Pendo Verlag, Zürich 2003

Umland, Regina: Den Schreibtisch im Griff – Checklisten von Ablage bis Zeitplanung, W. Bertelsmann Verlag, Bielefeld 2003

QUELLEN

1 Wittenstein, A.-K., Wesoly, M., Moeller, G., Schneider, R.: Lean Office 2006, Zusammenfassung, S. 5f. https://www.dgq.de/regional/dateien/Fraunhofer_Studie_Lean_Office.pdf (10.6.2021)

2 de Saint-Exupery, Antoine: Der kleine Prinz, Karl Rauch Verlag KG, Düsseldorf 1992, Seite 60f.

3 Ringelnatz, Joachim: Meine Schuhsohlen, in: 103 Gedichte, Rowohlt Verlag, Berlin 1933

4 https://news.microsoft.com/de-de/features/project-natick-ein-rechenzentrum-im-atlantik/ (10.6.2021)

5 https://www.computerweekly.com/de/news/252489045/Project-Natick-Ein-Unterwasser-Rechenzentrum-taucht-auf (10.6.2021)

DANK

Für die schicksalhafte E-Mail, ohne die es dieses Buch nicht gegeben hätte, sind zwei Menschen verantwortlich: Frau Julia Seidl vom BR Fernsehen und Herr Urs Hunziker, bis Ende 2020 Verlagsleiter beim AT Verlag. Liebe Julia, lieber Herr Hunziker, vielen Dank, dass Sie den Stein ins Rollen gebracht haben.

Meinen wunderbaren Töchtern Bettina und Mimi danke ich fürs Mitlesen, Korrigieren und für das wertvolle Feedback.

André Rinder hat mir wichtige Informationen rund um die Digitalisierung geliefert. Lieber André, vielen Dank für die Geduld, mit der du mir immer wieder meine Fragen beantwortest.

Meinem Freund und Partner Bence danke ich dafür, dass er mir beigebracht hat, auch mal nichts zu tun und mich dabei gut zu fühlen. Ordnung ist eben nicht alles …

ÜBER DIE AUTORIN

Katharina Auerswald wurde 1962 in Brünn (Tschechoslowakei) geboren. Ihre Jugend war geprägt durch ein Leben in und mit der Natur. Bereits als Zehnjährige konnte sie mit Säge und Axt arbeiten, am offenen Feuer kochen und ohne Sattel reiten. Sie träumte von der Wildnis und fernen Ländern und spürte zugleich immer stärker die Grenzen des Eisernen Vorhangs.

1986, zehn Monate nach ihrem abgeschlossenen Studium zur Textilingenieurin an der Technischen Universität in Reichenberg, floh sie mit ihrem Studienfreund nach Deutschland. In den Tagen vor der Flucht führte sie die radikalste Ausräumaktion ihres Lebens durch, denn mitnehmen konnte sie nur einen kleinen Rucksack mit einigen Kleidungsstücken. Sie verschenkte ihr Hab und Gut und verbrannte alles mit sentimentalem Wert – die Sehnsucht nach Freiheit war stärker und wichtiger als alle Besitztümer.

Damals wusste sie noch nicht, dass diese Erfahrung ihre spätere berufliche Laufbahn prägen würde. Erst nach vielen Berufsjahren in verschiedenen Branchen und Positionen wagte sie den Schritt in die Selbstständigkeit. In der Tätigkeit als Beraterin für Büroorganisation und Aufräumcoach verbindet sie ihr Wissen aus dem technischen Studium und praktische Erfahrungen aus der Produktion und der Büroarbeit mit ihrem Sinn für Ordnung und Struktur sowie der Fähigkeit zum Loslassen. Zudem weiß die ehemals alleinerziehende und berufstätige Mutter von zwei Töchtern um die besonderen Herausforderungen der guten Organisation im Haushalt. All das hilft ihr, Menschen und Unternehmen im Kampf gegen das alltägliche Chaos zu unterstützen. Statt Theorien vermittelt sie praxiserprobte Strategien, und mit ihrem lebendigen und authentischen Auftreten schafft sie es, die Menschen für das Ordnunghalten zu begeistern.

Seit 2011 publiziert sie in verschiedenen Fachzeitschriften und Zeitungen und ist gefragt als Vortragende, Referentin und Trainerin. Einem breiteren Publikum ist die Aufräumfrau bekannt aus den Beiträgen des Bayerischen Fernsehens und Allgäu TV.

Katharina Auerswald lebt im Allgäu und hält Seminare und Vorträge im gesamten deutschsprachigen Raum. Zudem betreibt sie den Podcast »Kreative Ordnung«.

www.beratung-auerswald.de

AT Verlag AG, Aarau und München
Lektorat: Anna Maggi, AT Verlag
Illustrationen: Iris Weidmann, Zürich
Grafische Gestaltung und Satz: Carla Schmid, AT Verlag
Druck und Bindearbeiten: Graspo CZ, a.s.
Printed in Czechia

ISBN 978-3-03902-135-2

Dieses Buch ist auch als E-Book erhältlich.

www.at-verlag.ch

Der AT Verlag wird vom Bundesamt für Kultur
für die Jahre 2021–2024 unterstützt.